काव्यभाषा : रचनात्मक सरोकार

काव्यभाषा : रचनात्मक सरोकार

प्रो. राजमणि शर्मा

वाणी प्रकाशन

वाणी प्रकाशन
4695, 21-ए, दरियागंज, नयी दिल्ली 110 002
शाखा
अशोक राजपथ, पटना 800 004
फ़ोन : +91 11 23273167 फ़ैक्स : +91 11 23275710
www.vaniprakashan.in
vaniprakashan@gmail.com
sales@vaniprakashan.in

KAVYABHASHA : RACHNATMAK SAROKAR
by Prof. Rajmani Sharma

ISBN : 978-93-5229-652-1
Linguistics

प्रथम संस्करण
मूल्य : ₹ 425

सिटी प्रेस, दिल्ली-110 095 में मुद्रित

वाणी प्रकाशन का लोगो मक़बूल फ़िदा हुसेन की कूची से

इस पुस्तक के पुनर्प्रकाशन के
आग्रही सहृदय पाठकों को सप्रेम

–राजमणि शर्मा

प्रथम संस्करण की भूमिका

बातचीत

मैं कालिदास को पढ़ता हूँ तो झूम उठता हूँ, सरहपा, कण्हपा, अब्दुल रहमान, विद्यापति को पढ़ता हूँ तो भी एक अकथ मस्ती से भर उठता हूँ। जायसी, कबीर, सूर, तुलसी, प्रेमचंद, निराला, हजारीप्रसाद द्विवेदी, मुक्तिबोध की तो बात ही नहीं और सामयिक रचनाकारों में भी कुछेक मुझे समान रूप से चमत्कृत कर जाते हैं (चमत्कार-अलंकार के संदर्भ में नहीं)। मैं सोचता रहा हूँ कि आखिर यह मस्ती, यह चमत्कार, यह माधुर्य और फिर रचना के भीतर पैठने की ललक आखिर कैसे और कहाँ से प्राप्त होती है। मेरी अपनी दृष्टि से यह शक्ति रचनाकार की अपनी भाषा में होती है और ये रचनाकार भाषा को ऐसे जोड़ते-घटाते नहीं अपितु उसकी संरचना प्रक्रिया में वे प्रसव-वेदना की सी अनुभूति करते हैं। यह उनकी अपनी रचना-प्रक्रिया का एक महत्वपूर्ण, प्रथम महत्वपूर्ण पक्ष होता है वे उसकी पीड़ा, उसकी रचना आदि में पूरी तरह से डूबे रहते हैं, यह डूबना जिसमें जितना अधिक गहरा होगा, वह उतना ही अधिक मोती खोज लायेगा, यह पीड़ा जिसकी जितनी अधिक होगी, उसके मोती उतने ही अधिक चमकदार होंगे।

मैंने यह पाया कि रचना के भीतर धँसने का पहला और अंतिम माध्यम है—भाषा। उसी के माध्यम से हम रचनाकार की संवेदना से तादात्म्य स्थापित करते हैं, कथ्य के साथ-साथ उसके सांस्कृतिक परिवेश, सोच के धरातल, उसके अपने संघर्ष आदि सभी तो हमारे सामने एक-के-बाद-एक प्रकाशित हो उठते हैं।

मैंने यह भी पाया कि रचनाकारों ने अपनी भाषा के विविध आयामों को स्पष्ट करने का भी प्रयास किया है। मैं नहीं जानता कि इसमें सच्चाई कितनी है, पर रचनाकार झूठ क्यों बोलेगा? अपने कथन में कृत्रिमता लाने का प्रयास क्यों करेगा और फिर उनकी रचनाओं को उन्हीं के कथ्य के संदर्भ में देखने से बुराई क्या है? और भाषा सबकी एक नहीं, ठीक उसी प्रकार जिस प्रकार वह कल्पना के सहारे कथ्य-तत्व में एक नई उद्‌भावना भर देता है, उसी तरह वह अपनी भाषा की अलग पहचान भी स्थापित कर जाता है। सत्य तो यह है कि कभी हार न मानने

वाले अटट् जिजीविषा से युक्त मनुष्य की यही कहानी है, और वह हर क्षण नए के निर्माण के लिये प्रयत्नशील है। वह अप्रासंगिक, पुराना छोड़ना चाहता है, तोड़ डालना चाहता है। भाषा की परिणति भी यही होती है। निरंतर मार खाती बेचारी हर कलाकार द्वारा अलग-अलग रूप पाती है। मनुष्य के चपेटे में पड़कर बेचारी त्राहि-त्राहि कर उठी है किंतु यही तो उसकी नियति है।

फिलहाल इस पुस्तक के प्रथम खण्ड में इन्हीं कुछ पहलुओं पर रचनाकारों, समीक्षकों की अपनी सोच के आधार पर बढ़ने तथा काव्यभाषा के स्वरूप निर्धारण का प्रयास है। किंतु सच यह है कि एक चौराहे पर पहुँचकर एक रूप निर्मित करना चाहता था कि तब तक अगली पगडंडी दूसरे रूप का उद्घोष करती नजर आती है। और वह भी अंत तो नहीं। इसलिये केवल सोच को केन्द्रित कर कुछ कह देने के सिवा, और आगे बढ़ जाने के सिवा कुछ भी नहीं कर पाया हूँ। काव्य-भाषा का क्या रूप होगा या है? अंत तक तय नहीं । शायद यही काव्य भाषा की शक्ति है और यही उसकी नियति है।

मैथिलीशरण गुप्त, जयशंकर प्रसाद, हजारीप्रसाद द्विवेदी और मुक्तिबोध हिन्दी साहित्य के ऐसे महत्वपूर्ण हस्ताक्षर हैं। जिन्होंने आधुनिक हिन्दी काव्यभाषा को नया मोड़ दिया। इस पुस्तक में इन चारों की काव्यभाषा पर चिंतन, मनन, वैशिष्ट्य-निरूपण मेरे इस विश्वास का परिचायक है कि यह विवेचन प्रथम दो अध्यायों में प्रस्तुत दृष्टिकोण को शक्ति-सँवलित करेगा। यहाँ; यही इसकी सार्थकता है।

और सबसे अंत में उन सभी के प्रति आभार जिन्होंने मुझे इस ग्रंथ के लेखन और प्रकाशन का अवसर प्रदान किया, और उनके प्रति भी जो इसे पढ़ेंगे।

बसंत पंचमी, सं. 2050
फरवरी, 1993

राजमणि शर्मा

और यह संस्करण

वर्षों से यह पुस्तक अनुपलब्ध थी। सुधी पाठकों के आग्रह पर यह आपके सामने है। पुस्तक ठीक उसी रूप में प्रकाशित है जिस स्वरूप में यह पुरस्कृत हुई थी। हाँ, अपने योग्यतम शिष्य प्रो. कौशलनाथ उपाध्याय, पूर्व अध्यक्ष, हिन्दी विभाग, जय नारायण व्यास विश्वविद्यालय, जोधपुर के कतिपय संशोधनों को इसमें स्थान मिला है।

बसंत पंचमी
सं. 2072

राजमणि शर्मा

अनुक्रम

काव्यभाषा और रचनात्मक सरोकार

भाषा क्या है? भाषाविदों को यह प्रश्न निरन्तर कचोटता रहा है। किन्तु क्या समाधान तक कोई पहुँच पाया है? परिभाषित, निश्चित होते हुए भी आज तक भाषा अपरिभाषित और अनश्चित है। भाषा को न तो किसी रूढ़ या सीमित दायरे में रखकर देखा जा सकता है और न ही पहचाना जा सकता है। अनन्त, असीमित संभावनाओं से युक्त और नित परिवर्तनशीलता की प्रक्रिया से गुजरने वाली भाषा की परिभाषा क्षण-विशेष के लिये, उसके स्थूल स्वरूप को पहचानने के लिये, भले प्रासंगिक बन सके, किन्तु उसकी परिवर्तनशीलता की पहचान में पूर्णतया असमर्थ सिद्ध होती रही है। कुल मिलाकर भाषा एक अर्थ है और इस अर्थ का पहला चरण है –शब्द तथा अंतिम चरण है अर्थ । हम यह देखते आ रहे हैं कि एक शब्द, एक ही वाक्य, एक ही वक्ता द्वारा प्रयुक्त होकर भी परिस्थितियों, परिवेशों, मानसिक दशाओं एवं पृष्ठभूमि की भिन्नता के कारण अलग-अलग अर्थ का वाचक हो जाता है। यथा–"राष्ट्र" "जाति", "गोबर" या "धनिया"जैसे शब्द क्या निरन्तर और हर परिवेश में एक ही अर्थ के वाचक रह पाए हैं? शायद नहीं। आखिर इस भिन्नता का कारण क्या है? मेरी दृष्टि में इसकी भिन्नता का कारण है–प्रयोग, रचनागत प्रयोग और रचना। रचना और कुछ नहीं, अपितु वस्तु–विशेष, घटना या सन्दर्भ विशेष अथवा व्यक्ति–विशेष की मानसिक अवस्थाओं का परिवेश की टकराहट से जन्म लेने वाली संवेदनाओं का रूपान्तरण है। यही कारण है कि एक घटना विशेष की, विभिन्न संदर्भों एवं विभिन्न मानस में उत्पन्न टकराहट से जन्म लेने वाली संवेदना एक जैसी नहीं होती। एक वस्तु को ग्रहण कर रचनाकार अपनी दृष्टि–विशेष से 'संपृक्त होकर उसमें एक संवेदना और दूसरा रचनाकार अपनी विपरीत अनुभवजन्य स्थितियों से आप्लावित हो उसमें दूसरी नितांत नयी संवेदना और तीसरा रचनाकार एक तीसरी दोनों से भिन्न संवदेना का रूप देखने और दिखाने का दावा लेकर पाठक–वर्ग के सामने उपस्थित होता है। यह संवेदना एक तपस्या की परिणति होती है।

आचार्य रामचन्द्र शुक्ल ने कविता के संदर्भ में रचना-प्रक्रिया के तन्तुओं को

उजागर किया है। उनके अनुसार "कविता मनुष्य के हृदय को व्यक्तिगत संबंध के संकुचित मण्डल से ऊपर उठाकर लोकसामान्य भावभूमि पर ले जाती है, जहाँ जगत् के नाना रूपों और व्यापारों के साथ उसके प्रकृत संबंध का सौन्दर्य दिखाई पड़ता है। ...अतः काव्य का काम मनुष्य के सब भावों और सब मनोविकारों के लिये उन्नति के अपार क्षेत्र से आलम्बन या विषय चुनकर रखना है। इस प्रकार उसका संबंध जगत और जीवन की अनेकरूपता के साथ स्वतः सिद्ध है।"[1] अहंकार का त्याग सर्वभूत को आत्मभूत करके अनुभव करने का माध्यम नहीं। "जब तक अहंकार से पीछा न छूटेगा तब तक प्रकृति के सब रूप मनुष्य की अनुभूति के भीतर नहीं आ सकते ।"[2] और "जहाँ व्यक्ति के भावों के पृथक विषय नहीं रह जाते, मनुष्य-मात्र के आलंबनों में हृदय लीन हो जाता है, जहाँ व्यक्तिजीवन का लोकजीवन में लय हो जाता है, वहीं भाव की पवित्र भूमि है।"[3] इसी भाव की पवित्र भूमि पर ही कविता का जन्म होता है। पुनः शुक्ल जी कहते हैं—"कविता का संबंध ब्रह्म की व्यक्त सत्ता से है, चारो ओर फैले हुए गोचर जगत से है, अव्यक्त सत्ता से नहीं। जगत् भी अभिव्यक्ति है, काव्य भी अभिव्यक्ति है। जगत् अव्यक्त की अभिव्यक्ति है और काव्य इस अभिव्यक्ति की भी अभिव्यक्ति है।"[4] यही नहीं आचार्य हजारीप्रसाद द्विवेदी के अनुसार भी "मनुष्य की जो सबसे सूक्ष्म और महनीय साधना है उसी का प्रकाश साहित्य है।"

तात्पर्य यह है कि अपनी रचना-प्रक्रिया के पूर्व रचनाकार लोक के मायामोह से ऊपर उठता है, अपने अहंकार को तिरोहित करता है, व्यक्तिगत जीवन को जगतमय बना डालता है और "वाद" से ऊपर उठकर अव्यक्त के व्यक्त रूप जगत् की अभिव्यक्ति देने का दावा लेकर चलता है। निश्चय ही रचना ही रचनाकार की अंतः वृत्तियों का रूपाकार है—और इसका माध्यम भी होता है। भले ही उसका माध्यम भाषा हो, नृत्य हो, चित्र हो, अथवा मूर्ति हो; इन सबमें भाषा ही तो बोलती है। उसे जानने की शर्त है—उस भाषा की अनुभूति सामर्थ्य का हममें सामृद्धय। अतः भाषा ही रचना है और रचना ही भाषा। आचार्य रामचन्द्र शुक्ल के अनुसार—"कविता ही हृदय को प्रकृत दशा में लाती है और जगत् के बीच क्रमशः उसका अधिकाधिक प्रसार करती हुई उसे मनुष्यत्व की उच्च भूमि पर ले जाती है। भावयोग की सबसे उच्च कक्षा पर पहुँचे मनुष्य का जगत् के साथ पूर्ण तादात्म्य हो जाता है, उसकी अलग भाव-सत्ता नहीं रह जाती, उसका हृदय विश्व- हृदय हो जाता है।"[5] और "जिस प्रकार आत्मा की मुक्तावस्था ज्ञानदशा कहलाती है उसी प्रकार हृदय की मुक्तावस्था रसदशा कहलाती है। हृदय की इसी मुक्ति की साधना के लिये मनुष्य की वाणी जो शब्द-विधान करती आयी है, उसे कविता कहते हैं।"

शब्द-विधान की यह प्रक्रिया और कुछ नहीं अपितु वह भाषाबद्ध इकाई है जो

काव्य-वस्तु की अभिव्यक्ति का माध्यम बनती है। और "काव्य-वस्तु या काव्यकला एक सामाजिक सांस्कृतिक प्रक्रिया है।"[6] और, इसकी भी अभिव्यक्ति का माध्यम भाषा ही है। किन्तु उपर्युक्त विवेचन से स्पष्ट है कि काव्यवस्तु भाषा के माध्यम से नहीं अपितु वह भाषा के भीतर से जन्म पाती है और जन्म की इस प्रक्रिया में एक टकराहट सक्रिय रहती है। यह टकराहट अनुभूति और अभिव्यक्ति की होती है। जिसका पर्यवसान सत्य की खोज होता है। यही टकराहट रचनाकार के अंतस में अंतर्द्वन्द्व और संघर्ष के जन्म का कारण बनती है और अन्तर्द्वन्द्व एवं संघर्ष का प्रकाशन ही सत्य कहलाता है। यह और कुछ नहीं अपितु क्षण-विशेष की वह अनुभूतिमयी अभिव्यक्ति है जो कविता का चरम लक्ष्य अथवा चरम आनंद (या और जो नाम आप देना चाहते हैं दे सकते हैं) के रूप में सामने आती है। इसका यह तात्पर्य कदापि नहीं कि भाषा का प्रयोग कवि के सर्जनात्मक जीवन का एक पहलू अवश्य बन जाता है जो सामाजिकता के दबाव के कारण दब जाता है। निश्चय ही इस प्रक्रिया से उसकी स्वाधीनता सीमित हो जाती है जबकि किसी सर्जनात्मक कर्म को तीखा बनाने के लिये यह स्वाधीनता अपेक्षित होती है।

कवि-कर्म की शुरुआत से ही काव्यभाषा का तथा काव्य और भाषा पर विचार शुरू हो जाता है। यह निर्णय ले पाना तो कठिन है कि पहले काव्यवस्तु अंतर चेतना में जन्म लेती है या भाषा। किन्तु अभिव्यक्ति में असमर्थ "गूँगे के गुड़ का स्वाद" इस बात का प्रमाण बन जाता है कि संवेदना या अनुभूति भाषा की अनुवर्त्तिनी नहीं। हाँ, भाषा इन सबकी अनुवर्त्तिनी अवश्य है। काव्य की सृजन प्रक्रिया में दोनों एकमेव हो जाती हैं, एक साथ प्रस्फुटित होती हैं। यह सत्य है कि पहले के कवियों, आलोचकों के लिये भाषा मात्र एक उपकरण थी, शैली थी, वह कविता या काव्य का फलन नहीं वरन् कविता के अंश-विशेष का उपकरण थी। **सिडनी** के अनुसार "वस्तुपक्ष को हृदयग्राही बनाने, सामान्य जीवन के संदेहास्पद अंशों को संशयहीन ढंग से सम्प्रेषित करने के लिये भाषा का उपयोग होता है।" **ड्रायडन-** "सत्य के रूप में स्वीकृत मानव -ज्ञान और पर्यवेक्षण-शक्ति को जीवंत बनाने के में भाषा का उपयोग स्वीकार करते है।" **शेली भाषा** को अपनी रचनात्मक कल्पना का महत्वपूर्ण साथी एवं सहयोगी मात्र स्वीकार करते हैं।

लेकिन आज का कवि भाषा को कविता के माध्यम रूप में स्वीकार नहीं करता, वह इससे आगे बढ़कर यह भी कहता है–"कविता भाषा की ही एक विधा है।"[7] **स्टीफेन उल्मान** "कविता को शैली के रूप में देखते हैं और शैली को "नार्म" से अलग हटी हुई भाषा की स्थिति-विशेष मानते हैं।"[8] **डब्ल्यू0एच0 ओडेन** के अनुसार- "कवि, कविता के इर्द-गिर्द चक्कर लगाकर यह सुनना चाहता है कि खुद में वे शब्द क्या बोलते हैं?"[9] अतः अब आलोचक भी स्वीकार करने लगे हैं

कि "कविता, भाषा का ही एक विशेषरूप है।"[10] रूसी समीक्षक **तोपोरेव** की दृष्टि में भी "कविता विशेष रीति से व्यवस्थित भाषा की शैलीविशेष है।"[11] अस्तु भाषा कविता का माध्यम है। **कार्ल बोसलेर** के अनुसार "कविता की भाषा, भाषा की भाषा है, यह भाव की भाषा है। और कविता भाषा की एक विधा, रीति या शैलीविशेष है। शब्द ही उसकी अभिव्यंजना और सम्प्रेषणीयता है।" सत्य तो यह है कि व्यक्ति की विशिष्ट-से-विशिष्ट अनुभूति भाषा के रंगों से मुक्त नहीं होती और दूसरी ओर भाषा अनुभवों का रीति पक्ष है। अनुभव के कथ्य पक्ष और भाषा के रूप में उसके रीति पक्ष के बीच लचीला पर अटूट सम्बन्ध होता है। यह केवल भाषा में ही देखा जा सकता है, भाषा के माध्यम से ही काव्यात्मकता का भी पता लगाया जा सकता है।

भाषा यद्यपि कविता के माध्यम के रूप में ग्रहण की जाती है पर उसकी प्रवृत्ति प्रवृत्यात्मक होती है, वह कवि को निर्देश भी देती है। भाषा स्वयं जीवन्त होने के कारण अपना विशिष्ट दबाब डालती है। कवि जब भाषा को माध्यम के रूप में अपनाता है तब उसे इस प्रवृत्यात्मक दबाव के साथ भाषा को स्वीकार करना पड़ता है। दूसरा तथ्य यह है कि भाषा स्वयं संस्कृति का एक अंग और परम्परा का वाहक है। अगर किसी देश का साहित्य उस देश की संस्कृति और परंपरा के साथ जुड़ा हुआ है तो उस साहित्य के माध्यम के रूप में प्रयुक्त भाषा का भी गहरा संबंध संस्कृति एवं परम्परा के साथ स्वयं सिद्ध है। स्पष्टतः– भाषा संस्कृति का एक विशिष्ट अंग है। वह संस्कृति का स्थूल उपादान न होकर सक्रिय शक्ति है। तात्पर्य यह कि भाषा स्वयं संस्कृति का उपकरण और परम्परा का संवाहक है। इसलिये भाषा सामाजिक वस्तु भी है और संकल्पात्मक बोध भी। साहित्य के भीतर पायी जाने वाली कला (सौन्दर्य) और बोध न केवल भाषा के माध्यम से व्यक्त होते हैं। वरन् भाषा की अपनी संरचना और उनके अपने गुणों द्वारा नियंत्रित भी होते हैं। काव्यात्मक संरचना भाषा के गर्भ से ही उत्पन्न होती है और इसका कारण बनती है-काव्यात्मक संवेदना। काव्य-संवेदना मन की अतल गहराईयों से आती कोई अनगूँज पुकार या अनहदनाद के स्तर की वस्तु नहीं होती, वह तो भाषिक चेतना के धरातल पर बोधव्य भाषिक ध्वनि होती है। इसीलिये साहित्य, सम्प्रेषण- व्यवस्था का अन्यतम उदाहरण है। "भाषा को बनाने में, बदलने में और विकसित करने में युग की विचारधारा, भावचेतना और संवेदना की सक्रिय भूमिका होती है।"[12] सत्य तो यह है कि कविता का अनुभव मूलतः भाषानुभव होता है। यह अनुभव विचार अनुभूति, संवेदना, अभिव्यक्ति, सम्प्रेषण, आस्वाद या ग्रहण की प्रक्रिया से ही सम्पन्न होता है और इस स्तर पर भाषा एक संभावना है और वह विकल्प से चुनाव की छूट देती है।(एक ही अर्थ में अनेक शब्द, एक ही शब्द के अनेक

अर्थ)। और जहाँ भी विकल्प से चुनाव की छूट मिलती है वहाँ हमें एक अतिरिक्त अर्थ की सम्भावना मिलती है। इस संभावना का आभास हमें कवि स्वयं दे जाता है।

रचना-प्रक्रिया में भाषा की अनिवार्यता लगभग हर भारतीय समीक्षक और रचनाकार स्वीकार करता है। भामह के कथन–"शब्दार्थौ सहितौ काव्यं" (शब्द और अर्थ युगल रूप काव्य हैं)–में भारतीय काव्य-समीक्षा की आत्मा अन्तर्निहित है। कुंतक शब्द (वाचक) और अर्थ (वाच्य) के मंजुल सम्बन्धों को काव्य का आधार स्वीकार करते हैं। आनन्दवर्धन के सिद्धान्त "काव्यस्यात्मा ध्वनिः" का आधार भी भाषा ही है । भर्तृहरि भी शब्द और वाक्य को प्रतीक स्वीकार कर इन्हीं मान्यताओं को पुष्ट करते हैं। स्पष्टतः भारतीय काव्यशास्त्र की दृष्टि मूलतः भाषावादी ही है और सभी शब्दार्थ को ही काव्य की आत्मा स्वीकार करते हैं। किन्तु शब्द को रमणीय भी होना चाहिए और रमणीयता ही काव्य-रचना-प्रक्रिया की चरम उपलब्धि है। निश्चय ही रमणीयता की खोज के लिये पहले–शब्द से भी पहले–उस भाषा की खोज करनी करनी पड़ती है जो युगीन संदर्भ में ऐसे शब्द दे सके जो अपने अर्थ द्वारा रमणीयता का सृजन करे। रचनाकार की इस खोज का इतिहास नया नहीं है। विद्यापति का उद्घोष जहाँ लोकसंस्कृति से संपृक्ति का उद्घोष है, वहीं, रचनात्मक दायित्व के अनुरूप रमणीयता के सृजन के लिये भाषा-माध्यम की खोज का प्रयास भी है।

देसिल बयना सब जन मिट्ठा तं तैसहो जंपहो अवहट्ठा।

देसिल वाणी जैसी 'अवहट्ठा" से सीधा-सा तात्पर्य है वह भाषा जो कर्ण प्रिय तो हो ही लोगों में माधुर्य का बोध कराए, उनके अन्तः मन के तार झंकृत करे और उन्हें प्रेरणात्मक स्फूर्ति दे। यह नई भाषा ही कर सकती है। परम्परा से चली आती भाषा नहीं कर सकती। और नई भाषा गढ़ने की आवश्यकता नहीं होती उनमें शब्दों को स्वाभाविक रूप से जड़ देने की आवश्यकता होती है—

और सब कवि गढ़िया, नंददास जड़िया।

यहाँ 'जड़िया' शब्द विशेष ध्यातव्य है। यह जड़ने की प्रक्रिया ही भाषा की आब होती है। यहीं रचनात्मक सजगता और भावानुरूप तद्रूपता की परख होती है। इस प्रयास में तुलसीदास विस्मृत नहीं किये जा सकते, जो भाव और भाषा, संवेदना और अभिव्यक्ति में अन्तराल को स्वीकार नहीं करते। उनकी दृष्टि उस समाज पर भी है, जिसके लिये वे अपने ग्रन्थ का प्रणयन कर रहे हैं। तभी तो वे परम्परा से हटकर उस भाषा की खोज करते हैं जो सबका हित साधने में सफल हो । "भाषा निबन्धमतिमंजुलमातनोति।" भले ही सब उसका उपहास करें–और भाषा भनिति भोरि मति मोरी।" और घनानन्द इन सबके आगे बढ़कर कह उठते हैं—

लोग हैं लागि कवित्त बनावत मोहिं तौ मेरे कवित्त बनावत।

यहाँ स्वयं घनानन्द अपने निजत्व को ही काव्यमय बना डालते हैं और तभी कविता फूटती है, असली कविता। और, इसे ही आगे चलकर भारतेन्दु बाबू निज भाषा की संज्ञा दे डालते हैं—

निज भाषा उन्नति अहै, सब उन्नति को मूल।

यहाँ "निज" केवल "वैयक्तिकता" का बोधक नहीं अपितु उस संवेदना का बोधक है जो अपने में निराला है, जो सबसे अलग-थलग है, पर अभिव्यक्त होती है तो उस समुदाय की, उस वर्ग की बन जाती है जिसका रचनाकार प्रतिनिधित्व कर रहा होता है। वर्ग-विशेष की अनुभूति को अभिव्यक्त करने वाली भाषा, काव्यभाषा श्रेष्ठ मानी जाती है। स्पष्टतः संवेदनात्मक भाषा की उन्नति की बात ही भारतेन्दु बाबू का लक्ष्य है। यह निजता तभी आ पाती है जब संवेदना और अभिव्यक्ति में अन्तराल नहीं तद्रूपता होती है। महावीर प्रसाद द्विवेदी भाषा की रचनात्मक व्यवस्था की नींव को पुख्ता करते नजर आते हैं और इस मजबूत नींव पर अनेक राजगीर अपना कौशल दिखाते हैं। मैथिलीशरण गुप्त, प्रसाद, पंत, निराला आधुनिक हिन्दी भाषा के प्रारंभिक कवि हैं, पर अन्तिम तीन की सशक्त भाषा इनकी अनुभूति की अनुवर्त्तिनी है।

आचार्य शुक्ल भाषा की व्यंजना शक्ति पर बल देते हुए स्पष्ट घोषित करते हैं कि भाषा की यह शक्ति दो वस्तुओं पर अवलंबित है–शब्द-विस्तार और शब्द-योजना।"[13] निश्चय ही वे रचनाधर्मिता के प्रारंभिक पहलू पर जोर देते हैं। शब्द-विस्तार जहाँ सामाजिकता से सम्बद्ध है, वहीं शब्दयोजना रचना प्रकिया से। इसी मत के मुक्तिबोध भी समर्थक हैं–"वही कवि महान है जो भाषा का निर्माण करता है, विकास करता है।"[14] किन्तु यह निर्मित्ति अनुभूति/संवेदना की अनुवर्तिनी हो।

प्रयाग शुक्ल की कविता सोच के विषयों में नहीं बल्कि स्वयं सोच की प्रक्रिया और उसके व्यवहार में केन्द्रित होकर संवेदना केन्द्रित बन जाती है—

जो था सोच में
वह नहीं रहा
पूरा का पूरा
शब्द में । ...
पर रहे शब्द–
पता देते उस सोच का (शब्द)
और
कविता कहेगी/ मुझे लिखो
मैं कहूँगा मुझे करने हैं
बहुत से दूसरे काम। (घर की व्यवस्था)

स्पष्टतः यहाँ "कविता" उस रूप में सामने आती है जहाँ वह कवि में रच बस कर उसे द्वंद्व में, ग्रहण के द्वंद्व में उलझा देती है, वह कविता लिखे या घर की व्यवस्था—संबंधी दूसरे कार्य करे। अर्थात् द्वन्द्व-युक्त संवेदना।

रचना और रचनाकार पर दृष्टि डालने से यह बात स्पष्ट हो जाती है कि भाषा का यह बदलाव, भाषा की यह ताकत और भाषा की यह सहजता उन्हीं रचनाकारों की दासी बनी है जो स्वयं संवेदना की गहरी खाईं, उबड़-खाबड़ पगडंडियों से होकर गुजरे हैं, जिन्होंने यथार्थ को जिया है, केवल अनुभव नहीं और केवल कोशीय या किताबी अनुभव नहीं प्राप्त किया है। इसीलिये हिन्दी कविता में भाषा का यह मोड़, भाषा का ऐसा प्रयोग कबीर, तुलसी, घनानंद, भारतेन्दु, निराला, अज्ञेय, शमशेर, मुक्तिबोध, नागार्जुन, केदारनाथ अग्रवाल, गिरिजाकुमार माथुर, श्रीकांत वर्मा, नरेश मेहता, धर्मवीर भारती, रघुवीर सहाय, सर्वेश्वर, रामविलास शर्मा, केदारनाथ सिंह, दुष्यंत कुमार, धूमिल, चन्द्रकांत देवताले, प्रयाग शुक्ल, जगूड़ी, मंगलेश डबराल, विश्वनाथ तिवारी, बलदेव वंशी, मनोज सोनकर, गोविन्द माथुर की रचनाओं में दिखाई देता है। ये रचनाकार इस नींव में नये-नये ईंट, नई कलात्मकता से जोड़ते हुए हिन्दी कविता की भाषा को उस ऊँचाई पर पहुँचा देते है जहाँ सबकी पहुँच भी संभव है और सभी को ग्राह्य भी। यहाँ तक पहुँच कर कविता और भाषा का भेद मिट जाता है। यहाँ अनुभूति और अन्तराल खत्म हो जाता है। यहीं प्रमाणित होता है कि भाषा और कविता दो अलग-अलग प्रत्यय नहीं अपितु एक हैं।

ऐसी स्थिति में भाषा? भाषा और कुछ नहीं अपितु वह व्यक्ति के मन की अनुभूति और संवेदना का प्रत्यय है और इसकी कसौटी है–काव्य-भाषा। कविता अभिव्यक्ति की एक प्रणाली नहीं अपितु स्वयं एक समूची और सार्थक अभिव्यक्ति है, एक भरा-पूरा संसार है और इसकी भाषा इसी के संसार का दृश्यांकन है। तभी तो भरत, पाणिनि, व्याडि, वररुचि, भामह, दण्डी, भर्तृहरि, सस्यूर, प्रसाद, अज्ञेय, मुक्तिबोध, आचार्य रामचन्द्र शुक्ल, आचार्य हजारीप्रसाद द्विवेदी, आदि भाषा की अनिवार्यता को स्वीकार करते हैं; और, काव्य और भाषा को एक दूसरे का पूरक तथा एक दूसरे की अनिवार्यता मानते हैं। निश्चय ही यह पूरकता और अनिवार्यता कविता की चरम स्थिति है। कबीर के संदर्भ में द्विवेदी जी कहते हैं–कबीर जो कहना चाहते हैं सीधे कह देते हैं। अन्यथा दरेरा देकर कहलवा लेते हैं। यहाँ दरेरा सार्थक प्रयोग है। कभी-कभी रचनाकार को दरेरा देने की आवश्यकता पड़ती है। दूसरे शब्दों में भाषा-भाव परस्पर अनुवर्तिनी होकर ही कविता में चलती है।

यहाँ सृजनात्मक धरातल पर रचनाकार को खोज का अवकाश कहाँ, सोच की छूट कहाँ, अगर वह इस भ्रमजाल में फँसा तो केशव, मैथिलीशरण गुप्त बनेगा,

कबीर, तुलसी, निराला, मुक्तिबोध, हजारीप्रसाद द्विवेदी, अज्ञेय, केदारनाथ सिंह तो नहीं ही बन पाएगा। इसलिये वह अपना अनुभूत ही अपनी वाणी में अभिव्यक्त कर बैठता है और यह अभिव्यक्ति उसका अपना सच होता है, वही सच जिसे उसने चखा हो। अतः साहित्य अगर शाब्दिक कला है तो काव्य-वस्तु शाब्दिक प्रतीक। मैं तो यहाँ यह भी जोड़ना चाहता हूँ कि रचनाकार उस लुहार के समान है जो अपनी अनुभूति रूपी भट्टी में भाषा को पिघला-पिघलाकर नया रूप, नई शान और नई धार देता है जो अधिक पैनी, नुकीली और जहर की बुझी रहती है। अधिकांशतः यह प्रक्रिया अनजाने चलती रहती है लेकिन ऐसा अवसर भी आता है जब अनुभूति को वाणी की खोज करनी पड़ती है, शब्दों की तलाश में दर-दर भटकना पड़ता है, कभी-कभी तो यह "मौन मधि पुकार" या "गूँगे का गुड़" ही बन जाती है। पर यह तभी जब या तो अनुभूति की अपर्याप्तता हो या शब्दसामर्थ्य-सीमा का अभाव।

वर्णन-विश्लेषण के क्रम में भाषा के अनेक स्तर दिखाई देते हैं। सामान्य भाषा तथा बोलचाल की भाषा, रोजमर्रा या हर क्षण के प्रयोग की भाषा, विशिष्ट भाषा अर्थात् रचना की भाषा आदि। यद्यपि रचनात्मकता हर स्थल पर हर स्तर पर रहती है, किन्तु रचनात्मकता की श्रेणी ही उसे अलग-अलग करती है। उदाहरण के लिये वृत्ति या व्यवसाय की भाषा सामान्य भी हो सकती है, विशिष्ट भी; पर उसके सन्दर्भों से जुड़ी अवश्य होगी। रचनात्मक स्तर पर सामान्य भी हो सकता है, असमान्य भी, स्थूल भी हो सकता है तथा सूक्ष्म भी। यही स्तरगत अंतर दो व्यक्ति की भाषा और दो रचना का अन्तर होता है। विशिष्ट भाषा ही काव्यभाषा कहलाती है जिसका रचनात्मक स्तर सामान्य और सूक्ष्म होता है। आचार्य हजारीप्रसाद द्विवेदी भी इस तथ्य को स्वीकार करते हैं। "सृष्टा और संवेदनशील साहित्यकार के मन में प्रत्येक युग में नयी विशिष्ट चेतना उत्पन्न होती है,जिसे सामान्य भाषा व्यक्त नहीं कर पाती है। इसके लिये साहित्यकार को नए शब्द और नयी प्रकाशन भंगिमा का सहारा लेना पड़ता है...अपनी विशिष्ट अनुभूति को लोकचित्त की समान्य अनुभूति बना देना वह कौशल है।"[15]

सत्य तो यह है कि बोलचाल की भाषा जब नए अर्थों से संयुक्त होकर रचनाकार की किसी विशेष अनुभूति अथवा संवेदना से तादात्म्यीकरण स्थापित करती है तो वह नयी अर्थवत्ता के कारण साहित्य की भाषा बन जाती है। वस्तुतः "जनसाधारण के भाषा-प्रयोग से शब्दों का चरम अर्थ एक काल-विशेष तक प्रकट होता रहता है किन्तु कालान्तर में उन शब्दों की गहरी अर्थ-शक्ति का क्षय हो जाता है"- रघुबीर सहाय सतर्क हैं–हँसो पर चुटकुलों से बचो/ उनमें शब्द हैं/कहीं उनमें अर्थ न हो जो किसी ने सौ साल पहले दिए हों (हँसो, हँसो, जल्दी हँसो)। और मुक्तिबोध तो शब्द में अर्थ संवेद्य की प्रक्रिया का पूरा ब्योरा ही प्रस्तुत कर देते हैं—

तब मनुष्य ऊबकर, उकताकर
ऐसे सब अर्थों की छाती पर पैर जगा
तोड़ेगा काराएँ कल्मष की
तोड़ेगा दुर्ग सब/अर्थों के अनर्थ के,
अनर्थ जब शोषण की दुनिया का/नियम और
ज़नता का नियम जबकि/संघर्षी दिग्विजय
तो शब्दों का अर्थ भी
अलग-अलग होता है। ...
अर्थो के पार नये
क्षितिजों के कुहरे में खोए हैं
आगामी असंख्य शिखर
अर्थों के हिमनग के ।
जीवन की यात्रा में
अर्थों को आत्मसात करती हुई
अनुभविनी संवेदित
वैज्ञानिक जिज्ञासा–[16]

डॉ0 रामस्वरूप चतुर्वेदी भाषा की प्रकृति और उसकी प्रक्रिया को स्पष्ट करते हुए कुछ ऐसा ही कहते हैं। उनकी दृष्टि में–"इस रूढ़ अर्थ को तोड़कर, शब्दों के ऊपर अनन्त प्रयोग से जमी हुई परतों को फोड़कर कवि उन्हें फिर अमूर्त करता है। यह प्रक्रिया तब तक चलती रहती है जब तक कि सारी भाषा का ढाँचा ही नए युग में पुराना न पड़ जाए। इस प्रकार भाषा का संस्कार और इसकी समृद्धि रचनाकारों द्वारा होती है। बोली जाने वाली भाषा का अमूर्तन और परिष्कार करके लेखक उसे सामान्य प्रयोग के लिये फिर समाज को वापस कर देते हैं।" (भाषा और संवेदना, पृ. 27)

स्पष्टतः कविता की भाषा सबसे अलग अधिक समृद्ध और व्यवस्थित होती है। इस व्यवस्था का पहला आधार होता है–शब्द। यह सत्य है कि शब्दार्थ सम्बन्धों की निर्मिति अर्थात् भाषा की चिन्ता कवि-कर्म या काव्य-प्रक्रिया का सबसे आवश्यक पहलू है क्योंकि भाषा में अभिव्यक्ति ही नही अनुभव भी किया जाता है। शब्दार्थ सम्बन्धों पर विचार के पूर्व हमें कवि के रचना-संसार के बारे में विचार करना होगा। उसकी पहली और अन्तिम समस्या है–शब्दार्थ सम्बन्धों की निर्मिति के माध्यम से अपने अनुभव या प्रत्यक्ष को विकसित करना। उपयुक्त नाम देकर पाठक विशेष तक उसे उसी रूप में सम्प्रेषित करने की समस्या से सबसे पहले वह अपने अन्तस से जूझता है और फिर उन्हें वह उसी रूप से अभिव्यक्त करने का प्रयास करता

है। इसीलिये अनुभूति को ही शब्द और अर्थ माना गया है। अज्ञेय के अनुसार "कोई भी रचनाकार अपनी अनुभूतियों को तद्रूप प्रस्तुत करने में समर्थ नहीं होता।" उनके अनुसार–"उसकी अनुभूतियाँ भी बदले हुए रूप की परिस्थिति हैं और उसकी अभिव्यक्ति भी इस बदलाव का अन्तिम पड़ाव है उसकी यही नवीनता भी होती है।"

प्रश्न उठता है कि रचनाकार अपनी रचना-प्रक्रिया में शब्दों का किस रूप में किस सीमा तक प्रयोग करता है। देखने की बात तो यह है कि सामान्य भाषा के खुलेपन से, विस्तार से कवि जितनी सच्ची जिन्दगी की समस्याओं, सरोकारों से परिचित होता है, उतनी ही अपनी भाषा अर्थात् काव्यभाषा को जिन्दगी के निकट लाते हुए सार्थक और सक्षम बनाता है। "यदि सामान्य भाषा की पिछली यादें, स्रोत, शब्द-सम्बन्ध की बुनियादी जड़ें, कवि-भाषा निर्मिति की आवश्यकता है तो उराकी नयी-अर्थवत्ता उसके विजय का अन्तिम पड़ाव है। शब्द कितना महत्वपूर्ण है यह इसी से स्पष्ट हो जाता है कि अर्थ-समृद्ध कविताओं में शब्द जहाँ समाप्त होते हैं, कविता समाप्त नहीं होती, चलती रहती है।" वस्तुतः शब्द द्वारा व्यक्त भाषा मनुष्य के सामाजिक सम्बन्धों का प्रतीक है।

शब्द की पकड़, पहचान, उसकी वाक्यात्मक अभिव्यक्ति तथा छन्दात्मक अभिधान के पीछे काव्य-भाषा में यदि कोई अकेली महत्वपूर्ण भूमिका काम करती है तो वह है-अनुभूति। अनुभूति सामान्य भी हो सकती है और संश्लिष्ट भी। काव्यभाषा पर विचार के सम्बन्ध में सामान्य अनुभूति हमारे किसी काम की नहीं और अनुभूति का पहला माध्यम है–शब्द। अज्ञेय के अनुसार–"किसी शब्द का कोई स्वयंभू अर्थ नहीं है जो अर्थ उसे दिया गया है, वह संकेत है जिसमें अर्थ की प्रतिपत्ति की गयी है।" आचार्य हजारीप्रसाद द्विवेदी शब्द और अर्थ के पारस्परिक सम्बन्ध का और खुलासा करते हुए स्पष्ट करते हैं–"मीमांसकों का एक सम्प्रदाय मानता था कि शब्द का अर्थ वहाँ तक जाता है, जहाँ तक वक्ता ले जाना चाहता है। वक्ता की इच्छा को विविक्षा कहते हैं। जब जेमिनी मुनि ने कहा था कि "यत्पर शब्दः सशब्दार्थः तो उनका यही मतलब था।" वस्तुतः "दुनिया में कवियों की जो कदर है, वह इसलिये है कि वे जो अनुभव करते हैं, उसे श्रोता के चित्त में प्रविष्ट भी करा सकते हैं। प्रेषणधर्मिता उनके कहने का एक प्रधान गुण है। ...अर्थ निश्चय ही वक्ता की इच्छा के अधीन नहीं है। वह सामाजिक स्वीकृति चाहता है। ...शब्दों के गतिशील आवेश से वह हिलता है, भरभराता है, नये-नये परिवेश में सजता है तब कहीं नया अर्थ पैदा करता है। अर्थ में लय नहीं होती, वह लय के सहारे नया अर्थ देता है।"[17] यह अर्थ और कुछ नहीं अपितु अनुभूति का पर्याय है। भाषा के भीतर रहते हुए भाषा के झरोखे से यथार्थ को पहचानने की कोशिश है। सर्वेश्वर

की निम्नलिखित काव्य-पंक्ति में "केंचुए" और "बिलबिलाकर" शब्दों द्वारा अनुभूत सामाजिक विडम्बनाओं के यथार्थ चित्रण का प्रयास है—

बिल बिलाकर बिछ गए है केंचुए अंधे

भाषा चूँकि सामाजिक यथार्थ है इसलिये यथार्थ की समष्टि गृहीत चेतना जितनी सूक्ष्मता के साथ भाषा में व्यक्त हो सकती है उतनी सूक्ष्मता के साथ किसी दूसरे माध्यम में नहीं। और, सूक्ष्मता का भी एकदम स्पष्ट पारदर्शी स्वरूप सबसे अधिक काव्य में प्राप्त होता है क्योंकि काव्यभाषा भाषा शक्ति के गहरे अन्वेषण के अनन्तर कहीं कवि को प्राप्त होती। यह गहरा अन्वेषण कवि के निरन्तर जीवन और भाषा के साथ विभिन्न प्रकार के परिचित सम्बन्धों के भीतर से गुजरने के बाद अतिरिक्त सम्बन्धों के लिये सदृश-सूत्र की निरन्तर तलाश है। इस सन्दर्भ में निराला की "कुकुरमत्ता" की कुछ पंक्तियाँ द्रष्टव्य हैं, जिनमें गुलाब शोषण का प्रतीक ही नहीं अपितु काव्य-संरचना-प्रक्रिया में शब्द की तलाश का नमूना भी है—

अबे, सुन बे गुलाब/भूल मत जो पाई खुशबू रंगो आब/
खून चूसा खाद का तूने अशिष्ट/डाल पर इतराता है कैपीटलिस्ट।

शोषण का प्रतीक बरगद का प्रयोग देखिये—

बरगद की छाया के भीतर/ नहीं अन्य तरु बढ़ पाया है।

(धरती, त्रिलोचन, पृ. 26)

"काव्य-भाषा अपने सूक्ष्म उद्देश्य की प्राप्ति के लिये सम्प्रेषणात्मक भाषा में शब्दार्थ प्रकाशन हेतु प्रचलित मानदण्डों एवं संयोजनों का अनुसरण करती है। काव्य में भाषा और भाषा संकेत की ओर ध्यान आकृष्ट करने के लिये संकेत और सांकेतिक रूप में सम्बन्धों को नष्ट करना पड़ता है या कम-से-कम उसे स्थानान्तरित करना पड़ता है।"[18] मार्टिन फास के अनुसार भी "भाषा की अर्थवत्ता उसके शब्दों में नहीं उस शब्द के व्यापार में है और वह शब्द की आत्मा ही है जिसके कारण यह शब्द अपने आप एक तनाव की स्थिति में पड़ जाते हैं। यही आत्मा उसकी स्थिरता या रूढ़ता को दबा देती है और उनकी प्रतीयमान और सतही एकमात्र पर्याप्तता के आगे भी अर्थ को ले जाती है।"[19] आचार्य शुक्ल एक तरफ जाति-संकेत वाले शब्दों के चयन को रचनाधर्मिता का एक अनिवार्य पहलू स्वीकार करते हैं, दूसरी तरफ युगानुकूल शब्दों के खोज पर भी जोर देते हैं : "...भावना को मूर्त रूप में रखने की आवश्यकता के कारण कविता की भाषा में दूसरी विशेषता यह रहती है कि उसमें जाति संकेत वाले शब्दों की अपेक्षा विशेष-रूप-व्यापार सूचक शब्द अधिक रहते हैं।"[20] भारतेन्दु हरिश्चन्द्र की भाषा पर विचार करते हुए शुक्ल जी ने लिखा–"लीक पीटने वालों की पुरानी पड़ी हुई शब्दावली हटा देने से उनकी काव्य- भाषा में भी बड़ी सफाई दिखाई

पड़ी।''[21] "लोगों की अभिरुचि बदल चली थी, पर हमारे साहित्य पर उसका कोई प्रभाव नहीं दिखाई पड़ता था। ...लोगों के विचारों और व्यापारों ने तो दूसरा मार्ग पकड़ लिया था, पर उनका साहित्य उसी पुराने मार्ग पर था। ...प्रायः सभी सभ्य जातियों का साहित्य उनके विचारों और व्यापारों से लगा हुआ चलता है। यह नहीं कि उनकी चिन्ताओं और कार्यों का प्रवाह एक ओर जा रहा हो और उनके साहित्य का प्रवाह दूसरी ओर।''[22] आचार्य हजारीप्रसाद द्विवेदी के अनुसार भी "अर्थ शब्दों द्वारा सूचित बाह्यसत्ता (रचनाकार की) को प्रकट करते हैं।''[23] और मुक्तिबोध के अनुसार काव्यवस्तु के निर्माण का द्वितीय क्षण तब उपस्थित होता है जब लेखक में शब्द-संवेदनाएँ जागृत होकर (वह) विषय-तत्व को व्यक्त करने लगती हैं। और तब—

क्षण भर के लिये/मुझे कहीं भी देखा जा सकता है,
किसी भी दिशा से/किसी मोड़ पर,
किसी भी भाषा के अज्ञात शब्द कोष में ।[24]

"अज्ञात शब्द कोष'' का तात्पर्य है जातीय संस्कार और अनुभव-कोष न कि भाषा संदर्भित शब्द-कोष। स्पष्ट है कि संवेदनाओं को वस्तुओं से जोड़ने का कार्य शब्द करते हैं और सौन्दर्य प्रतीति का पहला क्षण, भाषा-पूर्व-स्थिति होता है–जिसे किसी भाषा के अज्ञात शब्दकोष में पाया जा सकता है। भाषा की प्रकृति अपने आप में अमूर्त्तन की है। शब्द अंततः किसी मूर्त वस्तु अथवा स्थिति के मूर्त संकेत भर होते हैं। किन्तु यह प्रक्रिया यहीं नहीं रुकती—

कि गूँजहीन शब्दों के इस घने अँधकार में मैं
अर्थ परिवर्तन की अबूझ प्रक्रिया हूँ।[25]

कविता शब्दों के घने अंधकार के बीच नए अर्थ देने की प्रक्रिया बन जाती है और अर्थ प्रदान करने की इस प्रक्रिया के नए अर्थ की माँग होती है, स्वच्छ अर्थ की माँग, घिसे-पिटे अर्थ की नहीं—

शब्द, अब भी चाहता हूँ
पर वह कि जो जाय वहाँ-वहाँ होता हुआ
तुम तक पहुँचे
चीजों को आर-पार दो अर्थ मिलाकर
सिर्फ एक स्वच्छ अर्थ दे।[26]

और शब्द साधारण, संघर्षशील शब्द, अपने प्रतिशब्दों को काटने वाला शब्द, वह शब्द जो अर्थ को फैलाव दे सके, इसी शब्द की खोज कविता की खोज है—

हर शब्द निज प्रति-शब्द को भी काटता
वह रूप अपने बिम्ब से भी जूझ

विवृताकार-कृति
है बन रहा।[27]

भारतभूषण अग्रवाल के अनुसार भी उसे (आज के कवि को) प्रचलित भाषा में ही नया अर्थ भरना है, नयी अभिव्यक्ति का माध्यम पाना है—

कवि! तोड़ो अपना शब्द जाल, जो आज खोखला, शून्य हुआ...
अपनी मिट्टी के पुतलों के शब्दों में ही अपना कवित्त
हमको न जरूरत आज देववाणी की, हम खुद ढालेंगे
जीवन की मिट्टी में भाषा, जी चाहा रूप बना लेंगे।[28]

आज का कवि "भाषा की क्रमशः संकुचित होती हुई सार्थकता की केंचुल को फाड़कर उसमें नया, अधिक, व्यापक, अधिक सारगर्भित अर्थ भरना चाहता है।"[29] और छायावाद काल से लेकर आज तक की हिन्दी कविता के भाषा के संदर्भ में धूमिल की टिप्पणी दृष्टव्य है–"छायावाद के कवि, शब्दों को तोड़कर रखते थे, प्रयोगवाद के कवि शब्दों को टटोलकर रखते थे, नयी कविता के कवि शब्दों को गोलकर रखते थे, सन् साठ के बाद के कवि शब्दों को खोलकर रखते हैं।"[30]

ध्रुव शुक्ल साठोत्तरी कविता के ऐसे कवि हैं जिन्होंने शब्द के गायब होने, उसकी तपस्या एवं उसे खोजने, उसे बनाने-बिगाड़ने में और पुनः उनसे अर्थ निकलवाने की प्रक्रिया को बहुत साफ-सुथरे ढंग से, विस्तार से प्रस्तुत किया है—

शब्द ऐसे भी हमसे बिछुड़ जाते हैं
हमारे शाप से शिला बन जाते हैं
फिर युगों तक हमारी प्रतीक्षा करते हैं... –प्रिया
शब्द के पास रहो
उसे अकेला मत छोड़ो
कोई हर लेगा...
आक्रमण करते हैं शत्रु
स्वरों पर टूटते हैं
व्यंजनों को लूटते हैं... –प्रिया-8
शब्द तप करते हैं
जागते हैं वे
अर्थ सोता है...
चुप भाषा
परिभाषा की आहुति देकर मिलती है –माँ

ध्रुव शुक्ल सच ही तो कह रहे हैं कि भाषा, काव्य-भाषा तभी बनती है जब

उसकी पुरानी पड़ गई परिभाषाएँ खण्डित हो उठती हैं और नया अर्थ पाने के लिये, तपस्या के लिये उसका आधार–शब्द-विवश हो जाता है। और शब्द—

शब्द/एकांत में अर्थ का वरण करते हैं
अर्थ/ उन्हें अकेला छोड़ कर चला जाता है... –प्रिया-3
शब्द को शाप है
वह अकेला रह जाएगा ...
अर्थ को डिगाने के लिये
व्याप रहा है
एक और अर्थ
हथेली से बाहर था –प्रिया-7

पर शब्दों की खोज में रचनाकारों को ही भटकना होगा—

शब्द मृग हैं
अर्थ ही आखेट करता है –प्रिया-3

शब्दों में चाह नहीं, उसे चाह युक्त बनाना भी रचनाकार का ही दायित्व है—

शब्द अपनी राह पर चला जा रहा है
उसकी कोई कामना नहीं...
शब्द अपने रूप मे डूबे हैं –प्रिया-12

यही नहीं—

शब्द पर्वत पर जन्म लेते हैं
पत्ते खाकर जीते हैं
चेहरा पीला पड़ जाता है वहीं
झर जाता है एक अर्थ –प्रिया-13

और अंत में—

शब्द औषधि है

हमारी अपनी बीमारियों (संवेदनाओं) की औषधि है, इसके सेवन से ही हम इन बीमारियों से छुटकारा पा सकते हैं।

अर्थवान शब्दों की खोज छायावादोत्तर काव्य और कवि की सबसे बड़ी समस्या रही है। स्वयं अज्ञेय की स्वीकारोक्ति है–"आज भी मेरे सामने जो समस्या है और जिसका हल पा लेना मैं अपने कवि-जीवन की चरम उपलब्धि मानूँगा, वह अर्थवान शब्द की समस्या है। काव्य सबसे पहले शब्द है और सबसे अन्त में यही बात बच जाती है कि काव्य शब्द है। ...शब्द का ज्ञान, शब्द की अर्थवत्ता की सही पकड़ ही कृतिकार को कृती बनाती है।"[31]

लेविस कविता को शब्दों का एक माडल मानते हैं। स्पिंटजर (1962) भी यह महसूस करते हैं कि–"कविता शब्द निर्मिति होती है और इन शब्दों का अर्थ भी उसमें स्थित होता है। लेकिन कवि की चमत्कारपूर्ण प्रतिभा जो काव्य-संघटना को एक समय दृष्टि के लयात्मक प्रत्यय में बाँधती है, इन शब्दों में एवं उससे स्थित अर्थ को बौद्धिक प्रत्यय के पार ले जाकर लयात्मक प्रत्यय तक पहुँचा देती है।" रघुबीर सहाय बोलचाल की भाषा,[32] भारत भूषण अग्रवाल सहज तथा दैनिक व्यवहार में प्रयुक्त होने वाली भाषा[33] मुक्तिबोध सामाजिक काव्य-भाषा,[34] माचवे लोकजीवन की भाषा को काव्य-भाषा[35] और गिरजा कुमार माथुर काव्य-भाषा की ताजगी और नवीन शक्ति के लिये जीवन-व्यवहार की भाषा[36] को काव्य-भाषा के रूप मे स्वीकार करने की वकालत करते हैं । स्वयं आचार्य शुक्ल जीवन जगत् की एवं मानव की अभिरुचि तथा युगीन चेतना से संपृक्त शब्दावली से युक्त भाषा-प्रयोग के समर्थक हैं। जीवन-व्यवहार की भाषा का आधार शब्द ही होता है, वाक्य नहीं।

प्रगतिवादी कवियों ने अर्थवान शब्दों की खोज तथा भाषा की सृजनशीलता के प्रति जो अपनी नयी आसक्ति दिखायी वह कवि कर्म के प्रति उनके ईमानदारी का प्रतीक है। वस्तुतः इन कवियों ने "भाषा के क्षेत्र में 'क्रान्तिकारी' परिवर्तन करने का बीड़ा उठाया। पुरानी भाषा को नये युग की भूमिका में अपर्याप्त मानकर उन्होंने न केवल नयी भाषा की खोज प्रारम्भ की, अथवा नये शब्दों के निर्माण का संकल्प लिया, वरन् पुराने शब्दों का नया संस्कार करने, उनमें प्रचलित अर्थों से अधिक नया अर्थ भरने और इस प्रकार उनमें ताजगी लाने की ओर भी प्रवृत्त हुए।"[37] आज के कवि, कविता और बोलचाल की भाषा की खाईं मिटा देना चाहते हैं—

जिस तरह हम बोलते हैं
उस तरह तू लिख
और उसके बाद भी
हमसे बड़ा तू दिख।[38]

"यह कहने के बजाय कि कविता शब्द-निर्मिति नहीं होती और कविता में शब्द अपने अर्थ से मुक्त होकर, बौद्धिक प्रत्यय के पार जाकर लयात्मक प्रत्यय का सृजन करते हैं, मैं यह कहना चाहूँगा कि कविता शब्द निर्मिति ही होती है और इन शब्दों का अर्थ भी उसमें स्थित रहता है।" (स्पिट्जर)। किन्तु भाषा केवल शब्दों की खोज या यथार्थ अभिव्यक्ति का प्रयास ही नहीं अपितु जैसा पहले कहा जा चुका है वस्तुतः भाषा की प्रकृति अपने आप में अमूर्तन की है, क्योंकि शब्द अन्ततः किसी मूर्त वस्तु अथवा स्थिति के अमूर्त संकेत भी होते हैं। अमूर्तन की वृत्ति सभी कलाओं में दिखायी पड़ती है। अमूर्तन की इस गहराई के अनुपात में सामाजिक का

"सक्रिय सहयोग" अपेक्षित हो जाता है। किन्तु सिर्फ "सहृदयता" आज पूरी नहीं पड़ सकती, उस सहृदयता को सही दिशा में परिचालित और क्रियाशील रखने का भी दायित्व पाठक का हो गया है। अमूर्तन और कुछ नहीं, अपितु वह रचनात्मक और पाठकीय वृत्ति है जो स्थूल की ओर ले जाने का कार्य करती है। यह अपने सम्प्रेषण से पाठक को बाँधता नहीं वरन् उसे अनुभूतियों की एक श्रेणी, एक दिशा देना ही अभीष्ट समझता है। सर्वेश्वर ने निम्नलिखित कविता में "जूते", "लाठी", "लटकाए" और "सीना फुलाए" जैसे बोलचाल के शब्दों के माध्यम से लोकतन्त्र की आज की एक यथार्थ स्थिति का चित्र खींचा है। निश्चय ही यह चित्र अनुभूति की गहनता और उसकी सहज प्रस्तुति का परिचायक है। शायद यह इन्हीं शब्दों में व्यक्त हो सकता था और तभी पाठक को अनूभति की श्रेणी और दिशा दे सकता था—

लाठी में लटकाएं/भागे जा रहे हैं सभी/सीना फुलाए।

मुक्तिबोध अंतः और बाह्य संघर्ष के प्रतीक हैं, यहाँ संघर्ष की परिणति प्रस्तुत है–"पाटों" "ट्रेजडी" और 'नीच' जैसे शब्दों से अनुभूति की जो यथार्थता व्यंजित है, उसकी अभिव्यक्ति के लिये शायद ही कोई और शब्द मिलता। यहाँ 'ट्रेजडी' की अर्थवत्ता, उसकी विम्बात्मकता बेमिसाल है—

पिस गया वह भीतरी/और बाहरी दो कठिन पाटों के बीच/ ऐसी ट्रेजडी है नीच।[39]

ठीक यही स्थिति धूमिल की है। धूमिल के लिये मनुष्य "एक जोड़ी जूता" से अधिक कुछ नहीं। यह आधुनिक मानवता की यथार्थ अनुभूति की सटीक अभिव्यक्ति है। 'एक जोड़ी जूता मनुष्य की समूची कहानी कह जाता है—

न कोई बड़ा है/मेरे लिये हर आदमी एक जोड़ी जूता है।

और केदारनाथ अग्रवाल ढेला-सी बड़ी-बड़ी आँखों द्वारा देवत्व की निर्जीवता चित्रित करते हैं—

चल रहे देवता थे/ढेला सी बड़ी-बड़ी आँखे लिये।

बोलचाल एवं सामान्य जीवन की भाषा का एक दूसरा रूप भी सामने आता है जिमसें मानवता की विवशता और उसके संघर्ष–गाथा की सहज अभिव्यक्ति मिलती है—

चुपाई मारो दुलहिन/मारा जाई कौआ!
दे रोटी?कहाँ गयी थी बड़े सबेरे/
कर चोटी? लाला के बाजार में/
मिली दुअन्नी/पर वह भी निकली खोटी,
दिन भर सोयी/बीच बाजार में बैठ के रोयी,
साँझ को लौटी/ले खाली झौआ/ ...
मेले में दुकान की/माचिस-बीड़ी पान की।[40]

इसी तरह बोलचाल के अनेक शब्द इस काल की रचनाओं में भरे पड़े हैं जो केवल भाषा की अर्थवत्ता और सहज अभिव्यक्ति के लिए प्रयुक्त हैं—

इतिहास के पन्नों पर पगुराती हुई भैंस की आँखों में।[41]...

कुछ दईमारे खानेबदोश मिले।[42] ...

और आज पैरा, पगही, सिपहसालार, माची, पूर, मेंड़, लहँगा, खँचियाँ, खुरपी, फूहड़, बौड़म, भिनसार, पसीना, पुरवैया, कूतना, रान-परोसी, गोंयठा, गहगह, गेह, पियार, दईमारा,ढिंग, बतियाती, सेंत, टकही, तोर, मोर, बाथरूम, बैरा, ड्राइंग रूम, हेडलाइट, बिलबिलाकर, लाश, दूल्हा, केंचुए, केकड़े, मकड़ी, पिरामिड, ममी, जनाजा, बदहोश, मासूम, एक्सीडेंड, सिविललाइंस, गैसलाइट, आदि अनेक देशी-विदेशी, प्रयुक्त-अनप्रयुक्त शब्दों को कविता की विकास यात्रा में, नए अर्थों में, विस्तृत अर्थों में, नई अभिव्यक्ति हेतु प्रयुक्त किया गया है। यह इस बात का सबूत है कि आज ये शब्द साहित्य के अंग बनकर भाषा का स्वरूप ग्रहण कर चुके हैं।

शब्द के साहित्य का अंग बनने की एक लम्बी प्रक्रिया है। रचनाकर्म के समय एक संवेदना ग्रहण कर साहित्यकार अभिव्यक्ति के लिये शब्दों की तलाश में दर-दर नहीं भटकता और यदि संयोग से उसे भटकना ही पड़ा तो उसकी अभिव्यक्ति कमजोर हो जाएगी, उसमें बिखराव आ जाएगा। वस्तुतः रचनाकार का एक व्यापक अनुभव क्षेत्र होता है, उसका अनुभव कैनवास जितना ही व्यापक और विशद होगा, उसकी अनुभूति भी उतनी ही विशद होगी और इस अनुभव जगत से उसके अवचेतन में हर अर्थ की प्रतीति के लिये शब्द एकत्रित होते रहेंगे। रचनात्मक प्रक्रिया में पहुँचकर केवल उसे अपनी अनुभूति और संवेदना के अनुरूप शब्दों को बाहर कर देने की आवश्यकता भर होती है। यह प्रक्रिया भी सायास नहीं अनायास होती है और अनायास होने के क्रम में भाषा और भाव में कोई अंतर नहीं रह जाता। दोनों की तद्रूपता ही कविता है,वही भाषा है, रस है और है छंद तथा शैली। इस क्रिया के दरम्यान इन सबके संयोजन के प्रति रचनाकार सचेत नहीं रहता। इसलिये मैं यह स्वीकार नहीं करता कि रचनाकार संवेदना के धरातल पर जहाँ भटकता रहता है वहीं शब्दों का कोश मानव अवचेतन में अनुभव या सरोकार के कारण बनता रहता है। इसके विपरीत कभी-कभी ऐसे शब्द भी इस कोश में सम्मिलित हो जाते हैं जिनसे केवल रचनात्मक प्रयोग के जरिए हम परिचित होते हैं, परन्तु हम उनके उस असली परिवेशगत अर्थ से परिचित नहीं होते और इनका प्रयोग धड़ल्ले से कर बैठते हैं। ऐसी शब्दावली प्रायः "वाद" विशेष की चरितार्थता के लिये जरूरी होती है और उस "वाद" का चस्पा लगाने के लिये कवि-विशेष इस शब्दावली का प्रयोग करता है, परिवेश से परिचित हुए बिना। और, तब कविता केवल नारों

की भाषा बनकर रह जाती है। किन्तु शब्द ही कविता नहीं है। शब्द-निर्मिति के पूर्व उसकी असली भूमिका का निर्णय भी अपेक्षित है—

मैं समय को अपनी आँखों से जानूँ
शब्द बनाने से पहले तय करूँ
उसकी आगामी भूमिका–[43]

सम्प्रेषण के लिये कवि शब्दों के प्रतीकार्थ को अन्वेषित करता है। सस्यूर के अनुसार "भाषिक प्रतीक कथ्य और अभिव्यक्ति पक्ष के एकीकरण के रूप में सिद्ध होता है और (जबकि) काव्य-कृति शाब्दिक प्रतीक है।" यही प्रतीक निर्माण प्रक्रिया आगामी भूमिका की शुरुआत है। "कोई बिम्ब एक बार रूपक के रूप में प्रकट हो सकता है, परन्तु जब वह बिम्ब बार-बार प्रस्तुत और अप्रस्तुत रूप में दुहराया जाएगा तो यह प्रतीक बन जाएगा।"[44] सूसन के0 लेंगर की दृष्टि में प्रत्येक बिम्ब, मौलिक रूप में प्रतीकात्मक होता है।

अज्ञेय के अनुसार "मिथक की भाँति प्रतीकों में भी सायुज्य, सारूप्य और सादृश्य की एक स्वायत्त, स्वयंसिद्ध, स्वयंप्रकाश व्यवस्था होनी चाहियेः प्रतीक अपने आप में एक स्वतः प्रमाण दुनिया होता है।"[45] "रूपक अपनी प्रतिनिधिक स्थिति में और आधार रूप में भी, बिम्ब या निजी अभिव्यक्ति का कितना भी स्पर्श लेकर बौद्धिक अर्थ में स्पष्ट और संक्षिप्त होता है जबकि प्रतीक अमूर्त वस्तुओं के विधान या बिम्बात्मक विचार को व्यक्त न करके एक सजीव सत्य या अंतः दृष्टि या वस्तु-संबंधी अनुभव को व्यक्त करता है जिसका बौद्धिक अमूर्त्तन से विशेष सम्बन्ध नहीं होता।"[46]

वस्तुतः सामान्य शब्द या संदर्भ से प्रतीक की स्थिति तक का विकास काव्य-भाषा के संगठन की पहली मंजिल है। प्रतीक के अभिव्यक्ति पक्ष में आने के साथ ही उसका काव्य पक्ष भी मन में तत्काल उभरता है। यहाँ शब्द केवल संवेदनात्मक अनुभूति मात्र न रहकर संवेदना की बोधात्मक प्रतीति होता है और यह "परिणति तब होती है जब ये प्रतीक भावचित्रों अथवा बिम्बों के रूप में ग्रंथित होते हैं। यह भावचित्रों की भाषा ही वस्तुतः काव्य-भाषा है। "प्रतीक" के माध्यम से सामाजिक अर्थ को एक वैयक्तिक स्तर तक लाने की चेष्टा होती है, किन्तु अनुभूति की अद्वितीयता इन प्रतीकों के सामाजिक वैयक्तिक रूप से पूरी व्यक्त नहीं हो पाती। भावचित्र की स्थिति में कवि प्रतीक के अपेक्षया स्वीकृत परिवेश को तोड़कर अपना आवश्यक और इच्छित परिवेश निर्मित करता है।" (रामस्वरूप चतुर्वेदी भाषा और संवेदना, पृ. 27-28)

प्रतीक निर्मिति की प्रक्रिया सतत् सक्रिय रहती है। कल जो प्रतीक सार्थक थे, वे

आज अप्रासंगिक और निरर्थक हो सकते हैं। आधुनिक हिन्दी कविता में पारम्परिक प्रतीकों को तोड़ने और नए प्रतीकों के निर्माण की ललक है। प्रसाद, पंत, निराला, महादेवी से ताकत पाकर अज्ञेय एवं उनके परवर्ती रचनाकारों में यह प्रक्रिया विद्रोह का पर्याय बन गयी—

ये उपमान मैले हो गये हैं।
देवता इन प्रतीकों के कर गये हैं कूच।
कभी बासन अधिक घिसने से मुलम्मा छूट ज़ाता है।''[47]

और, पुराने प्रतीकों के प्रति मोहभंग के कारण हैं। खासकर युगीन चेतना की अभिव्यक्ति में उनकी संगति न बैठना। आज का रचनाकार केवल यथार्थ को ही नहीं पेश करना चाहता, वह तो इस बहाने हमारे घावों की पपड़ी को कुरेद कर उसे हरा-भरा बना देता है। यदि औषधि-विज्ञान की तरफ उन्मुख हुआ जाय तो घाव को जल्दी ठीक करने के लिये यही प्रक्रिया अपनायी जाती है। तभी तो यह उपदेश सामने आया—

हो सके पहचान सत्य की जिनके कारण
ऐसे व्यर्थ प्रतीक बनाओ नहीं अकारण।[48]

सत्य की पहचान के लिये नित्य नवीन प्रतीक सामने आए । जेठ के मध्याह्न को पूँजीवादी व्यवस्था के प्रतीक के लिये, साँप की भयावहता के रूप में प्रस्तुति नितांत नवीन कल्पना तो है ही, पर यथार्थ भी, और एक तीखी खरोंच देता यथार्थ—

ज्यों घेर सकल संसार, कुंडलीमार
पड़ा हो अहि विशाल
आक्रांत धरा की छाती पर
गुमसुम बैठा मध्याह्न-काल।[49]

इस काल की कविता में शोषण के प्रति विद्रोह बहुत तीखा है—

बरगद की छाया के भीतर
नहीं अन्य तरु बढ़ पाया है।[50]

और यह प्रतीक-चयन-क्षेत्र मानव से इतर भी बढ़ता है। मनुष्य ही नहीं मशीनें भी पूँजीवादी शोषण को प्रवृत्ति की प्रतीक हैं—

दूसरी मशीनें : तू मालिक है? हाँ-हाँ, वृष है!
हम अफसर हैं, अपने से ऊँची गद्दी का
हुक्म बजाकर
तुझे पीसते हैं मनमाना।[51]

केवल उजाले ही नहीं अपितु क्रान्ति और विद्रोह के प्रतीक के रूप में मशाल का एक जीवन्त प्रयोग देखिये—

किन्तु उधर
पथ-प्रदर्शिका मशाल
कमकर की मुट्ठी में।[52]

हँसिया-हथौड़ा समाजवादी व्यवस्था का प्रतीक है—

हँसिया और हथौड़ा जब तक
हुआ नहीं पामाल
यह पानी से नहीं
खून से ही था झंडा लाल।[53]

अज्ञेय, धर्मवीर भारती, गिरिजाकुमार माथुर की कविताओं में यौन प्रतीकों के प्रयोग सर्वाधिक स्पष्टता से उभरे हैं। इस काल के कवियों में केंचुए, केकड़े, मक्खी, पिरामिड, ममी आदि अनेक शब्द प्रतीक के रूप गें प्रयुक्त किये गए हैं—

बिलबिलाकर बिछ गये हैं
केंचुए अंधे।[54]

ऐसा नहीं कि आज की कविता कलात्मक, सांकेतिक एवं पौराणिक प्रतीकों से अछूती हो, वे भी मिल ही जाते हैं।

उपमा और रूपक के समान प्रतीक और भावचित्र में भी अन्तर है। "उपमा में हम समग्र स्थिति के किसी एक अंश विशेष की तुलना देना चाहते हैं, रूपक में उस स्थिति के बारे में आरोपण की चेष्टा होती है। भावचित्र रूपक की भाँति किसी पूरी की पूरी स्थिति को अंकित करना चाहता है। पर दोनों स्थितियों में एक मौलिक अन्तर है। रूपक ऊपर से होता है जबकि भावचित्र का उदय कवि की गहन अनुभूति के क्षणों में होता है। इसलिये एक बाह्य अलंकरण है, पर दूसरा कविता का अनिवार्य तत्व है।"[55]

रूपक एक अलंकार है, अलंकार कविता की नियति नहीं, पर यह कथन सौन्दर्य के साथ-साथ सुन्दर अर्थ की शोभा बढ़ाने वाला भी होता है और स्वयमेव घुसपैठ करता है। (मैं यहाँ सयास अलंकार-योजना करने वाले रचनाकारों की बात नहीं कर रहा हूँ) और जो स्वयमेव आता है वह काव्य का अंग बन जाता है, अभिव्यक्ति का माध्यम भी । आचार्य रामचन्द्र शुक्ल अलंकार को केवल वर्णन-प्रणाली मात्र मानते हैं, जिसके अन्तर्गत करके किसी वस्तु का वर्णन किया जा सकता है।[56] वे यह भी स्वीकार करते हैं कि वस्तु या व्यापार का चित्र चमकीला करने और रस परिपाक के लिये कभी किसी वस्तु का गुण या आकार बहुत बढ़ाकर दिखाना पड़ता है, कभी किसी वस्तु के रूप और गुण को वैसी ही और वस्तुओं के साहचर्य द्वारा मनोरंजक बनाने के लिये उसके समान रूप धर्म वाली और वस्तुओं को सामने लाकर रखना पड़ता है। इस तरह की भिन्न-भिन्न वर्णन प्रणालियों का नाम अलंकार है।[57] परन्तु

आचार्य हजारीप्रसाद की मान्यता कुछ अलग ही है– "अर्थ-भार-हीन शब्दालंकार (अलंकार-हीन) शब्दावली न तो काव्य की गाढ़ अनुभूति ही पैदा करता है और न संगीत का प्रवाह ही। परन्तु जहाँ शब्दालंकार में अर्थ का भार बना रहता है, वहाँ वे काव्यगत प्रभाव में संगीत की सहज गति भर देते हैं। परन्तु अर्थालंकार शब्द के प्राण-प्रद और विशेषाधीन हेतुक दोनों ही धर्मों में गाढ़ अनुभूति का रस ले आते हैं। उनकी सहायता से वक्ता के व्यक्तित्व को, गुणों को और क्रियाओं को गाढ़ भाव से अनुभव करते हैं।"[58] "भूषन बिन न विराजई कविता बनिता मित्त" उक्ति आज निरर्थक हो गयी है। और आज के संदर्भ में पारंपरिक अलंकार भी निरर्थक हो गये हैं। इसीलिये प्रगतिवादी कविता में अलंकारों का अभाव है। स्वयं पन्त पूछते हैं—

ज्योति कर जन मन के जीवन का अन्धकार
तुम खोल सको मानव उर से निःशब्द द्वार
वाणी मेरी चाहिये तुम्हें क्या अलंकार?[59]

और इसके विपरीत कुछ कवि अलंकार को कवि की सीमा और काव्य पर भार मानते हैं—

अपना न कभी कवि की लघु सीमाओं को तू दे छोड़ इन्हें।
ये अलंकार बहुभार, मोह के बन्धन हैं, दे तोड़ इन्हें।[60]

इसी प्रक्रिया में स्वयं अज्ञेय परम्परा को तोड़ते नजर आते हैं। किन्तु आगे के कवियों में अलंकार का संयोजन हुआ है।

भारतीय समीक्षा में शब्द-शक्ति के मूलाधार के रूप में लक्षणा और व्यंजना को स्वीकार किया गया है। यद्यपि प्रतीक और लक्षणा परस्पर निकट हैं पर एक नहीं। लक्षणा में भाव को एक स्थिति से दूसरी स्थिति में प्रक्षिप्त किया जाता है परन्तु प्रतीक किसी एक शब्द के द्वारा व्यापक भाव की अभिव्यक्ति का माध्यम है। इसी प्रकार व्यंजना और भावचित्र में भी अन्तर है। व्यंजना ऐसा अर्थ देती है जो शब्द-विशेष के संयोजन से प्रकट नहीं होता पर भावचित्र या बिम्ब का मूलाधार कवि के दिए हुए शब्द ही होते हैं और उन्हीं के अर्थ की सहायता से उसके आधार पर संलिष्ट चित्र प्रस्तुत किये जाते हैं।

इसी क्रम में हमें अप्रस्तुत-विधान की भी चर्चा कर लेनी चाहिये–"अप्रस्तुत विधान कविता में उपमानों का प्रयोग और संघटन है। भाषागत संघटन की दृष्टि से वह काफी ऊपर की स्थिति है और व्यंग्यार्थ (अर्थ की मौलिक विवेचना) ध्वनि है किन्तु इसका प्रतीक अथवा भावचित्र से कोई सम्बन्ध नहीं । अप्रस्तुत-योजना काव्य का अनिवार्य तत्व है। छायावादी कविता में जहाँ अमूर्त वायवी अप्रस्तुतों की भरमार थी वहीं परवर्ती कविता में मूर्त्त और यथार्थ-परक नए अप्रस्तुतों की योजना है। लेकिन

अपवाद स्वरूप अमूर्त्त अप्रस्तुत भी मिल जाते हैं। यहाँ तक कि सिनेमा के गीत, अमूर्त्त अप्रस्तुत के रूप में प्रयुक्त हैं, जिनका उद्देश्य वर्गबद्ध समाज की व्यंजना है—

सिनेमा के गीत सा यह
वर्ग बद्ध समाज
गूँजते हैं शब्द जिनका
अर्थ केवल शब्द।[61]

अमूर्त्त के लिये मूर्त्त उपमानों का प्रयोग नयी कविता की विशेषता है। स्वतन्त्रता, निराशा तथा विश्वास जैसे अमूर्त्त अप्रस्तुत के लिये मूर्त्त अप्रस्तुतों–मणि, पुरानी लाश तथा पौधे–का नियोजन द्रष्टव्य है—

पर, स्वतन्त्रता-मणि का इनसे
मोल न चुक सकता है।[62]...
जहाँ इन्सान ने
काली निराशा की पुरानी लाश को
भू की अतल गहराईयों में गाड़कर
रंगीन अभिनव आस के
विश्वास के पौधे लगाए हैं।[63]

वाक्य-विन्यास, काव्यभाषा-गठन की सर्वाधिक महत्वपूर्ण इकाई है। इसी में दूरियों, अन्तरालों, लयात्मक संरचनाओं या विभिन्नताओं और शब्द-सम्बन्धों की विशेषताएँ निहित होती हैं। एक शब्द और उसके सभी सापेक्ष और निरपेक्ष या असम्बद्ध शब्दों का सम्बन्ध कविता की संरचना में अपनी जो विशिष्टता रखता है उसे वाक्य-गठन के आधार पर ही समझा जा सकता है। इसीलिये डॉ0 परमानन्द श्रीवास्तव के अनुसार–"दूरियों, अन्तरालों, लयात्मक संरचनाओं या विभिन्नताओं और शब्द-सम्बन्धों की विशेषताएँ वाक्य की बनावट में ही निहित होती हैं। अतः वाक्य-विन्यास काव्य-भाषा के गठन के विश्लेषण की सबसे महत्वपूर्ण इकाई है।"

छन्द काव्यभाषा की अगली इकाई है। आचार्य हजारीप्रसाद द्विवेदी के अनुसार "छन्द 'समष्टिव्यापिनी जीवन' गति के समानान्तर चलने वाले व्यष्टिगत प्राणवेग का नाम है।" छन्द को वे कवि-व्यक्तित्व के सामर्थ्य का प्रतीक मानते हैं। कवि विशिष्ट अर्थ को जिन माध्यमों से प्रस्तुत करता है उसमें छन्द प्रधान माध्यम है। यद्यपि कविता की भाषा की सम्भावनाएँ, मुक्त छन्द में खुलीं और संकीर्ण छोटी राहों से निकलकर अनेकविध विकसित हुईं किन्तु भाषा की लड़खड़ाहट का कारण भी छन्द-व्यवस्था का आग्रह ही बना और वाक्य की जाँच का आधार भी छन्द ही है। क्योंकि छन्द और भाषा के सम्बन्धों को वाक्य ही प्रत्यक्ष करता है कभी-कभी

कविता के अधूरे वाक्य भी काव्यात्मक पूर्णता को प्राप्त कर लेते हैं। किन्तु कविता वाक्य नहीं, वाक्यों के साहचर्य से संघटित संसार है और उसकी भाषा से साक्षात्कार उस संसार में प्रवेश का माध्यम है। सच तो यह है "कविता एक बहुत ही पूर्ण कला है। इस पूर्णता के लिये वह संगीत और चित्रकला दोनों की पद्धति का थोड़ा बहुत सहारा लेती है। ...जिस प्रकार रूप-विधान में वह चित्र-विधा का कुछ अनुसरण करती है, उसी प्रकार नाद-विधान में संगीत का । छन्द वास्तव में बँधी हुई लय के भीतर भिन्न-भिन्न ढाँचों (पैटर्न्स) का योग है।"[64] आगे चलकर शुक्ल जी यह भी स्वीकार करते हैं कि छन्द के बंधन से कविता तभी बिगड़ेगी जब उसमें आवश्यकता से अधिक नाद-सौन्दर्य भरने का प्रयास हो। साथ ही वे यह स्पष्ट घोषित करते हैं कि "नाद-सौन्दर्य से कविता की आयु बढ़ती है।"[65]

छन्द काव्य-रचना की एक अनिवार्यता तो है पर परम्परा तोड़ने का संकल्प लेकर बड़े कवि इस पर भी चोट करने से बाज नहीं आते । यद्यपि ये कविता के कारक हैं, पर कविता के विकास में कुछ उसी प्रकार टूटते-बनते चलते हैं जिस प्रकार भाषा के विकास में व्याकरण। और, निराला तक आते-आते मुक्त छन्द के प्रति मोह बढ़ा। यह इसलिये कि मुक्त छन्द मन की सहज प्रस्तुति का माध्यम बनता है—

मुक्त छन्द,
सहज प्रकाशन वह मन का
निज भावों का प्रकट अकृत्रिम चित्र।[66]

इसी से मिलता-जुलता नारा पंत का भी है।[67] और यह मोह गिरिजाकुमार माथुर[68], प्रयाग नारायण त्रिपाठी[69] में भी दिखाई देता है। मुक्त छन्द की परम्परा में रघुवीर सहाय, दुष्यन्त कुमार आदि ने दूसरी भाषाओं के छन्द-ग़ज़ल, शेर, रूबाई का भी प्रयोग किया है।

लयात्मकता कविता का अनिवार्य पहलू है। आज का कवि लय, संगीत, टेक, यति अथवा प्रवाह को बनाये रखना चाहता है। आचार्य हजारीप्रसाद द्विवेदी के अनुसार लय ही वह तत्व है जो शब्द को नया अर्थ देता है। अज्ञेय भी स्वीकार करते हैं कि "कविता का सर्वांग सौन्दर्य भाषा, वर्ण, गुरु-लघु के बन्धनों में गढ़े हुए छन्दों की नींव पर नहीं वरन् लय की बुनियाद पर टिक कर चलता है।" गिरिजा कुमार माथुर के अनुसार –"कविता का गुण लय है और मात्र गति गद्य का। जब तक कविता में लय न हो, उसे गद्य से पृथक करना कठिन है।" और आज के कवियों ने इसे सकारा है। नेमिचन्द्र जैन, मुक्तिबोध, नागार्जुन, शकुन्त माथुर आदि कवियों ने अपनी कविताओं में लयात्मकता का अभाव नहीं होने दिया। लय की योजना के लिये आज का कवि लोक-शैली के गीतों एवं सिनेमा के गीतों की

धुनों की तरफ दौड़ लगाता दिखाई देता है। रामविलास शर्मा की 'सत्यम् शिवम सुन्दरम्' कविता उदाहरणार्थ ली जा सकती है—

हाथी घोड़ा पालकी/जै कन्हैया लाल की
हिन्दू हिन्दुस्तान की/जै हिटलर भगवान की
जिन्ना, पाकिस्तान की /टोजो और जापान की
बोलो वन्दे मातरम् /सत्यं शिवं सुन्दरम्।

समकालीन कविता में मुक्तिबोध, त्रिलोचन, नागार्जुन, शिवमंगल सिह सुमन, भवानी प्रसाद मिश्र, धर्मवीर भारती, शमशेर बहादुर सिंह, गिरिजा कुमार माथुर, सर्वेश्वर दयाल सक्सेना, मदन वात्स्यायन, केदारनाथ सिंह की कविताएँ इस दृष्टि से उल्लेख्य हैं। इनमें लोकलय की योजना के लिये लोक-प्रचलित शब्दों का प्रयोग द्रष्टव्य है—

"शब्दों के अर्थों में/जनजन के चेहरे जगमगाते हैं।" (मुक्तिबोध)

स्पष्ट है कि कविता अनुभव के संसार से होकर भाषा के एक संसार की सृष्टि है और भाषा के संसार से होकर अनुभवों के और भी नये संसार या प्रति संसार की सृष्टि है। काव्य-संसार की संज्ञाएँ बदलती हैं तो अर्थ की दिशा भी बदल जाती है। भाषा का लालित्य या सौन्दर्य सत्ता ही नहीं अपितु भाषा या कविता में समग्र उपयोग ही काव्य–मूल्य का निर्णायक हो सकता है। कवि अपनी भाषा में अभिव्यक्तिपरक कुछ विशिष्ट प्रयोग करता है, इसके दो रूप होते हैं—एक प्रत्यक्ष और दूसरा गहन। प्रत्यक्ष भाषा-स्तर और गहन अर्थ-विषयक स्तर अर्थात् भाषा का देश, शब्द,अर्थ-विषयक स्तर की आधारशिला बनता है और यह आधारशिला बनने की प्रक्रिया है—बिम्ब। आचार्य रामचन्द्र शुक्ल ने कविता में बिम्ब-विधान प्रक्रिया पर विस्तार से विचार किया है। वे काव्य में बिम्ब की अनिवार्यता स्वीकार करते हुए इस बात पर जोर देते हैं कि "अगोचर बातों या भावनाओं को भी, जहाँ तक हो सकता है, कविता स्थूल गोचर रूप में रखने का प्रयास करती है। इस मूर्ति विधान के लिये वह भाषा की लक्षणाशक्ति से काम लेती है।"[70] शुक्ल जी के अनुसार कविता में "कवि का लक्ष्य-बिम्ब ग्रहण" कराने का रहता है, केवल अर्थग्रहण कराने का नहीं । वस्तुओं का रूप और आस-पास की परिस्थिति का ब्योरा जितना स्पष्ट या स्फुट होगा उतना ही पूर्ण बिम्बग्रहण होगा और उतना ही अच्छा दृश्यचित्रण कहा जाएगा।"[71]जो "वस्तु मनुष्य के भावों का, विषय का आलंबन होती है, उसका शब्द-चित्र यदि किसी कवि ने खींच दिया तो वह एक प्रकार से अपना काम कर चुका ।"[72] और ये वस्तु या विषय कैसे हों? तो इस तरफ से भी शुक्ल जी सचेत हैं–"कवियों का मुख्य कार्य ऐसे विषयों को सामने रखना है जो श्रोता के विविध भावों के आलंबन हो सकें। सच पूछिए तो काव्य में अंकित सारे

दृश्य श्रोता के भिन्न-भिन्न भावों के आलंबन स्वरूप होते हैं।"[73] और "यदि कवि ने ऐसी वस्तुओं और व्यापारों को अपने शब्द-चित्र द्वारा सामने उपस्थित कर दिया जिनसे श्रोता या पाठक के भाव जागृत होते हैं तो वह एक प्रकार से अपना काम कर चुका।"[74] आधुनिक कविता पर विचार करते हुए वे बिम्ब के अभाव पर खेद व्यक्त करते हैं–"भारतेन्दु हरिश्चन्द्र के समय से हमारी भाषा नए मार्ग पर आ खड़ी हुई, पर दृश्य-वर्णन में कोई संस्कार नहीं हुआ।"[75] आचार्य शुक्ल जहाँ बिम्ब को काव्यभाषा की अनिवार्यता स्वीकार करते हैं, वहीं डॉ० रामस्वरूप चतुर्वेदी के अनुसार "काव्यभाषा और कुछ नहीं, अपितु बिम्ब-प्रक्रिया है और बिम्ब प्रक्रिया के पूर्व प्रतीक क्रियाशील है।"[76] उनके शब्दों में प्रतीक किसी सूक्ष्म प्रभाव की अभिव्यक्ति के लिये अपेक्षया एक स्थूल तत्व का चुनाव है जैसे सूर्य ज्ञान का प्रतीक है अंधेरा विभ्रम का। निश्चय ही यह अतिवादी धारणा है। प्रतीक शब्द की पहचान तो है, इसे नकारा नहीं जा सकता। किन्तु कालान्तर में वे भाषा की समान्य शब्दावली ही रह जाते हैं। प्रतीक-विधान का यह रूप काव्य-भाषा के विकास का पहला स्तर है और अगला अधिक विस्तृत स्तर है–बिम्ब-प्रक्रिया। बिम्ब या भाव–चित्र की प्रक्रिया अधिक संश्लिष्ट होती है। कई तत्वों से निर्मित होने के कारण गतिशील भी होती है। इसका कोई पूर्व स्वीकृत अर्थ नहीं होता, वह नयी-नयी दिशाओं की, नयी-नयी सोच को, और नये-नये मानसिक धरातल को उद्घाटित करता है। इसलिये कविता में अर्थ को स्वायत्त तथा विकासशील बनाये रखने का दायित्व बिम्ब पर होता है। बिम्ब का चाक्षुष दृश्य भाव प्रधान नहीं होता। अतः उसका संश्लिष्ट रूप होना प्रमुख है। बिम्ब प्रधानतः और अनिवार्यतः एक अर्थ संश्लेष है और इसीलिये रचना में, काव्य-भाषा में, काव्य बनने की प्रक्रिया में वह मुख्य प्रक्रिया है।

वस्तुतः सामान्य प्रयोग में बात या शब्द का जो रूप होता है या उससे जो अर्थ निकलता है वह कविता से भिन्न होता है। कविता में वही शब्द विशेष भाव के वाचक हो जाते हैं। यह भाव अनुभूत होता है। यही अनुभवगत अन्तर दोनों संरचनाओं को अलग करता है, क्योंकि कविता की भाषा अधिकतर सर्जनात्मक भाषा होती है। व्यंजना से अभिप्रेत सर्जनात्मक काव्य-भाषा में मुख्यार्थ और व्यंग्यार्थ की अलग-अलग परिकल्पना नहीं रह सकती वहाँ तो समूचा अर्थ सारस्य और संश्लिष्ट है और व्यंग्यार्थ के ही सूक्ष्म स्तरों की टकराहट से व्यंजना परिचालित होती है। अतः संश्लिष्ट गठन होने के कारण बिम्ब में उसके विभिन्न तत्वों के बीच सम्पर्क और टकराहट से एक द्वन्द्वात्मक प्रक्रिया परिचालित होती है जो अर्थ को विकसनशील बनाती है। इसीलिये आचार्य शुक्ल ने जगह-जगह बिम्ब को संश्लिष्ट रचना-विधान माना है। बिम्ब-प्रसंगों के सामने व्याकरणिक भूल न के बराबर रह जाती है।

सही बात यह है कि यथार्थ अनुभव को उसकी सम्पूर्णता और गतिमयता से पकड़ने के लिये बिम्ब रचना साक्षात्कार का एक प्रमुख उपाय है। साधारण शब्द अनुभव को जड़ और निश्चेष्ट कर देता है। हर बिम्ब, अनुभव को न केवल उसकी वर्तमान स्थिति में वरन् उसकी सम्भावना में भी उसकी पूरी जटिलता और सूक्ष्मता के साथ अंकित करता है। साहित्य यदि बिखरे खण्डित जीवनानुभवों और यथार्थ की पुनर्रचना है तो, बिम्ब-विधान इस पुनर्रचना प्रक्रिया का मुख्य अंग। काव्य, जीवन को अर्थवत्ता प्रदान करता है। और आधुनिक काव्य की सूक्ष्म अर्थवत्ता बिम्ब से निर्मित होती है। इसीलिये तो पश्चिमी चिन्तक यह स्वीकार करते हैं–"कविता का कोई अर्थ नहीं होता कविता स्वयं होती है।" "आधुनिक रचना-प्रक्रिया तथा साहित्य चिन्तन के संदर्भ में जब हम संवेदना और भाषा के अभेद और अद्वैत की बात कहते हैं तो हम तनाव पर उतना ही बल देते हैं जितना कि अभेद पर। अनुभव और अर्थ का यह सम्बन्ध समझना कविता और सर्जनात्मकता की प्रक्रिया को संभवतः अधिक गहरे और प्रकृत रूप में समझना है। यही भाषा और संवेदना का अद्वैत है, जहाँ दोनों एक नहीं है, पर अलग-अलग रहकर भी एक हो जाते हैं। साहित्य के क्षेत्र में इस अद्वैत का परिचालन प्रतीक और बिम्ब जैसे भाषिक रचनात्मक तत्वों की अपनी प्रक्रिया से होता है।" अद्वैत की इस स्थिति को आचार्य शुक्ल विभावन व्यापार की प्रक्रिया स्वीकार करते हैं। इसमें वे कल्पना की अनिवार्यता स्वीकार करते हैं और विभावन व्यापार को रस का आधार खड़ा करने वाला स्वीकार करते हैं। उन्हीं के शब्दों में-"रस का आधार खड़ा करने वाला जो विभावन व्यापार है, वही कल्पना का सबसे बड़ा प्रधान कार्यक्षेत्र है किन्तु उसे यों ही उड़ान भरना नही होता, उसे अनुभूति या रागात्मिका वृत्ति के आदेश पर चलना पड़ता है। ...अपनी अनुभूति की व्यापकता के कारण मनुष्य-मात्र की अनुभूति तथा उनके विषयों को अपने हृदय में रखने वाले ही ऐसे स्वरूपों को अपने मन में ला सकते हैं और कवि कहे जाने के अधिकारी बन सकते हैं।"[77] यही नहीं बल्कि "काव्य में 'विभाव' मुख्य समझना चाहिये। भावों के प्रकृत आधार या विषय का कल्पना द्वारा पूर्ण और यथा-तथ्य प्रत्यक्षीकरण कवि का पहला और सबसे आवश्यक काम है।"[78] और "विभाव वस्तु चित्रमय होता है, अतः जहाँ वस्तु श्रोता या पाठक के भावों का आलंबन होती है वहाँ अकेला उसका पूर्ण चित्रण ही काव्य-कला में समर्थ हो सकता है।"[79]

"बिम्ब" अर्थ प्रतीति का माध्यम है पर आधुनिक कविता में पूरी तरह रचना का अर्थ न तो एक है और न सीधा, यही नहीं वह रीतिकालीन शिष्ट काव्य की तरह दो अलग-अलग अर्थवाचक भी नहीं। अपितु आधुनिक कविता में एक अर्थ के दो स्तर अपने तनाव और संश्लेष से एक बृहत्तर अर्थ की सृष्टि करते हैं। रचना में अर्थ का यह अद्वैत भाव शरीर, संयोग और ब्रह्म साक्षात्कार जैसी ۲ नन-प्रक्रियाओं के समानान्तर

देखा जा सकता है। यथा–"जो घनीभूत पीड़ा थी मस्तक में स्मृति-सी छायी। दुर्दिन में आँसू बनकर वह आज बरसने आयी।" जयशंकर प्रसाद के आँसू की उपर्युक्त पंक्तियों में पीड़ा और पीड़ा की छाया तथा उनका बरसना एक ही अनुभव के अंग हैं। यहाँ एक ऐसा आन्तरिक विषाद है जो अनुभूति और अभिव्यक्ति की टकराहट से अर्थ की गहरी क्षमता विकसित कर रहा है। स्पष्टतः "बिम्ब-रचना द्वारा परिचालित अर्थ की यह प्रक्रिया आधुनिक काव्य-विधान का अभिन्न अंग है और जटिलतर होते अनुभव, अर्थ-संश्लेष को उसकी समग्रता में पकड़ने तथा व्यक्त करने का अचूक माध्यम भी।"[80]

किन्तु डॉ0 रवीन्द्रनाथ श्रीवास्तव "बिम्ब को ही अर्थ अथवा काव्य नहीं स्वीकार करते" उनके अनुसार अगर "भाषा की साहित्यिक मूर्तियों का अर्थ भाषा निर्मित बिम्ब है तो यह हम भूल जाते हैं कि काव्य-भाषा का एक उपादान मात्र है–"बिम्ब"। कविता में बिम्ब हो भी सकता है और नहीं भी हो सकता है। बिम्ब की अनुपस्थिति में भी सुन्दर कविता का निर्माण सम्भव है।"[81] अशोक रा0 केलकर के मत को उद्धृत करते हुए वे अपनी बात साफ करते हैं- "जिस प्रस्तुतीकरण की अभिव्यक्ति प्रणाली को कविता अपनाती है उसकी मूल इकाई के रूप में बिम्ब नहीं अपितु शब्द होता है। कविता में प्रयुक्त बिम्ब वस्तुचित्र देकर, भावचित्र उपस्थित करता है जिसकी प्रकृति आपाततः शब्दों द्वारा सम्प्रेषित भावचित्र के ही समान होती है। काव्य-बिम्ब भाषिक प्रक्रिया से उत्पन्न विशिष्ट शब्द-समूह, रूप की इकाई के रूप में स्थित रहते हैं। अतः जो बिम्ब भाषा की इस विशिष्ट इकाई के रूप में समान नहीं होते उन्हें स्वप्न-चित्र, आर्केटाइप मिथ अथवा अन्य कुछ भी नाम क्यों न दे दिया जाय पर काव्य-बिम्ब कहना तर्क संगत नहीं जान पड़ता।"[82]

स्पष्टतः बिम्बात्मक भाषा ही काव्यभाषा नहीं । पर बिम्ब काव्यभाषा की सामर्थ्य का एक प्रतीक अवश्य है। वह काव्य-संवेदना की प्रखरता का पर्याय भी है। वस्तुतः सम्प्रेषण की सघनता एवं सहजता बिम्ब के माध्यम से ही सम्भव है। इसके माध्यम से काव्य-संदेश का कल्पित-चित्र सम्भव हो पाता है और ये कल्पित चित्र संवेदना की तरलता के पर्याय बन जाते हैं। कतिपय रचनाकार आज बिम्ब को काव्य-वस्तु एवं काव्य-रूप दोनों के लिये महत्वपूर्ण मानते हैं।

काव्य-बिम्ब निर्मिति का आधार युगीन सौन्दर्य-चेतना होती है। इस चेतना के परिवर्तन के साथ-साथ बिम्ब-विधान के आधारभूत तत्व भी बदलते हैं और इसके लिये नये-नये उपमानों की खोज होती है। प्रसाद के बिम्ब अज्ञेय तक आते-जाते अर्थहीन हो गए और मुक्तिबोध बिम्ब-निर्मित्ति की नवीनता में प्रसाद, पन्त, निराला, अज्ञेय को भी पीछे छोड़ देते हैं। सत्य तो यह है कि अभिव्यक्ति के सारे खतरे उठाकर भी युगानुरूप जीवन एवं समाज के यथार्थ को अभिव्यक्ति देने के लिये मुक्तिबोध ने नवीन

बिम्बों की योजना की। डॉ0 रामविलास शर्मा के अनुसार—"मूर्ति विधान वही है जो भावों से अनुप्राणित हो, जिमसें सहज इन्द्रिय-बोध का निखार हो। दूर की कौड़ी लाना काव्य-रचना नहीं, बौनों का बौद्धिक व्यायाम है।"[83] बिम्ब साध्य नहीं साधन है—प्रतीक और अलंकार की भाँति । माचवे आदि कवियों ने बिम्ब को ही कविता नहीं माना है। उनकी दृष्टि में यह एक तथ्य या माध्यम है जो काव्य की शक्ति और सम्प्रेषणीयता को बढ़ाने में सक्रिय होता है। किन्तु कुछ कवि यह स्वीकार करते हैं कि—"प्राचीन काव्य में जो स्थान "चरित्र" का था, आज की कविता में वही स्थान बिम्ब का अथवा इमेज का है।"[84] स्पष्टतः इस मत के अनुसार बिम्ब सही, यथार्थ या मूर्त्त रूप में भाव को उपस्थित करने का माध्यम बनता है। प्रगतिवादी कवियों ने बिम्ब को व्यापकता एवं नवीनत्ता देने तथा उसे विस्तृत करने का स्तुत्य प्रयास किया।

अर्थात् बिम्ब भावानुप्राणित तो हो ही, सहज, बोधगम्य एवं जीवन तथा समाज के आस-पास योजना की आकांक्षा रखते हों। एक चित्र द्रष्टव्य है इसमें ग्रामीण मजदूरिन के गतिशील चित्र को बिम्ब के माध्यम से मूर्त्त किया गया है—

आ रही वह खोल झोंटा
एक पुटली, एक लोटा
थूक सूरती पोछ डाला
शीघ्र अपना होठ मोटा।
एक क्षण पिचके कपोलों में
गई कुछ दौड़ लाली
चल रही उसकी कुदाली।[85]

मनुष्य के अन्तः संघर्ष तथा उनकी आन्तरिक अनुभूतियों को बिम्बात्मक अभिव्यक्ति प्रदान करने में मुक्तिबोध सर्वाधिक सफल हैं—

दो लालटेन - से नयन दीन;
निष्प्राण स्तम्भ
दो खड़े पाँव
लकड़ी का खोखा वक्ष रिक्त।[86]

एक बात और ! "गद्य और कविता की भाषा में अंतर बिम्ब-गठन के कारण होता है। (और दोनों में शायद यही तो विभाजक अंतर है।) कविता की भाषा पाठक या श्रोता को बिम्बों अथवा भावचित्रों का आधार प्रदान करती है, जिस पर भावात्मक ढाँचा वह (अर्थात् पाठक) बहुत कुछ स्वयं बनाता है। इसीलिये कविता की भाषा का बहुशिल्पित होना दोष है। परन्तु गद्य प्रधानतः वर्णन की भाषा है, अतः उसमें कसाव अधिक अपेक्षित है। "गद्य के शब्द अर्थ के चरम रूप को अभिव्यक्त करते

हैं।"[87] जबकि "काव्य-भाषा अनुभूत विशेष की एक श्रेणी संम्प्रेषित करती है"। कवि का भी तो यही लक्ष्य होता है, वह केवल एक अनुभूति नहीं वरन् उसके व्यापक स्वरूप को सम्प्रेषित करता है। अतः भावचित्रों की व्यापक भाषा काव्यभाषा है। किन्तु डॉ0 चतुर्वेदी की उपर्युक्त मान्यता में एक बात मुझे खटकती है। वह है, उनके अनुसार गद्य-भाषा में बिम्बों का अभाव। सत्य तो यह है कि आज की कविता की अपेक्षा आज के गद्य में बिम्बों की सरणि आसानी से देखी जा सकती है। प्रसाद, पंत, निराला, अज्ञेय, मुक्तिबोध, हजारीप्रसाद द्विवेदी, धर्मवीर भारती, भीष्म साहनी आदि के गद्य में बिम्बों की भरमार है और इनमें अनुभूति की श्रेणी भी सम्प्रेषित है और भावचित्रों की सरणि भी। अतः इस आधार पर कविता और गद्य की भाषा का अलगाव उचित और तर्क संगत नहीं। आज की कविता की भाषा गद्य के अधिक निकट है तो गद्य की भाषा काव्यात्मकता के छोर को छू रही है। यदि दोनों में अंतर है तो केवल संरचनात्मक धरातल पर ही। एक में व्याकरणात्मक संरचना को तरजीह दी जाती है, दूसरे में उपेक्षा । पद्य में लय की सुकुमारता होती है, गद्य में इसका अभाव। और इस संदर्भ में अन्ततः डॉ0 रवीन्द्रनाथ श्रीवास्तव की मान्यता ही सटीक बैठती है—"कविता के लिये भाषा मात्र माध्यम का ही कार्य नहीं करती अपितु वह उसकी संरचना और उसमें निहित "संदेश" की संघटना का अंग भी बनती है। अर्थात् कविता भाषा द्वारा मात्र अभिव्यक्ति नहीं होती वरन् "काव्यात्मकता" को जन्म देती हुई भाषा को अभिन्न अंग भी बनती है।"[88] यहाँ कुछ बिन्दु और उभर उठते हैं। काव्यभाषा की खोज में मनोवैज्ञानिक दृष्टि से सौन्दर्य-तत्व को विस्मृत नहीं किया जा सकता है। "केवल एक शब्द के लिये हजारों टन शब्द खनिज फैलाना पड़ता है।[89] यह कथन कवि द्वारा काव्यभाषा की खोज की मनोवैज्ञानिक स्थिति का परिचायक है। वस्तुतः रचनाकार को एक-एक शब्द की खोज के लिये जूझना पड़ता है। वह शब्दों के भण्डार से, अपने जीवन के यथार्थ से और सामाजिक परिवेश से मेल खाने वाले, अनुभूति को व्यापकता दे पाने वाले शब्दों की खोज में सतत संघर्षशील रहता है। स्पष्टतः कथ्य कथन के बीच द्वन्द्वात्मक सम्बन्ध की "विरोधपूर्ण" एकता, चरम बिन्दु तक तनाव ही कविता की चरम मूल्यवत्ता है। यह "विरोधपूर्ण एकता" रचनाकार की मनः स्थिति की परिचायक होती है, किन्तु इसकी पहचान भाषा के माध्यम से ही सम्भव है। मनोवैज्ञानिक संघर्ष की चरम स्थिति जिस सीमा तक जिस रचनाकार में रहेगी उसकी कविता उस सीमा तक मूल्यवान रहेगी। अतः काव्यभाषा को मूल्यवत्ता तभी प्राप्त होती है जब शब्द कविता में गहरे आंतरिक सरोकारों की ओर संकेत करते हैं, अन्तर्द्वन्द्व के तनाव के प्रयास का प्रत्यय कराते हैं और अभ्यंतरीकरण की प्रक्रिया में निरन्तर गतिशील रहते हैं। कविता के कभी खत्म न होने के पीछे काव्यभाषा

की मूल्यवत्ता सक्रिय रहती है और हम कविता की परत-दर-परत उधेड़कर संघर्ष, अन्तर्द्वन्द्व और सामाजिक यथार्थ को ही तो खोजते हैं। यह खोज रचनाकार एवं रचना के मनोवैज्ञानिक विश्लेषण एवं साक्ष्य से ही संभव है। समकालीन कविता रचनाकार के मनोवैज्ञानिक अन्तर्द्वन्द्व एवं संघर्ष की चरम गाथा को स्थापित करती है।

काव्यभाषा को निरन्तर नया रूप देने वाला कारक है- सौन्दर्यतत्व। और यह संवेदना से जुड़ा है। किसी वस्तु को देखकर उपजी संवेदना का रूप और उसकी प्रस्तुति ही सौन्दर्य है और सौन्दर्य का यह स्वरूप कवियों में नित बदलता रहा है। कभी स्थूल सौन्दर्य (रीतिकाल) की प्रमुखता रही है और कभी सूक्ष्म सौन्दर्य। सौन्दर्य हमारे नित परिवर्तनशील मनोभावों की परख भी है। कभी 'शाम' को एक थकी लड़की के रूप में चित्रित किया गया–शाम–एक थकी हुई लड़की-सी[90] और कभी सूरज को नन्हें दूल्हे के रूप में ।[91] लेकिन सौन्दर्य एक सामाजिक बोध भी है। रचनाकार समूचे अव्यक्त के व्यक्त रूप सृष्टि को देखकर जो अनुभव करता है वह अनुभव उसका व्यक्तिगत रहकर भी सामाजिक बन जाता है। इस सामाजिक अनुभूत को वह जो वाणी देता है, उसमें सौन्दर्य का अभाव नहीं रह सकता। केवल युगानुरूप चेतना का अन्तर भर दिखाई दे सकता है। कभी किसी को राम और सीता के मोहक रूप, अथवा कभी उनके कष्ट उसे संवेदित करते हैं और कभी थकी हारी लड़की या जेठ की दुपहरी में कार्यरत मजदूर और मजदूरिन के रूप संवेदित करते हैं। एक बात और! काव्य भाषा का मुख्य गुण उसकी संक्षिप्तता नहीं अपितु उसका खुलापन है इसलिये उसका झुकाव अर्थ की संक्षिप्तता से अधिक अर्थ की पूर्णता पर होता है। कविकर्म में भाषा के साथ अनुभव या संवेदना या कल्पना या संवेदनात्मक उद्देश्य तथा इनके संबंधों के अनुपात का अध्ययन भी आवश्यक होता है क्योंकि ये सभी भाषा से अलग नहीं है[92] और संवेदना, नयी संवेदना उच्चवर्गीय नहीं निम्नवर्गीय शब्दों से जागृत होती है।

मिथ और भाषा

साहित्य-सर्जन-प्रक्रिया में मिथ एक ऐसा तत्व है जो भाषा को लाक्षणिकता, रहस्यात्मकता और विलक्षणता प्रदान कर उसके आयाम को विस्तृत फलक पर रूपायित करता है । यह केवल कल्पनाश्रित कोरी गल्प-कथा न होकर लोकानुभूति-संश्लिष्ट ऐसा कथा-बिम्ब है जिससे लोक-चित्त की संवेदनाएँ रूपायित होती हैं। इसलिये साहित्य-सर्जन में सत्य एवं कल्पना के साथ मिथ को महत्वपूर्ण तत्व के रूप में स्वीकृति मिली। टी0एस0 इलियट ने इसमें निहित गूढ़ार्थों एवं इसकी अनन्त संभावनाओं को नई दृष्टि से रूपायित करने की आवश्यकता महसूस की।[93]

सबसे पहले तो विचारणीय है कि मिथ है क्या? आचार्य हजारीप्रसाद द्विवेदी

अंतर्जगत् के भावों को बहिर्जगत् की भाषा में व्यक्त करने का एकमात्र उपाय मिथ को ही मानते है[94] और "आदिम मानव की भौतिक जगत से सम्बन्ध-जन्य प्रतिक्रियाओं की बिम्बात्मक रंगीन व्यंजना के लिये अपनायी गयी विधि मिथ है।"[95] इसमें व्यक्ति की कुंठाओं की अपेक्षा सामूहिक अंतश्चेतना की रागमयी व्यंजना होती है। आई0ए0 रिचर्ड्स मिथ को मानव आत्मा की पूर्ण अभिव्यक्ति मानते हैं। यह अभिव्यक्त कैसी? स्पष्टतः यह भाषिक अभिव्यक्ति ही होती है। पर भाषा से भी आगे जहाँ भाषा बोल नहीं पाती, वहाँ मिथ ही बोलता है । तभी तो आचार्य द्विवेदी मिथक तत्व को भाषा का पूरक मानते हैं। पर सत्य तो यह है कि भाषा मिथ तत्व के सहारे ही खड़ी होती है, सामान्य नहीं सशक्त बनकर। इसलिये द्विवेदी जी मिथक को उस सामूहिक मानव की भावनिर्मात्री शक्ति की वह अभिव्यक्ति स्वीकार करते हैं जिसे मनोविज्ञानी "आर्केटाइपल इमेज" कहकर संतोष करते है।[96] मैक्समूलर भी इसे भाषा की क्षमता ही स्वीकार करते हैं—"अपने उच्चतर अर्थ में मिथक-तत्व वह शक्ति है जो मानव-चित्त के हर संभव मानसिक क्रियाकलाप में भाषा द्वारा प्रत्युत्पादित होती है। मिथ में समूह मानव-जीवन की आशाओं, आकांक्षाओं एवं भावनाओं की व्यंजना है।" आचार्य द्विवेदी कविता को मिथक परम्परा की देन स्वीकार करते हैं। उनके अनुसार "कविता प्रयत्न-साध्य सिसृक्षा का परिणाम या फल है। यह मिथकतत्वों का सहारा लेती है।"[97] पर मिथक नहीं । वह भाषा को छोड़कर नहीं जा सकता। पर इतना अवश्य है कि उससे साहित्य को शक्ति मिलती है। "क्योंकि भाषा को समृद्ध करने और भाषा द्वारा समृद्ध होने में वे एक दूसरे के पूरक है।"[98] "अर्थ पदार्थ या तो बहिर्जगत् में होते हैं या अंतर्जगत् में भावरूप में विद्यमान होते हैं। परन्तु मानव चित्त की सर्जनात्मिका मिथक-निर्मात्री शक्ति अर्थ को भी नए सिरे से भाषा का रूप देती है। जिस प्रकार शब्द अर्थों के संकेतदाता हैं, उसी प्रकार अर्थ भी नए अर्थों के संकेत दे रहे हैं, ऐसा सोचने को प्रवृत्त करती है।" निश्चय ही भाषा की चित्रमयता या चित्र-भाषा मिथ की भाषा है। प्रस्तुत को अप्रस्तुत द्वारा उपभोग्य बनाना मिथ का ही कार्य है। स्पष्टतः मिथ का स्वरूप कथात्मक है। यह अंतजर्गत की अमूर्त अनुभूतियों का कथा-बिम्ब है। इनकी मानव-जीवन में प्रासंगिकता है। यद्यपि यह कल्पना का प्रतिफल है पर सत्य रूप में उसकी प्रतीति होती है। भावगत सत्य एवं वस्तुगत सत्य की अभेद प्रतीति मिथ की कल्पना का मूलतत्व है। **हर्डर** के अनुसार भाषा की उत्पत्ति मिथकीय प्रक्रिया के भीतर से हुई और **कैसिरर** एक मूल से उत्पन्न दोनों की दो शाखाएँ मानते हैं। रचनाकारों, विशेषकर आधुनिक कवियों ने पुराने मिथों का प्रयोग उसे केवल कथा मानकर ही नहीं, अपितु उसके भीतर निहित गूढ़ ऐतिहासिक यथार्थ, मानव-मूल्य एवं जीवन-सत्य के अनुसंधान हेतु किया है। ये

कथाएँ, भाषिक क्षमता को द्विगुणित कर देती हैं। अकथ्य भी कह जाती हैं। तात्पर्य यह है कि मिथ कथा और भाषा दोनों की शक्ति है। महत्वपूर्ण मिथकीय अभिप्रायों का नए संदर्भों एवं कल्पित नवीन वातावरण में प्रयोग तथा रचनाकार की प्रकृति, मानसिक अवस्था, जीवन-दर्शन के निर्माण आदि में मिथ का सहारा रचनाकार लेते रहते हैं। और आज तो इसका प्रयोग निरन्तर बढ़ता जा रहा है। अज्ञेय की "असाध्य वीणा" में मिथक ही बोल रहा है। "प्रवाद पर्व" (नरेश मेहता) में कथा सूत्र का स्पष्टीकरण भी मिथ के सहारे ही होता है और इन्हें सामयिक जीवन, नए वातावरण तथा रचनाकार की मानसिक अवस्था, जीवन-दर्शन आदि सब-कुछ-से जोड़ने तथा उनकी अभिव्यक्ति का कार्य भी मिथ ही करता है—

रावण अशोकवन की सीता
हम साधारण जन की अपहृत स्वतंत्रता।[99]

"संशय की एक रात" का उपर्युक्त प्रसंग उल्लेख्य है, जहाँ सीता को स्वतंत्रता के रूप में परिकल्पित किया गया है और सीता का अपहरण पराधीनता का रूप बन गया है। निश्चय ही रचनाकार कथा को मिथ के सहारे प्रस्तुत कर उसे नये दर्शन, नयी मानसिक अवस्था और संदर्भ से जोड़ देता है। यहाँ यह विचारणीय है कि "राम, कृष्ण, शिव और इन्द्र की मिथकहीनता के बाद क्या भारतीय सृजनात्मक-मानस वैसा ही निष्प्रभ नहीं हो जाएगा जैसा कि सामी देशों में है। इसीलिये जीवंत मिथकता के अभाव में धर्म की रूढ़ियाँ, जकड़बन्दी अधिक हो जाया करती हैं।... राम यदि मात्र चरित्र होते तो चिन्ता न होती परन्तु वह जातीय मिथक हैं। ...इन जातीय-मिथकों तथा जातीय कथाओं की सार्थकता हमारे आज के जीवन संघर्ष के संदर्भ में है।"[100] धर्मवीर भारती की "प्रमथ्युगाथा", "बृहन्नला", "टूटा पहिया" (सात गीत वर्ष) "कनुप्रिया" तथा"अंधायुग" रचनाएँ इस दृष्टि से विशेष महत्व रखती हैं। महाभारत के पौराणिक मिथ के द्वारा कवि ने आधुनिक युग में मँडराते युद्ध की समस्या तथा उस युद्ध के बाद होने वाले विनाशकारी प्रभावों को बारीकी से उभारा है। लगभग यही समस्या 'एक कंठ विषपायी' की भी है। स्पष्टतः मिथ वर्तमान की अभिव्यक्ति का सशक्त माध्यम है। आज जो देखा उसे अनुभूत कर अभिव्यक्ति में ढाल देने में ही कवि की सफलता है। ऐसी अभिव्यक्ति में सफल भारती जी स्वयं स्वीकार करते हैं– "कुण्ठा, निराशा, रक्तपात, प्रतिशोध, विकृति, कुरूपता, अन्धापन–इनसे हिचकिचाना क्या, इन्हीं में तो सत्य के दुर्लभ कण छिपे हुए हैं, तो इनमें क्यों न निडर धँसू। इनमें धँसकर भी मैं मर नहीं सकता।" "हम न मरै, मरिहै संसारा।" "...मैंने जब वेदना सब की भोगी है, तो जो सत्य पाया है वह अकेले मेरा कैसे हुआ? एक धरातल ऐसा भी होता है, जहाँ 'निजी' और

'व्यापक' का बाह्य अन्तर मिट जाता है। वे भिन्न नहीं रहते। कहियत भिन्न-न-भिन्न। यह तो 'व्यापक सत्य' है, जिनकी 'निजी' उपलब्धि मैंने की है।''[101]

युद्ध न धर्म का रह जाता है, न अधर्म का और यह (महाभारत) अधर्म के विरुद्ध धर्म की विजय है, हमारे मन में गहरे पैठी इस मान्यता को गांधारी के तर्कों द्वारा भारती जी छिन्न-भिन्न कर देते हैं—

मैंने कहा था दुर्योधन से
धर्म जिधर होगा ओ मूर्ख!
उधर जय होगी!
धर्म किसी ओर नहीं था। लेकिन !
सब ही थे अंधी प्रवृत्तियों से परिचालित।[102]

यहाँ गाँधारी केवल गाँधारी की प्रतीक ही नहीं, बल्कि उस अन्धता की भी प्रतीक हैं, जिसे उसे जबरन ओढ़नी पड़ी थी, उस अंधता की भी प्रतिकृति हैं जो समूचे संसार में व्याप्त हैं। युयुत्स, कृपाचार्य, संजय आदि भी वर्तमान जीवन की कुण्ठा, संत्रास के प्रतिरूप-स्वरूप उभरते हैं। भारती उन कारणों की खोज भी करते हैं जिनसे विनाश अवश्यंभावी है—

युद्ध हो या शांति हो/रक्तपात होता है
अस्त्र रहेंगे तो/उपयोग में आएँगे ही
अब तक वे अस्त्र/दूसरे के लिये उठते थे
अब वे अपने ही विरुद्ध काम आएँगे।''[103]

और महाभारतकालीन ब्रह्मास्त्र आज का अणुबम ही है, जिसकी विनाश लीला हम देख चुके हैं। ''अब वे अपने ही विरुद्ध काम आएँगे'' द्वारा भारती जी अस्त्रों की संहार-शक्ति को प्रतिबिम्बित करते हैं। क्योंकि इनके निक्षेप के बाद भेद-भाव तो किया नहीं जा सकता। भले ही यह जापान का हो या अमेरिका, इंग्लैण्ड या जर्मनी का। और इनका कारण है हमारी अंधता––

हम सबके मन में कहीं एक अन्धा गह्वर है,
बर्बर पशु, अंधा पशु वास वहीं करता है–[104]
अंधापन वह
आत्मा का था
सामूहिक अंधेपन के थे
वे प्रतीक[105]...
एकवस्त्र रजस्वला प्रिया का आर्तनाद
अब भी कानों को जला रहा।

उस दिन राजा ही नहीं
राज्य स्वयं धृतराष्ट्र बन गया
सदा-सदा को[106]

नरेश मेहता "महाप्रस्थान" की वस्तु उस महाभारत से लेते हैं जो उन्हीं के शब्दों में "सामाजिक ब्यूहों, प्रतिव्यूहों की अनंत त्रासद महागाथा" है। वे महाभारत को काव्य-मात्र की भृगुसंहिता स्वीकार करते हैं। वे अतीत को वर्तमान बनाकर भविष्य के रूप में प्रस्तुत कर देना भगीरथ व्यक्तित्व की माँग स्वीकार करते हैं और यह प्रक्रिया मिथकीय प्रक्रिया से ही सम्भव है। "महाप्रस्थान" महाभारत युद्ध के पश्चात् के पांडव मन के भीतर के अन्तर्द्वन्द्व और संघर्ष का प्रतीक है, यह कथा आज मिथ भले ही कहलाए पर यह कभी सत्य कथा रही और उस अनभिव्यक्त कथा को केवल मिथक के सहारे ही प्रस्तुत किया जा सकता था।

सारे मानवी दुखों का आधार—

यह राज्य है
राज्य-व्यवस्था है।
और राज्य-व्यवस्था का दर्शन है–[107]
राज्य की व्यवस्था के नींव में
कराहते मनुष्य का होना
एक अनिवार्यता है अर्जुन![108]
आहत तन
अपमानित मन के भीम
सदा इस पाण्डवता की
बज्र सरीखी देह रहे हैं।[109]

तेरह वर्षों का बनवास काल—

अपमान, दुख औ घोर यातना।
दुर्योधन, दुःशासन के वे सारे छलबल
स्वयं भीम की गदाशक्ति
औ, शत गजबल।
सब व्यर्थ गए,
दुःस्वप्न सरीखे बीत गए
सब बीत गए
शांत न हो पायी–
विरोध की अग्नि[110]

हिन्दी कविता की जातीय चेतना लोकमंगल की चेतना है। यही कारण है कि उपर्युक्त मिथकों के माध्यम से भी लोकमंगल की भावना ही उभर कर सामने आई। हो सकता है समीक्षक मेरी इस बात को न सकारें पर मेरी दृष्टि में मुक्तिबोध, धूमिल और दुष्यन्त कुमार ने अपनी अभिव्यंजना-शक्ति की वृद्धि के लिये ही मिथकीय प्रतीकों का सहारा लिया है। मुक्तिबोध की 'चाँद का मुँह टेढ़ा है', 'ब्रह्म राक्षस', 'अँधेरे' में आदि कविताओं में मिथक-परिकल्पना के सूत्र भरे पड़े है। धूमिल की 'संसद से सड़क' कविता में संसद राज-व्यवस्था का प्रतीक है और सड़क जनता का। जनता और राज इन दोनों की एक मिथकीय परिकल्पना हमारे मानस में आज भी है। वर्तमान राजव्यवस्था के पाटों में पिसती जनता की अकथ कथा को धूमिल वर्तमान संदर्भों से जोड़कर मुखर बना जाते हैं। मिथक का आधार आस्था और धर्म भले हो,पर वह एक यथार्थ गाथा को अपने कलेवर में छिपाये रहता है, परिवेश के बीच रखकर रचनाकार उसे एक नए अर्थ में अभिव्यक्त कर देता है । इसीलिये मिथक कथा-शक्ति होते हुए भी भाषिक-शक्ति बन जाता है। दुष्यन्त की 'एककंठ विषपायी' की कथा भी युद्ध की विभीषिका, उसके परिणामों की मिथकीय कल्पना पर आधारित है। यहाँ तक कि दक्ष, सती...आदि पात्र भी मिथक ही हैं । सत्य तो यह है कि "इधर के दस पन्द्रह वर्षों में हिन्दी समीक्षा मिथकीय प्रणाली की ओर उन्मुख हुई। इसका सम्भवतः एक कारण यह भी हो कि आधुनिकता के सोपान पार करते हुए हमें अपनी भूमि से उखड़ने का यातनामय एहसास हुआ... और हमारे रचनाकार फिर से अपनी जड़ों की खोज में महाभारत, रामायण की ओर लौटे।"[111] डॉ0 मिश्र की उपर्युक्त स्वीकारोक्ति स्पष्टतः हमारे मत की पुष्टि कर जाती है कि मिथक कविता, उपन्यास आदि के समीक्षा का आधार बनता है, एक तरफ वस्तु का दूसरी तरफ उसके रूप का। रूप-गठन में ही वह भाषा का अंश बनता है। आधुनिक काल की अधिकांश कविताएँ मिथकीय आधार के बिना अनबूझ पहेली ही रह जाएँगी। 'प्रमथ्युगाथा', 'राम की शक्ति पूजा', 'अंधायुग', 'कनु-प्रिया', 'एकलव्य', 'संशय की एक रात', 'प्रवाद पर्व', 'महाप्रस्थान', 'एक कंठ विषपायी' आदि रचनाएँ क्या मिथकीय समीक्षा के सहारे-बिना समीक्षित हो सकती हैं? और यदि आप इन्हें कविता नहीं मानते हैं या इन्हें काव्य-जगत् से खारिज करना चाहते हैं, तो क्या वह क्रिया तटस्थ समीक्षा का उदाहरण बन पाएगी?

पुराकथाओं, कल्पनाओं और जातीय स्मृतियों से जुड़ी हुई कवि की भाषा सामान्य भाषा के संसार को समृद्ध करती है और कवि की कल्पना या संवेदना को विशेष तीव्रता दे पाती है और इसके साथ ही मध्यकालीन विचारों का टकराव भी कवि की भाषा, कवि की पूरी दृष्टि को प्रभावित करता है।[112] डॉ0 धर्मवीर भारती,

अज्ञेय, कुँवर नारायण, मुक्तिबोध, नरेश मेहता आदि की रचनाएँ उदाहरणार्थ ली जा सकती हैं। निश्चय ही समकालीन कविता में भाषा की नितान्त वाचक या सपाटबयानी को कविता की समकलीन जरूरत के अनुसार एक मूल्य माना गया है—विशेषता नहीं, एक समूचा काव्यमूल्य। किन्तु इसका हस्र? बहुत जल्दी ही ये रूढ़ भी हो गये । जबकि छायावादी आदि काव्यांदोलनों के अनेक अनगिनत शब्दों को अधिक लम्बा जीवन मिला।

निष्कर्षतः मैं यह कह सकता हूँ कि कवि के कथ्य और कवि की भाषा में सम्प्रेषणीयता की दूरी या अन्तराल अथवा निकटता का कारण खोजना काव्यभाषा का मुख्य लक्ष्य होता है। और काव्य भाषा का लक्ष्य है—"मुख्यार्थ से भिन्न अर्थ की प्रतीति कराना या सामान्य कथन के शाब्दिक अर्थ में निहित सामान्य उक्ति के सामान्य अर्थ को अधिक व्यापक और विस्तृत आयाम देना।" किन्तु काव्यभाषा द्वारा प्रस्तुत अर्थ या काव्यबिम्ब या काव्यार्थ अकेला नहीं होता। काव्यगत शब्द के द्वारा अर्थ प्रतीति एक से अधिक दिशाओं में एक साथ होती है। यह भी अर्थ की पूर्णता है इससे अर्थ और सुलझता है और एक साथ कई प्रकार के सम्भाव्य मनोभावों को छोड़ने में समर्थ होता है। काव्यगत शब्द में विशेषता न होते हुए भी काव्य के शब्दार्थ-व्यापार में विशेष आधार संभव हो पाता है। इसलिये काव्य का भाषागत संदेश अधिक अद्वितीय हो जाता है । और, आचार्य हजारीप्रसाद द्विवेदी के शब्दों में शब्द के अर्थ-निर्णय का आधार होता है– लय। लय भिन्नता, अर्थ की भिन्नता का कारण बनती है। पर ग्राह्य अर्थ भी सामाजिक संदर्भ के बिना संभव नहीं और यह संदर्भ भी कवि के अनुभव पर आधारित होता है।[113]

जहाँ कवि की अनुभवों के साथ खास अपनी पहचान होगी वहाँ काव्य-भाषा में अद्वितीयता या अनोखी सर्जनात्मकता दिखेगी और पाठक भी उसके साथ तभी जुड़ेगा जब उसके साथ उसकी अपनी पहचान बन सकेगी। तभी तो वामन "शब्द और अर्थ" को "काव्य की आत्मा" मानते हैं।

संदर्भ

1. चिन्तामणि, भाग-2, पृ. 37
2. वही, पृ. 36
3. वही, पृ. 37
4. वही, पृ. 43
5. वही, भाग-1 पृ. 113
6. मुक्तिबोध-नयी कविता का आत्म संघर्ष, पृ. 5
7. जे0सी0 रैनसन-उद्धृत, लैंग्वेज एण्ड स्टाइल, पृ. 154

8. वही, पृ. 154
9. क्रिटिकल एप्रोचेज टु लिटेरेचर, पृ. 159
10. रोमन याकोबसन, लिंग्विस्टिक एण्ड पोयट्री, स्टाइल इन लैंग्वेज पृ. 77
11. भाषा विज्ञान एवं काव्य शास्त्र की समीक्षा, पृ. 264
12. डॉ0 रामविलास शर्मा–भाषा और समाज, पृ. 470
13. चिन्तामणि, भाग-3, पृ. 70
14. मुक्तिबोध-एक साहित्यिक की डायरी, पृ. 26
15. हजारीप्रसाद द्विवेदी ग्रन्थावली, भाग-10, पृ. 93
16. मुक्तिबोध रचनावली, भाग-2, पृ. 41-42, 46-47
17. हजारीप्रसाद द्विवेदी ग्रन्थावली,भाग-9, पृ. 42
18. एल0 डोलोजन–"प्राग स्कूल स्टेटिस्टिकल थ्योरी आफ पोयटिक लैंग्वेज, पृ. 103
19. सिम्बल एण्ड मेटाफर इन ह्यूमन एक्सपीरियन्स, पृ. 120
20. चिन्तामणि, भाग-1, पृ. 141
21. वही, पृ. 153
22. वही, पृ. 153
23. हजारीप्रसाद द्विवेदी, ग्रन्थावली भाग-10, पृ. 88
24. प्रक्रिया-केदारनाथ सिंह
25. वही
26. नया शब्द-रघुबीर सहाय
27. मुक्तिबोध रचनावली-खण्ड-2, पृ-317
28. अपने कवि, तारसप्तक, पृ. 88-89
29. अज्ञेय,वक्तव्य, तारसप्तक, पृ 260-61
30. धूमिल-कल सुनना मुझे, कविता
31. पुनश्च, तारसप्तक, पृ. 301
32. रघुवीर सहाय-वक्तव्य, दूसरा सप्तक, पृ. 4
33. पुनश्च, तारसप्तक, पृ. 110
34. नयी कविता का आत्म संघर्ष, पृ. 145
35. वक्तव्य, तारसप्तक, पृ. 125
36. निवेदनम्, धूप के धान कविता
37. नया हिन्दी काव्य, पृ. 356
38. भवानी प्रसाद मिश्र, गीत फरोश- 'कवि' कविता से
39. मुक्तिबोध, रचनावली भाग-2, पृ. 320
40. सर्वेश्वर, चुपाई मारी दुलहिन,तीसरा सप्तक, पृ. 221-23
41. अज्ञेय–इन्द्रधनुष रौंदे हुए कविता
42. वही, पृ. 17
43. हेमंत कुकरैती, हंस-नवम्बर, 1990, पृ. 47
44. रेने वेलेक–साहित्य सिद्धान्त, पृ. 246

45. अज्ञेय,आलबाल, पृ. 97
46. अरविन्द के पत्र, तीसरी संख्या
47. अज्ञेय– कलगी बाजरे की हरी घास पर क्षण भर, पृ. 54
48. नरेन्द्र शर्मा, कदलीवन, पृ. 61
49. नरेन्द्र शर्मा, जेठ का मध्याह्न, पलाशवन, पृ. 40
50. त्रिलोचन, बरगद की छाया के भीतर धरती, पृ. 26
51. मदन वात्स्यायान-असुर पुरी में दस से छह, तीसरा सप्तक, पृ. 93
52. शमशेर बहादुर सिंह–बाम बाम बाम दिशा, कुछ और कविताएँ, पृ. 93
53. शिवमंगल सिंह सुमन–सोवियत रूस के प्रति, प्रलय सृजन, पृ. 60
54. सर्वेश्वर दयाल सक्सेना–नयी कविता और अस्तित्ववाद, डॉ0 रामविलास शर्मा, पृ. 115
55. डॉ0 रामस्वरूप चतुर्वेदी–भाषा और संवेदना, पृ. 29-34
56. चिन्तामणि, भाग-2 पृ. 4
57. चिंतामणि, भाग-1, पृ. 145
58. हजारीप्रसाद द्विवेदी ग्रन्थावली भाग-7, पृ. 68
59. पंत, 'वाणी', ग्राम्या, पृ. 103
60. नरेन्द्र शर्मा, स्वर मेरे, हंसभाल, पृ. 13
61. डॉ0 विजयशंकर मल्ल-हिन्दी काव्य में प्रगतिवाद, पृ. 140
62. रामधारी सिंह दिनकर, कुरुक्षेत्र, पृ. 42
63. महेन्द्र भटनागर-जनता, जिजीविषा, पृ. 54
64. चिन्तामणि, भाग-2, पृ. 116
65. वही, भाग-1, पृ. 45
66. निराला, जागरण, परिमल, पृ. 204
67. पल्लव, प्रवेश, पृ. 32
68. वक्तव्य, तारसप्तक, पृ. 169
69. आत्म निवेदन, तीसरा सप्तक, पृ. 4
70. चिन्तामणि, भाग-1, पृ. 140
71. वही, भाग-2, पृ. 1
72. वही, पृ. 28
73. वही, पृ. 36
74. वही, पृ. 35-36
75. वही, पृ. 26
76. डॉ0 रामस्वरूप चतुर्वेदी-भाषा और संवेदना, पृ. 34
77. चिन्तामणि, भाग-2, पृ. 2
78. वही, पृ. 1,2
79. वही, पृ. 1
80. डॉ0 रामस्वरूप चतुर्वेदी, भाषा और संवेदना, पृ. 49
81. शैली विज्ञान और काव्य विश्लेषण, पृ. 124

82. भाषा और साहित्य नामक निबन्ध आलोचना
83. पुनश्च, तारसप्तक, पृ. 262
84. केदारनाथ सिंह, वक्तव्य, तीसरा सप्तक, पृ. 116
85. डॉ0 शिवमंगल सिंह सुमन,चल रही उसकी कुदाली, प्रलय सृजन, पृ. 22
86. तारसप्तक, पृ. 23-24
87. डॉ0 रामस्वरूप चतुर्वेदी-भाषा और संवेदना, पृ. 23
88. मरे क्रियगर-1964
89. ब्लादिमीर मायकोवस्की, रमेश कौशिक (अनु0); एक सौ सोवियत कविताएँ, पृ. 101
90. डॉ0 धर्मवीर भारती, सातगीत वर्ष, पृ. 71
91. मदन वात्स्यायन- शुक्रतारा, तीसरा सप्तक, पृ. 81
92. मुक्तिबोध रचनावली भाग-1, पृ. 225-230
93. टी0एस0 इलियट, युलिसिस, आर्डर एण्ड मिथ
94. हजारीप्रसाद द्विवेदी ग्रन्थावली भाग-7, पृ. 82
95. बुल फिंच, "द गोल्डेन एज ऑव मिथ एण्ड लीजेण्ड," पृ. 303
96. हजारीप्रसाद द्विवेदी ग्रन्थावली भाग-7, पृ. 85
97. वही, पृ. 90
98. वही, पृ. 90
99. संशय की एक रात, पृ. 64
100. महाप्रस्थान की भूमिका से
101. अंधायुग की भूमिका से
102. अंधायुग, पृ. 23
103. वही, पृ. 112
104. वही, पृ. 23.
105. नरेश मेहता, महाप्रस्थान, पृ. 50
106. वही, पृ. 56
107. वही, पृ. 110
108. वही, पृ. 112
109. वही, पृ. 46
110. वही, पृ. 47
111. "साठोत्तर हिन्दी साहित्य का परिप्रेक्ष्य" में डॉ0 शिवकुमार मिश्र के "हिन्दी समीक्षा, कुछ अद्यतन प्रवृत्तियाँ" नामक निबन्ध से, पृ. 89
112. फिलिप ह्वील राइट, उद्धृत मेटाफर एण्ड रियलिटी, पृ. 56
113. हजारीप्रसाद द्विवेदी ग्रन्थावली, भाग-9, पृ. 36

हिन्दी काव्यभाषा : क्रमिक विकास

इलियट ने रचना की श्रेष्ठता के लिये भोक्ता और रचयिता के अलगाव की शर्त आवश्यक माना है किन्तु केदारनाथ सिंह ठीक इसके विपरीत बात करते हैं—

मुझे कहीं भी देखा जा सकता है
किसी भी दिशा से
किसी भी मोड़ पर
किसी भी भाषा के अज्ञात शब्दकोष में

तात्पर्य यह कि रचनाकार और रचना का तादात्म्य आवश्यक है। सत्य तो यह है कि यह तादात्म्य भारतीय रचना-प्रक्रिया की पहचान है। व्यास, वाल्मीकि, सरहपा, कण्हपा, अब्दुल रहमान, चन्द बरदायी, कबीर, सूर, तुलसी, भारतेन्दु, पंत प्रसाद, निराला, महादेवी, प्रेमचन्द्र, अज्ञेय, हजारीप्रसाद द्विवेदी, धर्मवीर भारती, जैनेन्द्र, नरेश मेहता, शमशेर, त्रिलोचन, नागार्जुन, रघुवीर सहाय, केदारनाथ अग्रवाल, मुक्तिबोध, धूमिल, जगूड़ी आदि रचयिता भी हैं और चरित्र भी। वस्तुतः रचयिता और चरित्र की एकरूपता ही हिन्दी साहित्य और उसकी भाषा की शक्ति है। यह शक्ति परम्परा के अनुपालन से नहीं अपितु उसके प्रति विद्रोह का भाव मुखर करने से उपजी है। यह विद्रोह कहीं एक जगह नहीं अपितु वह गहरे पैठी मानसिकता की देन है और यह देन अन्तर्विरोधों की उपज है। आचार्य शुक्ल अन्तर्विरोधों का मूल गुण विरुद्धों का सामंजस्य स्वीकार करते है। "तराना-ए-हिन्दी के गायक, अपने को "हिन्दी" कहने वाले और अपने वतन को "हिन्दुस्तान" मानने वाले प्रसिद्ध शायर और मनीषी–इकबाल–कालक्रम में पाकिस्तान की योजना के आरम्भिक प्रस्तावकों में हुए। यह इतिहास के अत्यन्त रोचक और करुण अन्तर्विरोधों में से एक है" इसके बावजूद भी न तो हिन्दी और न ही हिन्दुस्तान की हस्ती मिटी। निश्चय ही यह महत्वपूर्ण और विचारणीय पहलू ही हिन्दू मानसिकता की वह शक्ति है जो अनेक अन्तर्विरोधों को अपने में समोये है। मेरी अपनी दृष्टि से हिन्दू मानसिकता ने यह शक्ति इसलिये अर्जित की कि वह किसी धर्मविशेष और व्यक्तित्व-विशेष पर

अनिवार्यतः आस्था रखने का आदेश नहीं देता। भारत, उस भारत में जिसमें हिन्दू रहते हैं, कभी वैदिक धर्म का बोलबाला था और कभी बौद्ध का, कभी जैन का या कभी योगियों और सिद्धों की आस्था-परम्परा ने जन्म लिया। और आगे चलकर मुसलमान धर्म के आघातों से वह पीड़ित हुआ पर इन सबके चपेटे में पड़कर भी वह चरित्र-विशेष के प्रति आस्थावान नहीं हुआ और सबसे बड़ी विशेषता उसकी यह रही कि वह इन झंझावातों को सहकर उनमें से अच्छाई को ग्रहण कर अपने स्वरूप को बनाए रखने में सफल रहा। इसका कारण यह भी हो सकता है कि यहाँ धर्म संस्थागत नहीं बना वरन् वह एक आंतरिक जिजीविषा का रूप हो गया, वह एक ऐसी हस्ती बना है, निरंतर बनता रहा है जो यूनान, मिश्र और रोम के मिटने पर भी बराबर बना रहता है।

इस धर्म-व्यवस्था के पीछे सबसे सूक्ष्म अद्वैत दर्शन की भावना और जड़ीभूत जाति-व्यवस्था का सहअस्तित्व कारगर है, हिन्दू मानस के अन्तर्विरोधों के मूल में यही दो छोर खाद-पानी का कार्य कर रहे हैं। सम्पूर्ण यथार्थ एक ब्रह्म-सत्ता की ही विविध-रूपा अभिव्यक्ति है, यह विशिष्टता अन्यत्र अनुपलब्ध है। "और जाति-प्रथा का स्थूल रूप जन्म पर आधारित जाति के मूल अर्थों में हो ऐसा कहीं नहीं मिलेगा। जातियों का जाल और वर्गीकरण इतना पूर्ण और व्यवस्थित है कि छन्दशास्त्र का प्रस्तार याद आ जाता है। हिन्दू समाज में नीचे से नीचे समझी जाने वाली जाति अपने से नीची और एक जाति ढूँढ़ लेती है। ...यह व्यंग्य नहीं व्यावहारिक सच है।" एकत्व का रूप परम अद्वैत में और विविधता की बहार जाति-प्रथा में, ये दोनों छोर हिन्दू-व्यवस्था में बड़े इतमिनान के साथ समाए हुए हैं। अपने चिंतन में ही नहीं अपनी रचना-प्रक्रिया में भी हिन्दू मानस इसी प्रकार के छोरों को दर्शाता है। रामायण और महाभारत अपनी परिकल्पना में एक दूसरे के विरोधी हैं। एक आदर्श की चरम गाथा है तो दूसरा आदर्श यथार्थ का नग्न रूप । दोनों का ढाँचा भाइयों के सम्बन्ध पर आधारित है और इन रचनाओं में हिन्दू मानस के चरम अन्तर्विरोधों का रूप धर्म, दर्शन और जातीयता का पूरा विस्तार समा गया है। हिन्दू मानस के अनुसार धर्म वह है जो इन अन्तर्विरोधों को धारण करने की सामर्थ्य रखता हो। वह उल्लेखनीय तब है जब उससे जीवन के अन्तर्विरोधों को धारण करने की अपेक्षा रखी जाए। अपनी इसी सामर्थ्य के कारण हिन्दू मानस ने अनेक धर्मों के आक्रमण प्रत्याक्रमण सहे; चाहे बौद्ध हो या जैन, इस्लाम हो अथवा ईसाई, वह सभी को अपने में आत्मसात करता रहा। उसकी अच्छाइयों को ग्रहण कर अपना रूप युगानुकूल परिवर्तित करता रहा। फलस्वरूप इन विरोधों और उनकी समरसता के बीच से इस देश के दार्शनिकों और मनीषियों

ने जीवन की एक समग्र, समृद्ध और सम्पूर्ण प्रस्तावना प्रस्तुत करनी चाही। यही हिन्दू-संस्कृति और धर्म का मूलचरित्र है।

आठवीं शती के अन्त से हिन्दी साहित्य के बीज अंकुरित होते दिखाई देते हैं। और इस अंकुरण के साथ-साथ अभूतपूर्व राजनीतिक और धार्मिक घटनाएँ भी घटती हैं। हिन्दी साहित्य के शुरुआत के पूर्व हिन्दू धर्म-ग्रन्थ, मनु और याज्ञवल्क्य की स्मृतियाँ, सूर्यादि पाँचों सिद्धान्त-ग्रन्थ, चरक और सुश्रूत की संहिताएँ, न्यायादि छहो दर्शन , सूत्र, प्रसिद्ध पुराण, रामायण, महाभारत के वर्तमान रूप, नाट्यशास्त्र, पतंजलि का महाभाष्य आदि की रचना ईसवीं सन् के दो ढाई सौ वर्ष इधर-उधर की मानी जाती है, पर इन्हें अप्रमाणिक तो नहीं माना जाता। निश्चय ही इनका प्रचार-प्रसार काफी लम्बे अर्से तक होता रहा है। इन्हीं का फल है कि अश्वघोष, कालिदास, वाराह मिहिर, कुमारिल, शंकर आदि संस्कृत के अनमोल रत्न भारतीय विचारधारा को अभिनव समृद्धि से समृद्ध किये। यह समृद्धि हिन्दी साहित्य को प्रभावित किए बिना कैसे रह सकती है। सातवीं शती तक बौद्ध धर्म का प्राबल्य था, पर सभी जनता बौद्धधर्मानुलम्बी नहीं थी। सत्य तो यह है कि लोक के सामाजिक जीवन पर इसका प्रभुत्व कम था। वे बौद्ध संन्यासियों का सम्मान अवश्य करते थे, और तदनुरूप अपने लोक-परलोक के विषय में सोचते थे। आज भी भारतीय गृहस्थ परस्पर विरोधी मतों के मानने वाले साधुओं की तथा भिन्न-भिन्न प्रकृति के देवताओं की पूजा करता है। आज भी वह मन्नत के लिये मन्दिर भी जाता है, मजार पर भी जाता है। मठों के संन्यासियों से दुआ लेता है, मौलवियों के तन्त्र-मन्त्र का प्रयोग करता है। ज्योतिषियों के बताए उपाय भी करता है। शंकराचार्य के तत्ववाद की पृष्ठ भूमि में बौद्ध तत्ववाद अपना रूप बदल कर रह गया। बौद्ध मठों ने शैव मठों का रूप लिया और आज भी इन मठों के महन्तों की पूजा होती है। इसी काल में बौद्ध धर्म की तांत्रिक साधना, मारण, मोहन, वशीकरण और उच्चाटन जैसी रहस्यपूर्ण विद्याओं का भी जनसामान्य में प्रभाव फैला। मुसलमानी आक्रमण से समान रूप से त्रस्त पौराणिक धर्म इसलिये बच गया कि उसका सम्बन्ध उन दिनों के समाज से था और बौद्ध धर्म इसलिये नष्ट हुआ कि उसका सम्बन्ध बिहारों से था। नवीं और दशवीं शती में शैव और बौद्ध साधना के सम्मिश्रण से नाथ पंथी योगियों के सम्प्रदायों का अभ्युदय हुआ। यह सम्प्रदाय कालक्रम में हिन्दी भाषा जनसमुदाय को बहुत दूर तक प्रभावित कर सका था। कबीर, सूर, जायसी की रचनाएँ इसकी तत्युगीन शक्ति सामर्थ्य और प्रभाव को आत्मसात किये हैं।

''सन् 1324 में तिरहुत का एक राजा मुसलमानों से खदेड़ा जाकर नेपाल पहुँचा, वह अपने साथ अनेक पंडितों और ग्रन्थों को भी लेता गया। इसके द्वारा

ब्रह्मण धर्म का जो बीजारोपण हुआ था आगे चलकर विकासशील सिद्ध हुआ। परवर्ती राजा जयस्थिति ने इन्हीं ब्राह्मणों की सहायता से समाज का पुनः संगठन किया।''[1] नेपाल के गोरखा लोगों ने अपने प्राचीन धर्म को फिर से ग्रहण किया, किन्तु नेवारी बौद्ध ही रहे। पर नेपाल में बौद्ध और हिन्दू धर्म में शत्रु दृष्टि नहीं रही है। वहाँ बुद्ध शिव ही माने गये। नेपाली बौद्धों का स्वयं का पुराण पशुपतिनाथ की पूजा को ही बुद्ध की पूजा मानता है। सम्भवतः काशी और मगध के प्रांतों में भी अन्तिम दिनों में बौद्ध और पौराणिक धर्मों का पारस्परिक सम्बन्ध रहा हो।

बौद्ध धर्म की एक शाखा महायान ईसवी सन् के आरम्भ से ही लोकमत की प्रधानता स्वीकार करता गया। ''यह अवस्था सभी सम्प्रदायों, शास्त्रों और मतों की हुई''। साथ ही वे ''ज्ञानियों और पंडितों के ऊँचे आसन से उतर कर अपनी असली प्रतिष्ठाभूमि लोकमत की ओर आने लगे। उसी की स्वभाविक परिणति इस रूप में हुई। उसी स्वाभाविक परिणति का मूर्त प्रतीक हिन्दी साहित्य है।''[1] एक बात और ! महायान (वह) ''सामाजिक आचार-विचारों का मेरुदण्ड नहीं हैं मेरुदण्ड तो ये स्मार्त्त विचार ही है।''[2] यह अलग बात है कि महायान की कतिपय मान्यताएँ—यथा सर्व कल्याण-भावना, सत्कर्म, जगत् की नश्वरता, कर्मकाण्ड की बहुलता, मन्त्र-तन्त्र में विश्वास, मानवीयता, सहजता और समन्वय मूलकता, करुणा आदि उत्तर भारत के हिन्दू धर्म में रह गयी, पर ध्यान से देखा जाय तो ये तत्व पौराणिक धर्मों में भी विद्यमान रहें। यहाँ तक कि सूर और तुलसी की अवतारवाद की भावना, प्राचीन-शास्त्रानुमोदित होते हुए भी महायानियों की देन है। इसीलिये ग्रियर्सन, कैनेडी को उनमें ईसाईयत का असर दिखाई देता है।[3]

यद्यपि यह सत्य है कि प्रा[illegible] में संस्कृत के प्रभाव के कारण इस काल के पंडित प्रत्यक्ष-जीवन या लोक-जीवन से दूर हट रहे थे जबकि बौद्ध धर्म लोक-जीवन में घुल-मिलकर लोकधर्म का रूप ग्रहण कर रहा था। पर यह अलगाव उस समय समाप्त हो गया जब बौद्ध धर्म ह्रास की स्थिति में आ गया। अनेक बौद्धधर्मानुयायी ब्राह्मण-धर्म में आ गये। वे अपने साथ व्रत, पूजा, पार्वण आदि भी ले आए। इस प्रकार पंडित अनुमोदित धर्म और शास्त्र भी लोक के पक्षधर बने।

निश्चय ही लोकमत की यह प्रधानता उस संस्कृत भाषा में पूरी तरह अभिव्यक्त नहीं हो सकती थी जो जन-साधारण या लोक से अलग थी और जिसे अधिकांश लोग समझ नहीं सकते थे। वस्तुतः तद्‌युगीन लोक को अभिव्यक्त करने के लिये उसी लोक के भाषा की आवश्यकता थी। भाषा के बदलाव की यह प्रक्रिया पहले-पहल प्रारंभ नहीं हुई बल्कि इसके पहले स्वयं संस्कृत में वैदिक और लौकिक संस्कृत नाम से बदलाव आ चुका था। संस्कृत को छोड़कर पालि भाषा भी विकसित हो

चुकी थी और इसी क्रम में प्राकृत का अस्तित्व अस्वीकार नहीं किया जा सकता। इस प्रक्रिया का अगला कदम अपभ्रंश है। वस्तुतः काव्य, सामाजिक संवेदना का वैयक्तिक संवेदना में तिरोधान है। यह वैयक्तिक संवेदना—रचनाकार विशेष की–एक व्यक्ति विशेष की उस समाज की विशिष्ट भाषा की, जिसकी संवेदना को अभिव्यक्ति प्रदान करनी है—भाषा की अनुवर्तिनी होती है। वह उसी की भाषा में अभिव्यक्त हो सकती है। इसलिये हर काल का रचनाकार विशेषकर परिवर्तनशील युग का रचनाकार उस युग, उस समाज की भाषा का संधान करता है। गोस्वामी तुलसीदास के सम्बन्ध में प्रसिद्ध एक कथा हमारी बात और स्पष्ट कर जाएगी। गोस्वामी जी पहले संस्कृत में रचना करते थे, दिन भर जो लिखते थे रात को सब साफ हो जाता था सबेरे केवल कोरे पन्ने बचते थे। तुलसीदास परेशान। जब बहुत परेशान हो गये तो उन्होंने अपने देवता का स्मरण किया। एक दिन स्वप्न में उन्हें शंकर का साक्षात् हुआ। उन्होंने बताया कि संस्कृत में नहीं भाषा में लिखो। तब यह अक्षुण्ण होगा। भाषा में लिखा मानस आज तक हमारे आपके बीच विद्यमान है और इसे जनसाधारण से लेकर विद्वत् समाज तक ने अपने गले का कण्ठहार बनाया। इस कथा से एक आशय निकलता है कि लोकप्रियता प्राप्ति के लिये रचनाकार का यह दायित्व होता है कि वह लोकभाषा का संधान करे। उपर्युक्त परिस्थितियों, सामाजिक और राजनैतिक स्थितियों में, जब काव्य-वस्तु जन-साधारण की ओर उन्मुख थी, तब जन-साधारण की भाषा के संधान की अपेक्षा थी। स्वयंभू और पुष्पदंत अपनी भाषा को देशी भाषा घोषित करते हैं। विद्याधर लोकभाषा के पंडित हैं और दामोदर पंडित लोकभाषा से परिचय कराने के लिये उक्तिव्यक्तिप्रकरण की रचना करते हैं। इन रचनाकारों के साथ विद्यापति के उद्घोष को भी रखकर परखा जाय तो देशी और लोकभाषा का स्वरूप स्पष्ट हो जाएगा। हिन्दी का संधान यहीं इसी संदर्भ में हुआ। उस हिन्दी का जो जनसाधारण की कथा की अभिव्यक्ति का सामर्थ्य रखती थी, उस हिन्दी को आप चाहें तो अपभ्रंश में भी देख सकते हैं। वैसे राहुल जी तो अपभ्रंश को हिन्दी से भी कहीं अधिक हिन्दी भाषा मानते हैं और द्विवेदी जी अपभ्रंश साहित्य को हिन्दी का मूलरूप और प्राणधारा स्वीकार करते हैं। चाहें तो अवहट्ट को उसका पुराना रूप मान सकते हैं और न माने तो कबीर से उसे स्वीकार करना ही पड़ेगा। पर सरहपा, कण्हपा, मुंज, हेमचन्द्र और अब्दुल रहमान के निम्नलिखित अंश क्या हिन्दी की डुगडुगी नहीं पीट रहे हैं?

जेहि मण पवण न संचरई, रवि ससि नाह पवेस
तहि बढ़! चित्त बिसाम करु, सरहें कहिअ उएश।–सरहपा (769ई0)

जिमि लोण बिलिज्जई पाणिएँहि, तिमि धरणी लइ चित्त,
समरस जाई तक्खणे, जई पुणु ते सम णित्त। –कण्हपा (820ई0)
वाह विछोड़वि जाहि तुहुँ, हऊँ तेवई को दोसु।
हिअयट्ठिउ जई णीसरइ, जाणऊँ मुंज सरोसु।। –मुंज

जा मति पच्छई सम्पजई, सा मति पहिली होई।
मुंज भणइ मुणालवइ, विघन न वेढ़इ कोइ।। –मुंज
भल्ला हुआ जो मारिआ, वहिणि म्हारा कंतु ।
लज्जेज्जन्तु वयंसियहु, जई भग्गु घरु एंतु ।।
–हेमचन्द्र (12वीं शती)

संदेसडउ सवित्थरउ पर मइ कहणु ण जाइ।
जो काणंगुलि मूँदडउ, सो बाहडी समाइ ।।
–अब्दुल रहमान (तेरहवीं शतीं का उत्तरार्ध)

रामायण और महाभारत के उदाहरण द्वारा मैंने पहले ही कहा है कि भारतीय साहित्य विरुद्धों का सामंजस्य है। हिन्दी भाषा इससे अछूती नहीं है। वस्तुतः हिन्दी भाषा की प्रकृति इसी चरित्र से जुड़ी है। भाषाओं के लम्बे इतिहास में ऐसे बहुरूपी भाषा का अस्तित्व और कहीं नहीं मिलता। अनेक जनपद में व्यवहृत अट्ठारह बोलियों के वैविध्य को-जिनमें से कई व्याकरणिक दृष्टि से एक दूसरे की विरोधी विशेषताओं से युक्त कही जा सकती हैं–हिन्दी भाषा बड़े सहज भाव से धारण करती है। इसीलिये ग्रियर्सन में जगह-जगह वैचारिक द्वैत की भावना है–"गंगा के समस्त काँठे में बंगाल और पंजाब के बीच अपनी अनेक स्थानीय बोलियों सहित केवल एक मात्र प्रचलित भाषा हिन्दी ही है।।" ..."इस क्षेत्र के लोग द्विभाषी हैं अतएव व्यवहार में उन्हें किसी प्रकार की कठिनाई नहीं होती और ये लोग नहीं चाहते कि शासन-कार्य के लिये अनेक भाषाएँ स्वीकार कर कठिनाई उत्पन्न की जाय।" 1855 में विलियम केरे ने कहा–"इस बोली से मैं सारे हिन्दुस्तान को समझा सकूँगा।" बाइबिल के अनुवादों के सिलसिले में केरे ने हिन्दी क्षेत्र की बोलियों का गहराई के साथ परीक्षण किया था। ग्रियर्सन यह भी स्वीकार करते हैं कि हिन्दी क्षेत्र की बोलियों की विशेषताएँ सारी आधुनिक भारतीय आर्य भाषाओं की विशेषताओं के समतुल्य हैं और इन हिन्दी बोलियों की केन्द्रीय भाषा मध्यदेश की भाषा रही है, हमेशा रही है। इन बोलियों को एक नाम देने का पहले भी प्रयास हुआ– कभी हिन्दी, कभी हिंदवी और कभी हिंदुई। किन्तु इनमें हिन्दी ही नाम चला, आज भी चल रहा है।

कबीर, जायसी, सूर, तुलसी, मीरा, आलम, भारतेन्दु, मैथिलीशरण गुप्त, प्रसाद, निराला, अज्ञेय आदि समान रूप से हिन्दी के कवि हैं। इनकी रचनाओं का इतिहास हिन्दी-संवेदना का इतिहास है। बिहारी-बोलियों का व्याकरण भले ही बंगला जैसा हो, पर इससे बिहार की भाषिक-स्थिति स्पष्ट नहीं होती। बल्कि इस दृष्टि से भी विचार करना अनावश्यक है कि वहाँ के निवासी अपनी काव्यभाषा अर्थात् अपनी संवेदना की अभिव्यक्ति के लिये किस भाषा का चयन करते हैं। और उनकी यह भाषा कभी पुरानी हिन्दी (विद्यापति) रही और कभी व्रज अथवा अवधी और आज खड़ी बोली है। इस दृष्टि से भी भाषा निर्णय अपेक्षित है कि उनकी जातीय पाठ्य-रचना कौन सी है? मुझे यह कहने में संकोच नहीं कि यह रचना-'रामचरित मानस' है, ठेठ हिन्दी का, बंगला का नहीं। अतः बिहार क्षेत्र की संवेदना हिन्दी क्षेत्र से इतर नहीं, फिर उसकी भाषा कैसे इतर होगी ?

काव्यभाषा एक ओर जनबोली से शक्ति लेती है और दूसरी ओर उसे परिष्कार देती है। हिन्दी काव्यभाषा ने समूचे बिहार की बोलियों से शक्ति ही नहीं ग्रहण किया अपितु कथात्मक संवेदनाएँ भी ग्रहण की। वह समूचे हिन्दी जनसमाज को परस्पर जोड़ने का कार्य करती है। इसलिये स्वतन्त्रता आन्दोलन के नेताओं ने हिन्दी का ही सहारा लिया । समूचे क्षेत्र की काव्यभाषा का आधार हर युग में एक रहा। कभी अपभ्रंश अवहट्ट का रूप रहा और कभी खड़ी, व्रज एवं अवधी और अब फिर खड़ी बोली का।

हिन्दी साहित्य के आरम्भ पर विवाद है। पर मेरी दृष्टि में किसी साहित्य के आरम्भ की पहचान वहाँ की जा सकती है जहाँ वह धार्मिक कर्मकाण्ड, रुढ़िवादिता और रहस्य भावना से उन्मुक्त होकर लोकसामान्य की भावभूमि पर प्रतिष्ठित हो रहा हो, लोक-संवेदना को वह अपना उपजीव्य बना रहा हो और अभिव्यक्ति का माध्यम एक नयी भाषा को बना रहा हो। इस सीमा-रेखा पर सिद्धों-नाथों का साहित्य देख जा सकता है जो कबीर तक व्याप्त है। निश्चय ही हिन्दी साहित्य की शुरुआत आठवीं शती के आस-पास माननी चाहिये। इस काल के सिद्धों-नाथों से लेकर हिन्दी सन्तों तक के साहित्य में सामाजिक विद्वेष पर करारी चोट है। गोरखबानी में स्वतन्त्र परसर्ग रूप भी हिन्दी के विकास की कथा कह जाते हैं। यद्यपि इसे चौदहवीं शती का माना जाता है।

आदिकालीन हिन्दी भाषा का व्याकरणिक रूप स्थिर करना कठिन है। काव्य-भाषा के व्यापक स्वरूप और संवेदना की अंतर्प्रक्रिया में ही उसकी वास्तविक स्थिति समझी जा सकती है। हिन्दी के इस आरम्भिक साहित्य में धार्मिक और ऐहिक तत्व अधिक हैं। विद्यापति में ऐहिकता भी है और धर्म का स्वर भी प्रबल है। रासो में वीर और शृंगार एक दूसरे में मिलते हैं। पृथ्वीराज रासो का प्रारम्भ कयमास वध

से होता है। कयमास वध का कारण कामांधता है, और स्वयं पृथ्वीराज के वध का कारण भी कामांधता है। तभी तो—

जि कछु दि अउ कयमास कि अउ अप्पनउ सुपायड
दीन मान दिन पाइपइ
(दिए हुए के बराबर ही दिन में मिलता है)

सरहपा भी भोग में निर्वाण और काया में तीर्थ देखते हैं। पुरुष का कर्मक्षेत्र में असंयम, जीवन में कैसी विषमताएँ उत्पन्न करता है इसका ही चित्रण रामायण और महाभारत है, पृथ्वीराज रासो का भी उपजीव्य यही है। बीसलदेव रासो में नारी के वाणी-सम्बन्धी असंयम का चित्रण है। रासो में लोकसाहित्य के तत्वों का भी समावेश है। सरहपा, कण्हपा, मुंज, हेमचन्द्र, अब्दुल रहमान, विद्यापति की पदावली और कीर्तिलता, कबीर, जायसी, सूर, तुलसी में लोकजीवन की झाँकी देखी जा सकती है। यह भी सत्य है कि लोक-जीवन की व्यापकता का वास्तविक प्रमाण या तो हिन्दी के आदि एवं मध्य काल में मिलता है, या आधुनिक काल में।

उपर्युक्त विवेचन से यह स्पष्ट है कि जनभाषा के रूप में हिन्दी आठवीं शताब्दी में ही साहित्य का माध्यम बन चुकी थी तथा वह अपभ्रंश के साथ-साथ अपनी भूमि पर आगे भी बढ़ने लगी थी। एक विशाल क्षेत्र की अनेक बोलियों से उसका एक सामान्य रूप विकसित हो रहा था। अनजाने ही वह इस प्रक्रिया द्वारा प्रवृत्तिगत एकता एवं सांस्कृतिक एकता की स्थापना में सक्रिय थी। संस्कृत के तत्सम शब्दों का प्रयोग इसी प्रवृत्ति का परिचायक था। आचार्य शुक्ल भी स्वीकार करते हैं कि सिद्धों की भाषा देश भाषा मिश्रित अपभ्रंश अर्थात् पुरानी हिन्दी काव्यभाषा है। उन्होंने भरसक उसी सर्वमान्य व्यापक काव्यभाषा में लिखा जो उस समय गुजरात, राजपूताने और व्रजमंडल से लेकर बिहार तक लिखने पढ़ने की शिष्ट-भाषा थी। पर मगध में रहने के कारण कुछ पूर्वी प्रयोग भी मिले हुए हैं। और, इस भाषा का प्रभाव आगे कबीर तक दिखाई देता है। कण्हपा के उपदेश की भाषा पुरानी टकसाली हिन्दी (काव्यभाषा) है पर गीतों की पुरानी भाषा पुरानी बिहारी या पुरबी बोली मिश्रित है। यही भेद कबीर की साखी और रमैनी की भाषा में भी है। साखी राजस्थानी मिश्रित सधुक्कड़ी की भाषा में है पर रमैनी के पदों की भाषा में काव्य की भाषा व्रजभाषा है, कहीं-कहीं पूरबी बोली भी है। फिलहाल यह प्रभाव क्षेत्रीय प्रधानता के कारण है और यह प्रभाव हिन्दी भाषा के विकास की कहानी भी बताता है।

सत्य तो यह है कि "विक्रर्मोवंशीय" (कालिदास) के चतुर्थ अंक में समाहित निम्नलिखित दोहा हिन्दी काव्यभाषा के प्रारम्भ को आठवीं शती के पूर्व भी खींच ले जाता है—

मइँ जाणिअँ मियलोउणी णिसिअरु कोइ हरेइ ।
जाव णु णवतलिसामल धाराहरु बरिसेइ।।

आचार्य द्विवेदी ने दोहा को अपभ्रंश का मुख्य छन्द माना। यह छन्द जनभाषा की देन है इसलिये इसे हिन्दी का मुख्य छन्द मानना चाहिये। क्योंकि अपभ्रंश के साहित्यिक भाषा बन जाने के साथ-साथ उसके समानांतर जनभाषा–रूप में हिन्दी भाषा का ही विकास हुआ। इसीलिये आदिकालीन हिन्दी साहित्य में दोहा-छन्द हिन्दी का सबसे प्रबल माध्यम रहा है। स्वच्छन्द अनुभूतियों के चित्रण के लिये अधिकांश हिन्दी कवियों ने इसी छन्द को चुना। इस छन्द की परम्परा भक्तिकाल और रीतिकाल से होती हुई आधुनिक काल तक चली आयी है। तुक मिलाने की पद्धति का जन्मदाता भी यही छन्द-विशेष है। भले ही यह अपभ्रंश की प्रवृत्ति रही हो, पर जनभाषा की वस्तु होने के कारण हिन्दी में भी इसे स्थान मिला। अपभ्रंश के अरिल्ल छन्द के स्थान पर हिन्दी में चौपाई का प्रयोग बढ़ा। जायसी और तुलसी ने इस सम्बन्ध में आदिकाल का ऋण स्वीकार किया है। वस्तुतः यह कथा-काव्य का छन्द है। चौपाई के साथ दोहा रखकर कडवक बनाने की सिद्धों की प्रथा को भी इन कवियों ने उसी रूप में स्वीकार किया ।

आदिकालीन साहित्य की भाषा कठिनता से सरलता की ओर जाती हुई भी एक व्यापक रूप ग्रहण करने की ओर बढ़ रही थी। आदिकालीन हिन्दी का संस्कृत और संस्कृति की ओर जाने वाला व्यापक जनभाषायी स्वरूप पर्याप्त सम्प्रेषणीय था। घिसे-पिटे धार्मिक अर्थों को वहन करने वाले शब्दों की खोज में ये कवि तल्लीन नहीं थे। तत्कालीन जीवन की भाव-भूमि से संपृक्त शब्दावली में अभिव्यंजना-शक्ति बढ़ रही थी। सिद्धों की जीवन-दृष्टि तथा स्पष्टवादिता, नाथपंथियों का हठयोग, जैनों की अहिंसा, चारणों की प्रशस्तियाँ, खुसरो की लोकानुरंजकता—सबको एक साथ अभिव्यक्त करने का सामर्थ्य जुटाने में तल्लीन हिन्दी भाषा न अलंकार की परवाह करती थी और न लक्षणा-व्यंजना आदि की। इसीलिये इस काल की भाषा में रूपभेद होने पर भी अभेद है और सम्प्रेषण-क्षमता में भी वह बेजोड़ है। कोई अलंकार ऐसा नहीं जो उसमें न फबता हो, कोई भी छन्द ऐसा नहीं जो उसमें न जभता हो। इसमें जीवन के विविध पक्षों का स्वरूप सजीव हो उठा है।

निष्कर्षतः आदिकालीन हिन्दी साहित्य में लोक-जीवन का संस्पर्श है। लोककथा और ग्राम-गीतों की मधुरता, लोकजातियों की स्वच्छन्दता और उन्मुक्तता है। धार्मिक जीवन की उदात्तता के साथ-साथ जीवन के सरस प्रवाह की एकतानता है। स्वयंभू, पुष्पदन्त के राम, सीता, रावण, विभीषण, मन्दोदरी, कृष्ण; धनपाल के भविष्यदत्त, सरूपा, वंधुदत्त आदि चरित्र अलौकिक नहीं लौकिक हैं। वे हमारे जीवन के साथ

तादात्म्य स्थापित करते हैं। और, यह तादात्म्य ही संवेदना और सम्प्रेषण की एकतानता सिद्ध करता है; जहाँ शब्द ही काव्य बन गया है और काव्य--शब्द।

(2)

चौदहवीं शती तक देशी भाषा के साहित्य पर अपभ्रंश भाषा के उस रूप का प्राधान्य रहा है, जिसमें तद्‌भव शब्दों का ही एकमात्र राज्य था। इस बीच धीरे-धीरे तत्सम बहुल रूप प्रकट होने लगा था। नवीं, दशवीं शताब्दी से ही बोलचाल की भाषा में तत्सम शब्दों के प्रवेश का प्रमाण मिलने लगता है और चौदहवीं शताब्दी के प्रारम्भ से तो तत्सम शब्द निश्चित रूप से अधिक मात्रा में व्यवहृत होने लगे। पं0 दामोदर शर्मा (12वीं शतीं) के युक्तिव्यक्ति प्रकरण में तत्सम शब्दों का बाहुल्य है। मजेदार बात यह है कि दामोदर शर्मा ने यह रचना भाषा से परिचय कराने के उद्देश्य से की। ज्योतिरीश्वर के 'वर्णरत्नाकर' और विद्यापति की 'कीर्तिलता' में भी तत्सम शब्दों के निश्चित प्रयोग का प्रमाण मिलता है और कबीर, सूर, तुलसी की भाषा भी तत्सम शब्दों से भरी पड़ी है। यद्यपि उपर्युक्त तीनों रचनाकारों के पूर्व भारत–विशेषकर हिन्दी भाषी क्षेत्र--मुस्लिम आक्रमण की विडंबना को भोग चुका था, पर निश्चित ही संस्कृत की तत्सम शब्दावली मुसलमानों की देन तो नहीं ही है। शायद प्रतिक्रियास्वरूप यह प्रक्रिया बढ़ी और हिन्दी भाषा तत्सम-मय हो उठी। यह तत्सम प्रेम केवल कुछ इने-गिने लोगों का प्रेम नहीं था। अपितु लोक-मानस का प्रेम था, जिसकी संवेदना को ये रचनाकार आगे लेकर बढ़े। सूर और तुलसी में सामाजिक विडम्बना के प्रति आक्रोश तो कम है, पर तुलसी में सामाजिक असमानता को दिखाने का प्रयास अवश्य है। इनसे भी पहले आगे बढ़कर कबीर ने विद्रोह का झंडा फहराया। यह विद्रोह और सामंजस्य का प्रयास, समाज की यथार्थ-स्थिति का चित्रांकन निर्गुण मतवादी संतो—कबीर, दादू, रैदास, नानक—की वाणियों में मुखर हुआ। यह युगीन चेतना को भाषा देने का सफल प्रयास है। भले ही हम उसका सम्बन्ध बौद्ध के अंन्तिम सिद्धों और नाथपंथी योगियों से जोड़ें। पर यह सत्य है कि वे ही पद, वे ही राग-रागनियाँ, वे ही दोहे, वे ही चौपाइयाँ कबीर आदि ने व्यवहृत कीं जो उक्त मत के मानने वाले उनके पूर्ववर्ती सन्तों ने की थी। क्या भाव, क्या भाषा, क्या अलंकार, क्या छन्द, क्या पारिभाषिक शब्द, सर्वत्र ही वे कबीर के मार्गदर्शक हैं। कबीर की ही भाँति ये साधक नाना मातों का खण्डन करते थे, सहज और शून्य में समाधि लगाने को कहते थे, गुरु के प्रति भक्ति का उपदेश देते थे। कबीर और दादू के अनेक दोहे क्रमशः सरहपाद और नाथ योगियों के सीधे अनुकरण प्रतीत होते हैं। यहाँ मैं सामान्य, या शिल्पगत अनुकरण की बात नहीं कर रहा हूँ, अपितु इस

अनुकरण के माध्यम से संवेदना के विकास और एकतानता की बात कर रहा हूँ।

कबीर निर्गुणमार्गी भक्त कवियों में सबसे अग्रणी हैं। अग्रणी इसलिये कि उनमें सामाजिक पारस्परिक मान्यताओं, काव्य की-रूढ़ियों के प्रति जहाँ गहरा आक्रोश है,वहीं मानवीय संवेदना का चरम उत्कर्ष भी। यह संवेदना भाव और भाषा के धरातल पर एक रूप हो गयी है। कबीर यथार्थवादी रचनाकार हैं। इसलिये उनकी काव्यभाषा भी यथार्थ-संपृक्त है। उसमें परम्परा का अनुपालन नहीं बोध की क्षमता है। कबीर का कथन—

मैं कहता आँखिन देखी, तू कहता कागद की लेख

इस बात का साक्षी है। उनकी अभिव्यंजना-शक्ति में प्रतिभा व बुद्धि और संवेदना की प्रखरता है। सरल भाषा में भावमयी अनुभूतियों और कल्पना का सहारा है। बिम्बों की भरमार है। शृंगार की सरसता भी है और रहस्यात्मकता का आवरण भी। छन्द-अलंकार की पारम्परिक मान्यताओं को छिन्न-भिन्न कर युगानुकूल स्वरूप देने की ललक है। समाज की स्थिति से संवेदित इस कवि में पाठकों के आकर्षण की शक्ति और समाज की रूढ़ एवं जर्जर मान्यताओं, परम्पराओं को तोड़कर एक जातीय–चेतना निर्मित कर उसे मनुष्य का सौंप देने की उत्कट आकाँक्षा है। फलस्वरूप उनकी भाषा स्थानीय रंगत (लोकल कलर) से भरपूर है और नए अर्थ के संदर्भ में शब्द-निर्माण की प्रक्रिया को चोख करती नजरी आती है। उनकी भावाभिव्यक्ति की क्षमता भी अद्वितीय है। कबीर, रैदास, नानक, दादू, मलूकदास आदि सन्त कवियों की भाषा जनसामान्य की भाषा है। वस्तुतः इनकी रचनाओं में जनसामान्य या लोकमत को, उस लोकमत को जिसे आदिकालीन हिन्दी का जन्मदाता माना जाता है; वाणी देने का सफल प्रयास है।

प्रेमामार्गी निर्गुण शाखा के अधिकांश कवियों ने काव्यभाषा में फेर बदल करते हुए भी उसे लोक-जीवन के समीप रखा। पर भाषिक शक्ति के रूप में, इनमें अलंकारों, रसों और छन्दों का सहारा लिया गया। बिम्ब-निर्मिति का प्रयास भी इनमें मिलता है। लोक-प्रचलित शब्दों, मुहावरों तथा लोकोक्तियों के प्रयोग द्वारा भाषा की सम्प्रेषण-क्षमता में वृद्धि करने में यह रचनाकार सफल रहे हैं। वस्तुतः इनका प्रयास लोकभाषा को काव्यभाषा का रूप देने का रहा; इस प्रयास में अवधी, राजस्थानी एवं ब्रज का प्रयोग हुआ है। कथा के चयन का आधार भी यहाँ लोक है; इसलिए लोक के बीच रागात्मक सम्बन्धों की स्थापना का यह उल्लेख्य प्रयास रहा। सगुण रामभक्ति शाखा में जायसी की अवधी की प्रधानता रही। गोस्वामी तुलसीदास जी ने अपने काल तक चली आती काव्य-भाषा परम्परा का अत्यन्त सूक्ष्म निरीक्षण किया और भारतीय मानस की भावधारा को पहचानकर उसी के अनुरूप अपनी काव्यभाषा

को विविध शैलियों तथा अवधी और व्रज भाषाओं का जामा पहनाया है। इस क्षेत्र में तुलसी की समन्वय-दृष्टि एव क्षमता ने भी बहुत बड़ा योगदान किया। समाज के लिये; विशेषकर काव्यभाषा की रचना-धर्मिता के लिये उपयोगी शैली एवं स्वरूप का गठन तुलसीदास में 'इनसाइक्लोपीडिया' का साक्षात्कार कराता है। मानव से लोकनायकत्व का स्वरूप प्रस्तुत करना ही इनका लक्ष्य नहीं था, काव्यभाषा का लोकनायक रूप भी प्रस्तुत करना उनका लक्ष्य था। प्रबन्ध-सौष्ठव, चरित्र-चित्रण, प्रकृति-वर्णन, अलंकार-विधान, छन्द-प्रयोग द्वारा वे भाषा का परिमार्जन भी करते हैं, उसमें नयी अर्थवत्ता भी भरते हैं और रचनाकारों के प्रयोग के लिये एक परिनिष्ठित काव्यभाषा का स्वरूप भी दे जाते हैं। उक्ति वैचित्र्य, अन्योक्ति में भाव-वैविध्य का बोध कराकर हिन्दी भाषा की क्षमता का उदाहरण भी पेश कर जाते हैं। गोस्वामी तुलसीदास अपने दृष्टि विस्तार के कारण उत्तर भारत ही नहीं समस्त भारत अपितु विश्व के प्रतिनिधि कवि बन जाते हैं। इनकी वाणी की पहुँच मनुष्य के सारे भावों और व्यवहारों तक है। व्यक्तिगत साधना के साथ ही लोक धर्म का उज्ज्वल-रूप इनकी काव्यभाषा की पहचान है। गोस्वामीजी की भाषा प्रसंगानुकूल और आवश्यक विधानों से पूर्ण है। इन सबका कारण, गोस्वामीजी का लोकमत और जनसाधारण के प्रति आकर्षण है। वे जनसामान्य के सूक्ष्म-से-सूक्ष्म मनोभावों, छोटे-से-छोटे क्रियाकलापों को अनदेखा नहीं करते। उसकी संस्कृति, उसकी भाषा, उसके भाव को वे प्राथमिकता देते हैं। इसीलिये उनकी भाषा अनुभूति की सघनता से सम्पृक्त होकर भी सहज और प्रवाहमान है। छन्द, अलंकार, बिम्ब के संयोजन के लिये वे प्रयासरत नहीं यह तो स्वाभाविक रूप में आते हैं । काव्यभाषा की यह स्वाभाविकता एवं सम्प्रेषणीयता एक लम्बी तपस्या की परिणति होती है, तुलसीदास ने इसे साधा। अपने कंगन के नग में पड़ती राम की परछाई को देखकर वधू सीता की मानसिक स्थिति का चित्रण जहाँ चित्रमय है, वहीं स्वाभाविक भी। उसमें अलंकार भी है—रस भी और चित्र भी, और है- मन के भावों को इने-गिने शब्दों में अभिव्यक्त कर देने की सामर्थ्य—

राम को रूप निहारति जानकि कंगन के नग की परछाहीं।
यातें सबै सुधि भूलि गई, कर टेकि रही पल टारति नहीं।।

(कवितावली)

और व्रजभाषा के अग्रदूत सूरदास ने व्रजभाषा को वस्तुतः जो गौरव, गरिमा प्रदान की, उसके परिणामस्वरूप वह काव्यभाषा के सिंहासन पर आसीन हो गई। सूर की भाषा में चित्रात्मकता, अलंकारिता, भावात्मकता, सजीवता,प्रतीकात्मकता तथा बिम्बात्मकता अपने चरम पर विद्यमान है। व्रजभाषा की ठेठ माधुरी का दर्शन

संस्कृत-अरबी शब्दों के साथ सजीव शैली में सूर की भाषा में ही है। अवधी और पूर्वी हिन्दी के भी शब्द हैं। भाषा की सजीवता के लिये मुहावरों और लोकोक्तियों का पुट सूर की भाषा का सौन्दर्य है। भाषा-प्रवाह हेतु लय और संगीत की भी योजना है। वर्ण-मैत्री और संगीतात्मकता सूर की भाषा के अलंकरण हैं। नवीन प्रसंगों की उद्‌भावना सूरदास की सबसे बड़ी विशेषता है। भ्रमरगीत में गोपियों की वचनवक्रता का उदाहरण अन्यत्र दुर्लभ है। जन्मांध माने जाने वाले सूरदास की काव्यभाषा में जहाँ समाज की कुरूपताएँ हैं, वहीं उनका सरस भावपक्ष भी है। लोक-कथा और भाव-मुद्राओं का जो स्वरूप इनकी काव्यभाषा में प्रस्तुत है, वह यथार्थ का बोध कराता है। हिन्दी काव्यभाषा निर्मिति के क्षेत्र में सूरदास का भी योगदान अविस्मरणीय है। मजेदार बात यह है कि दोनों कवि से अधिक भक्त हैं। फिर भाषा की यह प्राँजलता और आदर्शात्मकता कहाँ से? यदि हिन्दी साहित्य और भाषा की पहले प्रस्तुत संवेदना के विकास के इतिहास को आप न भूले हों तो बात समझ में आ जाएगी। 'काव्यभाषा', वह साधक और तपस्वी ही निर्मित कर सकता है जो इस लोक से ऊपर उठकर मानवता में भेद नहीं अभेद देखने का पक्षधर हो, जो अपनी रचना-प्रक्रिया द्वारा मनुष्यता के सारे कलुष को मिटा देने का दावा करता हो, जिसने लोकजीवन को अत्यन्त निकट से देखा हो, जिसने उसके दुख-दर्द को सहा और भोगा हो; जिसकी संवेदना और सम्प्रेषण में एकरूपता हो। मुझे कहने की आवश्यकता नहीं कि आदिकाल में भी संतों, योगियों, सिद्धों ने हिन्दी भाषा की पहचान बनायी और आगे चलकर भी कबीर, जायसी, सूर एवं तुलसी जैसे लोक-जीवन की वेदना से मर्माहत भक्त कवियों ने तपःपूत काव्यभाषा को जन्म दिया।

सूरदास के प्रयास से व्रजभाषा साहित्यिक भाषा का गौरव प्राप्त कर चुकी थी। नन्ददास ने परिमार्जित व्रजभाषा को अपनी काव्यभाषा का आधार बनाया। सुन्दर एवं उपयुक्त शब्द-चयन के लिये प्रसिद्ध नन्ददास ने अर्थ-संयोजन, भाषा-प्रवाह संगीतमय भाषा, सरस एवं मार्मिक प्रसंगों की उद्‌भावना तथा बिम्ब-विधान में महारथ हासिल कर रखी थी। संवेदना और सम्प्रेषण की एकरूपता भी इनकी विशेषता है। मीरा और रसखान की भाषा काव्यभाषा की क्षमता के उदाहरण हैं। यदि इनकी काव्यभाषा में भावों की उच्छल तरंगे तरंगायित हैं, तो सजीवता और सरसता भी। रसखान की भाषा व्यंग्य की संयोजना के कारण अर्थवत्ता से समृद्ध है। मीरा एवं रसखान ने शब्द चमत्कार से मुक्त रहकर स्वाभाविक, लोक-जीवन की भाषा को आधार बनाया। गंग और रहीम की भाषा यद्यपि काव्यभाषा का आदर्श तो नहीं बन पायी, पर गंग में यदि विद्रोह है– "कबहुँ न भड़ुआ रन चढ़ै, कबहुँ न बाजी बंब" तो रहीम में लोक-जीवन की व्यथा-कथा।

रीतिकाल में भाव की तरह भाषा के भी हाथ-पैर बाँधने का काम किया गया। पर बिहारी, घनानन्द, पद्माकर, आलम, बोधा, ठाकुर, देव, द्विजदेव, भिखारी दास ने काव्यभाषा को शक्ति-समन्वित किया। घनानन्द में तो बिम्ब और लाक्षणिकता दोनों है। स्वच्छन्द धारा का यह कवि आगे चलकर छायावादियों को भाषिक सर्जन के धरातल पर प्रभावित करता है। 'लोग हैं लागि कवित्त बनावत/मोहिं तो मेरे कवित्त बनावत' के द्वारा घनानंद अनुभूति और अभिव्यक्ति की भाषा का भेद मिटा देते हैं। बिहारी में मुक्तक-कला, विशेषकर शब्द की खोज और नए अर्थ से सम्पृक्त करने की क्षमता है। लोक से जुड़कर वह लोकहित के लिये उपयोगी भी है। बिहारी में शब्द और वर्ण के स्वभाव की परख थी। शब्दों को माँजने, चमकाने, मोड़ने और सँवारने की कला में बिहारी सिद्धहस्त थे। उनकी रचना में ब्रजभाषा अपनी प्रौढ़ता और भाव-सबलता में इठलाती हुई चलती है। वह लय और गति, संगीत और नर्तन की विशेषताओं से युक्त है। भाषा प्राँजल, प्रौढ़, मधुर और सरस है। भावों के चित्रांकन में वे श्रेष्ठ हैं।

ठाकुर लोकोक्तियों द्वारा, घनानन्द लक्षणा द्वारा, आलम अलंकारों के प्रयोग से भावाभिव्यक्ति का सम्पादन करते हैं पर बोधा अकृत्रिम भाषा के पक्षधर हैं, वे स्वाभाविक भाषा-प्रयोग से अपना कथ्य सम्प्रेषित करते हैं। घनानन्द और पद्माकर की काव्यभाषा पर सूर और तुलसी का प्रभाव स्पष्ट परिलक्षित होता है। चमत्कार-प्रियता के कारण केशव की भाषा में सहजता का अभाव है तथापि केशव के बाद चिन्तामणि का प्रयास भाषा का नियमानुकूल प्रयोग है। भिखारीदास की भाषा में सरल-सीधे बिम्बों की अनुरंजकता है। इसमें तत्सम एवं तद्भव शब्दावली का प्रयोग विषयानुरूप है। अरबी, फारसी के शब्द-प्रयोग में संकोच नहीं और शब्दों से व्यंग्यात्मकता भी परिलक्षित है। ये इस काल के पहले रचनाकार हैं जिनकी भाषा अथवा बिम्ब और उसकी अभिव्यक्ति में सहज एवं स्वाभाविक सामंजस्य है।

(3)

आधुनिक काल साहित्य की अनेक विधाओं के सूत्रपात का काल है। इस काल में गद्य, पद्य के समानान्तर खड़ा हो गया और काव्यभाषा का विचार केवल कविता तक सीमित न रहकर गद्य तक भी फैल गया। सभी जानते हैं कि भारतेन्दु एवं उनके मण्डल के रचनाकार इस युग के प्रथम रचनाकार हैं जो एक तरफ भारतीय सामाजिक स्थिति के प्रति चिन्ताग्रस्त हैं, तो दूसरी तरफ हिन्दी साहित्य के उन्नयन के प्रति भी । वस्तुतः भारतेन्दु युग प्रयोग का युग है, जहाँ साहित्यिक विधाओं के धरातल पर प्रयोग हो रहा था, वहीं हिन्दी भाषा के स्तर पर भी यह प्रक्रिया

सक्रिय रही। नवजागरण का संदेश यह मण्डल अपनी अस्मिता की भाषा में देना चाहता है। इसीलिये कहीं वह कुछ छोड़ने की और कहीं कुछ जोड़ने की प्रक्रिया अपनाता है। शुक्ल जी भारतेन्दु की भाषा की प्रशंसा करते हुए कहते हैं कि यह पहला रचनाकार है जिसने जनसाधारण की भाषा को अपनाने का प्रयास किया। पर बालकृष्ण भट्ट और प्रतापनारायण मिश्र के प्रयासों को नकारा नहीं जा सकता, इन्होंने हिन्दी भाषा की क्षमता-वृद्धि के लिये अपने तरकश के हर तीर आजमाए। समस्या थी व्रजभाषा से हटकर खड़ी बोली अपनाने की। यह तभी सम्भव था, जब कोई रचनाकार दोनों भाषाओं का समान पंडित हो। भारतेन्दु इसमें समर्थ थे। उन्होंने दोनों भाषाओं को समानान्तर और कभी-कभी एक साथ रखकर इनकी क्षमता का परीक्षण स्वयं भी किया और हमारे लिये भी यह सिद्ध किया कि भारतवासियों के साहित्य, विशेषकर हिन्दी साहित्य की भाषा के रूप में खड़ी बोली का ही भविष्य है। भारतेन्दु के पश्चात् आचार्य महावीप्रसाद द्विवेदी एवं उनके युग के रचनाकारों ने खड़ी बोली के स्वरूप निर्धारण में महत्वपूर्ण भूमिका निभाई । और इसी काल के रचनाकार श्रीधर पाठक तथा मैथिलीशरण गुप्त ने खड़ी बोली की क्षमता को प्रमाणित भी किया। विशेषकर 'भारत-भारती' के माध्यम से गुप्त जी ने खड़ी बोली की शक्ति-सामर्थ्य का डंका निनादित किया। इसी आधार भूमि पर प्रेमचन्द, प्रसाद, निराला, पंत, महादेवी और आचार्य शुक्ल एवं आचार्य हजारीप्रसाद द्विवेदी, अज्ञेय, मुक्तिबोध आदि जैसे रचनाकारों ने हिन्दी काव्यभाषा का भव्य महल निर्मित किया। प्रसाद की कामायनी और उनके नाटक, उपन्यास, कहानियाँ जैसी रचनाएँ अनुभूति के अनुरूप अभिव्यक्ति में समर्थ खड़ी बोली को काव्यभाषा की गरिमा प्रदान करती हैं। यहाँ मिथ भी है, बिम्ब भी है और लय भी, ताल भी, प्रतीक भी है और अलंकार भी, शब्दों की अर्थवत्ता का नया संदर्भ भी है। अन्तर्द्वन्द्व भी, तत्समीकरण की प्रवृत्ति भी है और जनसाधारण की भाषा के रूपायन का सफल प्रयास भी। यह कहना बेमानी है कि प्रसाद की भाषा में पुनरुत्थानवादिता के बीज हैं, युगीन चेतना से अलग हटकर संरचना-समायोजना का प्रयास है। सत्य तो यह है कि खड़ी बोली को काव्यभाषा की शक्ति प्रदान करने में इस रचनाकार का कोई शानी नहीं। प्रेमचन्द भाषा की साफगोई और उसे जनसाधारण के अत्यन्त निकट पहुँचाने में अधिक सफल है, पर शब्दों के भण्डार को समृद्ध करने, उन्हें नए अर्थ या युगीन अर्थ से सम्पृक्त करने में प्रसाद बहुत आगे हैं। निराला ने परम्पराओं को तोड़ा, छन्द के बंध को छिन्न-भिन्न किया, आक्रोश एवं यथार्थ को भाषा का जामा पहनाया। स्पष्टतः भावानुरूप भाषा का, सामाजिक भाषा का, संवेदना की सघन अभिव्यक्ति की भाषा का रूप प्रसाद और निराला में ही मिलता है और फिर कहीं मिलता है तो

आचार्य हजारीप्रसाद द्विवेदी के उपन्यासों में। पंत और महादेवी की काव्यभाषा उन अस्त्रों से सम्पृक्त नहीं जिसकी हमें खोज है। अज्ञेय की काव्य रचनाएँ इस दिशा में अग्रसर हैं, वे भाषिक संरचना को नया रूप देने के लिये उद्यत हैं। वे उन सभी अस्त्र-शस्त्रों का प्रयोग करते हैं जो भाषा की क्षमता के विस्तार के लिये अपरिहार्य हैं। वे इस दिशा में सोचते भी हैं, और उसे क्रियारूप में बदलते भी हैं। इसीलिये अज्ञेय काव्यभाषा का एक मानदण्ड स्थापित कर जाते हैं। इन मानदण्डों को आगे बढ़ाने का काम मुक्तिबोध ही कर पाते हैं। यह अलग बात है कि धर्मवीर भारती, कुँवरनारायण, नरेश मेहता, धूमिल, रामविलास शर्मा, केदारनाथ सिंह, दुष्यन्त कुमार, रघुवीर सहाय, सुमन, केदारनाथ अग्रवाल, नागार्जुन, त्रिलोचन, शमशेर, इस भट्ठी में अपनी-अपनी फूँक से भाषा की आँच को कोई इधर, कोई उधर उड़ा देना चाहता है, उसे नई दिशा पकड़ा देना चाहता है।

जनभाषा का नारा लेकर चलने वाले रचनाकार हिन्दी काव्यभाषा के अनेक अनखुले आयामों को खोलते अवश्य हैं पर समस्या यह भी पैदा होती है कि किसकी भाषा को हिन्दी काव्यभाषा का मानदण्ड माना जाय और यह भी जरूरी नहीं कि आज आप जिस भाषा को काव्यभाषा का मानदण्ड मान लें, वह कल भी चलती ही रहेगी और चलती भी रहे तो वह किस काम की, जब युग-चेतना, हमारी समस्या, हमारा बोध, हमारी मानसिकता हर दूसरे क्षण बदल रही हो? वैसे भाषा का नित बदलता रूप ही तो उसकी जीवन्तता का परिचायक है।

फिलहाल काव्यभाषा की निर्मिति एक साधारण प्रक्रिया नहीं, वह केवल अनुभूति की अभिव्यक्ति भी नहीं, क्योंकि अभिव्यक्ति के समय हमारे सामने पाठकों का समाज रहता है, उस समाज की आवश्यकताएँ, उनकी मान्यताएँ, उनकी चेतना, उनकी सांस्कृतिक परम्परा का एक लम्बा स्वरूप हमारे सामने रहता है। इन्हें हम नकार नहीं सकते। उसे विचारे बिना भाषा को उच्छृंखल बनाने, अश्लील बनाने की प्रवृत्ति रचनाकार को कुछ समय के लिये भले लोकप्रिय बना दे, उसे चर्चा में ला दे, पर क्या उसकी रचना दीर्घजीवी होगी? रचना को नंगा नहीं करना चाहिये, उसे सजा-सँवार कर, गढ़कर समाज को सौंपना चाहिये। समाज को बनाने का दायित्व लेकर रचनाकार चलता है, न कि उसे बिगाड़ने का। मैं मानता हूँ कि कुण्ठा, संत्रास और आक्रोश को नग्न रूप में प्रस्तुत करना रचनाधर्मिता की ईमानदारी है, पर इस नग्नता को अश्लीलता का रूप तो नहीं ही देना साहित्य का अभीष्ट है। इधर "हंस" जैसी पत्रिका भी इसके प्रति बेखबर है, वह और इसके सम्पादक भाषा को कहाँ पहुँचा देना चाहते हैं, इसे वे ही जाने। पर मैं तो यही कहूँगा कि रचनाकार जब चुक जाता है, जब वह भाषा की तमाम शक्तियों का प्रयोग करने में असमर्थ

हो जाता है, तभी वह इस तरह की भाषा का सहारा लेता है।

मैं कहाँ भटक गया? फिलहाल आइए, काव्य और कवियों के बीच। स्वतन्त्र भारत के अधिकांश रचनाकारों ने राजनीति को अपनी रचना की विषयवस्तु बनाया। राजनीतिक घुसपैठ निंद्य नहीं परंतु जब केवल राजनीति ही रह जाती है, तब भाषा का भी राजनीतीकरण हो जाता है। धूमिल तथा उनके समकालीन एवं परवर्ती कवियों ने नारों की काव्यभाषा का सृजन किया। सरल सहज होते हुए भी नारों की प्रासंगिकता काल-विशेष तक ही रहती है और इन कविताओं का हस्र भी यही हुआ। यह सत्य है कि धूमिल की रचनाओं के अन्तः साक्ष्य से इस बात के स्पष्ट प्रमाण मिलते हैं कि काव्यभाषा की निर्मिति के प्रति वे पूरी ईमानदारी से सचेष्ट हैं, वे भाषा के उन सभी असलहों का प्रयोग भी करते हैं, जहाँ उनकी शक्ति का हमें पता भी लगता है, इसीलिये उनकी अपनी काव्य-भाषा—समग्र रूप में अनुकरणीय भी है, पर उनसे प्रभावित रचनाकारों ने तो केवल उनके नारों को ही भाषा का गुण माना। धूमिल की अनुभूति-संश्लिष्टता और संवेदना की सघनता, सम्प्रेषण की धार, आक्रोश इन सबमें नदारत है।

मुक्तिबोध साठोत्तरी काव्य के मसीहा हैं। खासकर अपने दर्शन और भाषा के लिये। परन्तु इनकी काव्यभाषा में भी विशृंखलता नजर आती है। इनकी दृष्टि कव्यभाषा की सभी शक्तियों के संयोजन, उनके परीक्षण और भारतीय अस्मिता को कायम रखने की है। इसीलिये इनकी काव्यभाषा का स्वरूप अनुकरणीय है, पर व्यवस्थित रूप में।

मुक्तिबोध और धूमिल में आक्रोश भाषा का एक प्रधान हथियार है। निराला में भी रहा है। पर केवल आक्रोश ही तो समग्र संवेदना नहीं। इसीलिये इसे स्वीकार करते हुए भी मैं यही कहना चाहूँगा कि सामाजिक यथार्थ की अभिव्यक्ति के लिये न केवल सपाट भाषा की आवश्यकता है और न केवल आक्रोश-भरी भाषा की। आवश्यकता है–शब्दों के माध्यम से ऐसे टटके प्रतीकों, बिम्बों को उभार देने की जो पाठक के मन में एक कलक, एक वेदना उपजाएँ। दूसरे शब्दों में, अपनी वेदना, कलक से पाठक का तादात्म्य कराएँ। धूमिल की रचनाएँ हमारे मानस में आक्रोश के साथ-साथ वेदना की सृष्टि भी करती हैं। यह अलग बात है कि धूमिल कविता की उपयोगिता पर ही प्रश्न-चिह्न लगा बैठते हैं—

मैं आपसे ही पूछता हूँ
जब इससे न चोली बन सकती है
न चोंगा
तब आपै कहो

इस ससुरी कविता को
जंगल से जनता तक ढोने से क्या होगा।[5]

कविता की उपयोगिता की यह नई सोच है, भारतीय समीक्षा के मानदण्डों के विपरीत, भारतीय कवियों की उद्घोषणाओं के विपरीत यह ऐसी सोच है, जिसमें आधुनिक भौतिकतावादी रवैये की गंध आती है। और रचना-प्रक्रिया की कठिनाइयाँ अलग हैं। यहाँ केवल हृदय के भीतर से उपजी कविता की बात नहीं उस कविता की बात है जिसे रचनाकार बीहड़ों, कंटकाकीर्ण घने जंगलों से जनता तक ढोता है। निश्चय ही यह जंगल और कुछ नहीं अपितु भावों की सघनता का जंगल है। आधुनिक मानवीय पीड़ा के विभिन्न भावों का जंगल है, जिससे आज की मानवता को अपनी मनुष्यता खो देने के खतरे हैं, उसमें से उसे कुछ इने-गिने भावों को लेकर जनता तक आना है। जनता के बिना कविता, कविता नहीं। फलस्वरूप कवि का आक्रोश और खीझ से भर उठना स्वाभाविक हैं। और, यहीं धूमिल कविता को एक दूसरा रूपक बना बैठते हैं—भाषा में भदेस—

हाँ हाँ मैं कवि हूँ
कवि याने भाषा में
भदेस हूँ[6]

इन सबके बावजूद वह कविता की सार्वजनीन और सार्वकालिक अर्थवत्ता के भी पक्षधर हैं, पर आज की कविता—

हर तीसरे पाठ के बाद
नहीं–अब वहाँ कोई अर्थ खोजना व्यर्थ है[7]

यह सत्य है कि अर्थ की यह असमर्थता धूमिल की ही नहीं अपितु सभी साठोत्तरी कवियों की है। इसका कारण युगीन चेतना में क्षण-क्षण होती परिवर्तनशीलता है और—

उसे मालूम है कि कविता
घेराव में
किसी बौखलाए हुए आदमी का
संक्षिप्त एकालाप है[8]

अपने कर्म के प्रति रचनाकार की यह यथार्थ स्वीकृति उसकी रचनाधर्मिता का एक गुण है। फलस्वरूप धूमिल की कविता में काव्यभाषा के हर तेवर दिखाई देते हैं। कहीं नए-नए उपमान हैं,कहीं खरे प्रतीक और कहीं चोखे बिम्ब। भाषा की सहजता, शब्दों के प्रासंगिक, पर नूतन चयन, वाक्यों की काट-छाँट और लयात्मकता का आरोप, इनकी वह विशेषता है,जिसके कारण नारों से युक्त होते हुए भी उनकी काव्यभाषा एक लम्बा जीवन पाती है। यद्यपि उनके बिम्ब एवं उपमान नए हैं पर

साठोत्तरी कवियों की अश्लीलता की ओर उन्मुखता भी उनमें झलक जाती है—

तीसरे गर्भपात के बाद
धर्मशाला हो जाती है...
तुम चुप रहोगे और लज्जा को
उस निरर्थ गूँगेपन से सहोगे
यह जानकर कि तुम्हारी मातृभाषा
उस महरी की तरह है जो
महाजन के साथ रात भर
सोने के लिये
एक साड़ी पर राजी है।[9]

और **मुक्तिबोध** मिथ, प्रतीक, बिम्ब, लय, छन्द आदि सभी को नए-नए परिधान से विभूषित करते नजर आते हैं—

जमाने ने नगर से कहा—
वह गलत है वह भ्रम है
हमारा अधिकार सम्मिलित श्रम
और छीनने का दम है।

श्रम की यह महत्ता निश्चय ही मार्क्सवादी भावना के प्रति गहन अभिरुचि की देन है। और वे कविता को पोस्टर बना देते है—

मानो या मत मानो
इस नाजुक घड़ी में
चन्द्र है, सविता है
पोस्टर ही कविता है।

यह पोस्टर, केवल पोस्टर नहीं, इसमे जीवन्तता है, चेतनता है। जिन्दगी, उस जिन्दगी की जो कविता का आधार है, उसकी पहचान का एक बिम्ब देखिए—

तस्वीरें बनाने की
इच्छा अभी बाकी है
जिन्दगी भूरी नहीं, वह खाकी है।

'खाकी' शब्द प्रतीकात्मक तो है ही जिन्दगी की सोच का एक नया बिम्ब भी सृजित कर जाता है।

मिथ के प्रयोग द्वारा आधुनिक जीवन की यथार्थता की एक पहचान दर्शनीय है—

बुद्ध के स्तूप में
मानव के सपने

गड़ गए गाड़े गए।
ईसा के पंख सब
झड़ गए झाड़े गए।

इस तरह का एक और चित्र दर्शनीय है—

धुएँ से कजलाए कोठे की भीत पर
बाँस की तीली की लेखनी से लिखी थी
राम कथा व्यथा की
कि आज भी जो सत्य है।[10]

निश्चय ही मुक्तिबोध में सामाजिक संवेदना की सघनता, जीवन के विविध परिवेश और आधुनिक मानव की वेदना के हर पक्ष रूपायित हैं, पर इनके रूपायन के लिये उन्होंने भारतीय संस्कृति और परम्परा के संश्लेष को स्वीकार करते हुए भी काव्यभाषा को नयी शक्ति और सामर्थ्य से संपृक्त किया। यह आरोप कि उनकी भाषा में बिखराव है, उच्छृंखलता है, निरर्थक है, क्योंकि समीक्षक का दायित्व यह है कि वह रचनाकार की ईमानदारी को पहचाने। और ईमानदारी को राष्ट्रीय चेतना के अनुरूप वाणी देने के प्रयास में रचनाकार को बहुत भटकना होता है। वह कहाँ-कहाँ से युगीन सन्दर्भ के अनुरूप नये अर्थ से सम्पृक्त शब्दों की खोज करता है, किस छोर से उपमान लाता है और कहाँ से वह अपने चित्रों को सजाता-सँवारता है, इसी की पहचान कवि की पहचान है। मुक्तिबोध का कैनवास धूमिल की अपेक्षा अधिक विस्तृत है, चाहे वह अनुभव का क्षेत्र हो या अध्ययन का और कैनवास का यही विस्तार दोनों की कविता की अलग पहचान बना देता है। कैनवास की यही समृद्धि उन्हें साठोत्तरी कवियों का मसीहा बना देती है।

नरेश मेहता 'मन्त्र-गन्ध और भाषा' नामक कविता में काव्य भाषा के स्वरूप के जिस सूत्र का संकेत करते हैं, वही मुक्तिबोध पर लागू होता है—

इसीलिये मैं एक भाषा का अनुभव करता हूँ
जो ग्रन्थों में नहीं होती
पर प्रायः जिसे मैंने
एकांत और कोलाहलों में सुना है।

मुक्तिबोध के शब्द, उनकी भाषा भी ग्रन्थों से परे एकान्त और कोलाहलों से उपजी है और केदारनाथ सिंह इस भाषा को अपने से संपृक्त मानते हैं—

और भाषा जो मैं बोलना चाहता हूँ
बल्कि दाँतों के बीच की जगहों में सटी हुई है।

अर्थात् अनुभूति के गहन क्षणों में इस भाषा के अतिरिक्त किसी अन्य भाषा

का प्रयोग किया ही नहीं जा सकता और **रघुवीर सहाय** उन शब्दों के विरोधी हैं जो सौ साल पहले के अर्थों से संपृक्त हों—

कहीं उनमें अर्थ न हो जो किसी ने सौ साल
पहले दिए हों।

सर्वेश्वर अर्थ माँगते नहीं अपने लिये रचते हैं और रचना को वे जिन्दगी की खोज के रूपक से रूपायित करते हैं। जिनमें सार्थकता हो, महत्वाकांक्षा नहीं—

जिन्दगी की खोज, जो रचना है
रचना—जो सार्थक करती है,
महत्वाकांक्षा नहीं।

शब्दों की खोज का यह सिलसिला **गिरिजाकुमार माथुर** में भी कुछ परिवर्तित आयामों के साथ दिखाई देता है—

जहाँ से यह नैन सुख आसमान नीला है
जहाँ से फिरकनी हवाएँ बेफ्रिक चलती हैं
...जहाँ से यह चुपचाप चन्द्रमा निकलता है
...मिट्टी जहाँ से तमाम खिड़कियाँ खोलकर
बाहर झाँकती हैं...
मेरे शब्द वहीं से आते हैं...
वहीं,
उन अनहोनी जगहों से ...
जहाँ से आँखों का जादू
चेहरों को रूप का खिंचाव
वक्ष को भराव
आदमी को पौरुष की जुझारू आस्था
औरत की बाँहों को नरम उष्मा
कोख को भिगोता
ममता का द्राक्षा
मेरे शब्द वहीं से
तैरते आते हैं।[11]

नागार्जुन की काव्यभाषा गाँवों, खलिहानों, घर के परिवेश आदि के यथार्थ अंकन से अभिषिक्त है। उनके बिम्ब, उनके उपमान एक नयी सोच को जन्म देते हैं—

कई दिनों तक चूल्हा रोया, चक्की रही उदास
कई दिनों तक कानी कुतिया, सोई उनके पास

कई दिनों तक लगी भीत पर छिपकलियों की गश्त
कई दिनो तक चूहों की भी हालत रही पश्त।[12]

और **केदारनाथ अग्रवाल** चने, सरसों के चित्रों के माध्यम से प्रकृति के नए-नए उपमान प्रस्तुत करते नजर आते हैं। इनमें उल्लास भी है और लोक-चित्त की अनूठी छवि भी—

एक बीते के बराबर
यह हरा ठिंगना चना,
बाँधे मुरैठा शीश पर
छोटे गुलाबी फूल का
सज कर खड़ा है...

और सरसों की न पूछो—

हो गयी सबसे सयानी
हाथ पीले कर लिये हैं
व्याह मंडप में पधारी
फाग गाता मास फागुन
आ गया आज जैसे [13]

केदारनाथ अग्रवाल का इस कवि-रूप के अतिरिक्त एक दूसरा भी कवि-रूप सामने आता है। सौंदर्य-बोध की यह यथार्थ अनुभूति ऊपर से देखने में अश्लील भी नजर आती है, परन्तु उनकी यह उपमा एकदम नयी, तरोताजा, युगीन चेतना की प्रतिकृति तो है ही, पर जीवंत बिम्ब भी इसमें उपस्थित हैं और अर्थ की गहन छवि भी । नदी को नौजवान लड़की के रूप में देखने की कोशिश निश्चय ही काव्यभाषा की सशक्त क्षमता की परिचायक है—

नदी एक नौजवान ढ़ीठ लड़की है
जो पहाड़ से मैदान में आई है
जिसकी जाँघ खुली
और हँसी से भरी है
जिसने बला की सुन्दरता पायी।[14]

दुष्यंत कुमार जर्जर रूढ़ियों और परमपरा के त्याग का आह्वान कर युद्ध की विभीषिका को रूपायित करते नजर आते हैं और इनकी रचनाधर्मिता में मानव-मन की कसक का अनूठा रूपांकन नजर आता है। वे भूमिका में स्पष्ट घोषित करते हैं—

जिस भाषा में
मिला मुझे यह प्रश्न भयंकर

मुझे उसी भाषा में
देना होगा उत्तर।[15]

निश्चय ही यह केवल शंकर की सोच नहीं, यह सोच स्वयं दुष्यंत की भी है, और यह बोध भी दुष्यंत का है। तभी तो उन आदर्शों से लड़ने का उद्घोष है, जो निरंतर छलते रहे हैं। उन आदर्शों से दुष्यंत का संघर्ष-कथ्य और शिल्प के धरातल पर– निरंतर जारी है। "जर्जर रूढ़ियों और परम्परा के शव से चिपटे हुए लोगों के संदर्भ में प्रतीकात्मक रूप से आधुनिक पृष्ठभूमि और नए मूल्यों को संकेतित करने के लिये इस कथा में पर्याप्त सामर्थ्य है।" ..."उसमें राज्य-लिप्सा तथा युद्ध-मनोवृत्ति का मारा हुआ, सर्वहत नाम का, एक नया पात्र समाविष्ट हुआ जो अनायास उभर कर आधुनिक प्रजा का प्रतीक बन गया।" रूढ़ियों, परम्पराओं के विद्रोह के बिगुल के लिये नए शब्द, नयी भाषा और नयी अर्थ-भंगिमा की आवश्यकता होती है—

जिन आदर्शों ने
मुझे छला है कई बार
मेरा सुख लूटा है
अब उनसे लड़ना है।[16]

और परम्परा के टूटने की परिणति, तोड़ने वाले के डर या आक्रोश के रूप में सामने आती है। यह आक्रोश, यह दुविधा, यह भय ही दुष्यन्त की रचना-प्रक्रिया में उजागर है। पर अन्ततः वे भय और दुविधा पर विजय पाते हैं और काव्यभाषा को एक अनूठा आदर्श दे जाते हैं। और, इस अनूठी निर्मिति के पूर्व शंकर की आत्मपीड़ा कवि की भी आत्मपीड़ा है—

धिक् मेरा देवत्व
कि जिसकी कायर गाथा
धिक् मेरी सामर्थ्य।
कि जिसने टेका माथा,
धिक् मेरा पुंसत्व ।
कि जिसका बोध अधूरा है।[17]

समकालीन कवियों में सामजिक यथार्थ उनका अपना यथार्थ बनकर आया है। हर कविता शिल्प और भाषा के नए आयाम खोलती नजर आती है। "चीते को जुकाम होने से" भी सामाजिक यथार्थ का अति जीवन्त रूप में चित्रण **चन्द्रकान्त देवताले** की भाषा के बदलाव के पक्ष को स्पष्ट कर जाती है। चीता और मेमने में आज के मनुष्य को, सत्ताधारी को देखना उसकी सही अस्मिता की पहचान है—

कि गद्दी नशीन होते ही भयावह ढंग से
हिंसक हो जाते हैं जब गिड़गिड़ाते हुए मेमने
तो यह तो चीता है
कितना भूखा हो जाएगा
जुकाम ठीक हो जाने के बाद।

बिजेन्द्र 'चैत की लाल टहनी'' में प्रकृति में नए-नए रंग भरते हैं और जीवन की एक नयी तस्वीर, अजेय तस्वीर पेश करते हैं। यह हर संघर्ष के बाद, हर टूटन के बाद भी अजेय है, पर उसमें चीख भी है, बेसहारे पक्षी की चीख है। पैनी चीख से संपृक्त जीवन की अजेयता की, जो कंटकाकीर्ण संघर्ष-पथ को चीर रही है, असाधारण परिकल्पना है—

उस काली चिड़ियाँ की पैनी चीख
पूरे जंगल को काटती एक लकीर की तरह
जीवन है
अजेय है

और **लीलाधर जगूड़ी** "एक दिन की जिन्दगी" में शब्दों को नए-नए रंगों में भरकर एक नयी भाषा का परिचय देते हैं—

उसके बाद एक-एक पगहा आगे का दिन
तब एक झन्नायी हुई दोपहरी बीतती है

दिन के बढ़ने को 'एक-एक पगहा' बढ़ने की परिकल्पना कवि के अनुसार जीवन के धीमे विकास का परिचायक है। इसी कविता में एक और सार्थक चित्र देखें—

सारे दिन हजार तरह से उगता है एक ही दिन
एक ही दिन कभी एक क्षण में डूब जाता है
और वह क्षण हजारों साल नहीं डूब पाता
एक ही दिन सौ तरह का होता है
और कोई बिरला भी उसे मुकम्मिल नहीं जी पाता।

अधिकांश समकालीन कवियों ने यह तो स्वीकार किया है कि उनकी कविता में विचार की प्रधानता है, पर वे इस विचार को भाव-प्रेरित विचार घोषित करते हैं। और यह विचार कल्पना से पोषित भी है। **बलदेव बंशी** अपनी रचना-प्रक्रिया उजागर करते हुए कहते हैं—"ज्यों-ज्यों कवि मन भीगता गया, दृष्टि व्यापक होती गयी है, संवदेना-तन्त्र अधिक संवेदनशील और मेरे रचनाकार के मन का घाव (जिसे मैंने कभी भरने नहीं दिया—यह कहना अधिक ठीक होगा कि अभी भर नहीं सकता) अधिक गहरा, सोच, स्मृतियों, श्रुतियों तक पहुँचाता है—मेरे लिये

रचना उतनी ही सरल होती गयी।''... ''अधिकांशतः एक कौंध की तरह रचनाएँ मूर्त हुई हैं।''[18] मैंने स्वयं को शंकर के विविध रूपों-आयामों में देखा और रचा है। हाँ रचने का यह बिन्दु पहले से कहीं अधिक निःसंग, ऊँचा (व्यापक दृश्य को देख पाने वाला), सबके लिये सहज सम्प्रेषण युक्त रहा है और है। यहीं दूसरों से गहरे में जोड़ने वाला, दूसरों तक सहज सम्प्रेषित करने वाला भी बन पाया है।''[19] वे नियति को भी अपनी रचना- प्रक्रिया का भागीदार मानते हैं। वह नियति जो रचनाकार का वरण करती है, उसे तोड़ती, गढ़ती चलती है।

बलदेव वंशी अपनी और दूसरों की कविता के अन्तर को स्पष्ट करते हुए समकालीन कविता की एक नयी पहचान बता जाते हैं। उनके अनुसार ''समकालीन कविता, (जिसका वे प्रतिनिधित्व कर रहे हैं) वह कविता है जिसमें दूसरों से सहानुभूति और वेदना प्रकट करने के स्थान पर उस वेदना की निजी प्रथम अनुभव की अनुभूति हो जिसमें भाव-विचार-कल्पना में विचार को वरीयता देना नहीं, क्योंकि यही लोकमानस की संवेदित तरलता नहीं होती है, अपितु लोकमानस के अनुभवों पर उपजे विचारों की स्थिति-प्रकृति आवश्यक है। प्रकृति के आयामों/तत्वों का वर्तमान की स्थितियों को कहने में भरपूर उपयोग अपेक्षित होता है और अन्त में जरूरी होता है हर कविता का संरचनात्मक अलगाव, प्रकृतिगत भिन्नता।''[20] और **मनोज सोनकर** कविता के केन्द्र में व्यक्ति को नहीं समूह को मानते हैं और ऐसी कविता आम आदमी की भाषा में आम आदमी की बात करती है। समकालीन कविता की सादगी को शिल्पहीनता मानना गलती है। चूँकि आज का कवि जनवादी कविता को जनसाधारण तक पहुँचाना चाहता है, इसलिये मुक्तिबोध के कथ्य को तो वह स्वीकार करता है लेकिन शिल्प दुत्कार देता है।[21] किन्तु आज की कविता में वैयक्तिकता और सामूहिकता, दोनों की गतिशीलता आवश्यक है; और आवश्यक है धारदार व्यंग्य, राजनीतिक विकृतियों को उजागर करना, व्यवस्था का विरोध करना––

आजादी/एक तालाब है/जिसमें/मैं/ जब चाहूँ नहा सकता हूँ
सिर्फ/नहाने के पहले/गले में पत्थर बाँधना होगा।

डॉ0 विश्वनाथ प्रसाद तिवारी के अनुसार भी–''बिना किसी गहरे अभाव के रचनाकार हो सकना सम्भव नहीं है।'' केवल रोटी, कपड़ा, मकान और कुर्सी का अभाव नहीं और गहरा और गहरा, जो कोशिशों से भी भर सकने लायक न हो।

रचना सिर्फ वही है जो मेरी वेदना से पैदा होती है। ...दूसरों की वेदना जब अपनी वेदना होकर लौटती है, ''रचना'' वह तभी है क्योंकि तभी वह रचनाकार को उसकी पीड़ा-मिश्रित विवशता से मुक्त करती है।[22] महत्वाकांक्षा, सेक्स, मानवीय स्वतन्त्रता, उत्पीड़न का विरोध भी कविताओं में अपेक्षित है।

गोविन्द माथुर कविता को एक अनुभव मानते हैं। यह भोगा हुआ भी हो सकता है,ग्रहण किया हुआ भी। "सामाजिक एवं राजनैतिक विसंगतियों की कचोट ही कविता की जन्मदात्री है। रचना जीवन से जुड़ी है, अलग नहीं।"[23] कविता को वे अन्तश्चेतना मानते हैं, जो झरने की तरह फूट पड़ती है—

झरने सहस्रधार
स्वच्छ धवल दुग्ध धार
बह चली है पहाड़ से लगातार।[24]

समकालीन कविता में यथार्थ का बृहत्तम सन्दर्भ है और यह यथार्थ-घटनाओं में विस्तार पाता है। घटनामूलक कविता जीवन के यथार्थ को उसके व्यापकतम परिप्रेक्ष्यों में समाहित किये चलती है, और यह समायोजन प्रतीकवत होता है। घटना की प्रधानता के कारण समकालीन कविताओं में क्रियाओं की बहुलता है। धूमिल, जगदीश चतुर्वेदी, ओमप्रकाश निर्मल की कविताओं में क्रिया का ताण्डव है। क्रिया-केन्द्रित कविताओं में एक दौड़-धूप है, एक उठापटक है, विद्रोह और हंगामा है। चरित्र की पहचान और घटना के विकास की जानकारी क्रिया के माध्यम से ही होती है। क्रिया को पहले लाकर रखकर और घेराव द्वारा कटघरे में खड़ा करना ही क्रियाओं की 'फोर ग्राउडिंग' है। **नीलाभ** की कविता "जंगल खामोश है" का उदाहरण द्रष्टव्य है—

कहाँ से लाऊँ में वह रुपहली उजास
जो भर दे यह अंधेरा आकाश
कहाँ से लाऊँ मैं रोशनी की
वह पवित्र निष्कलंक फुहार...
मत याद करो–पुराने पाप
परिचित शरीर, बीते अभिशाप
मत याद करो—पुराने नाम
दिमाग को डसते हुए अपमान

संज्ञाओं और संज्ञाओं, संज्ञाओं और विशेषणों तथा संज्ञाओं और क्रियाओं के नये रिश्ते का जन्म भी समकालीन कविता की एक संरचनात्मक विशेषता है। इनमें कहीं संज्ञा के संज्ञात्व पर चोट है—देश, लोकतंत्र, संसद, चुनाव, नेता, राजनीति, नैतिकता–और (धूमिल) कहीं नए अर्थ देने का प्रयास । किन्तु भोथरी संज्ञाओं से काम चलाने की प्रवृत्ति ने समाकालीन कविता के संवेदना-वृत्त को छोटा किया है। फलस्वरूप—जीवंतता हमारे लिये जड़ता बन गयी है। समकालीन कविता में बगावत भाषा के स्तर पर भी देखी जा सकती है जिसे हम विचलन का ताण्डव कह

सकते हैं। वेणु गोपाल की "ब्लैक मेलर", सौमित्र मोहन की "लुकमान अली" ऐसी ही कविताएँ हैं।

1975 के बाद की कविता को विक्षुब्ध कविता की संज्ञा से विभूषित किया गया है। निश्चय ही यह विक्षुब्धता कथ्य के प्रति ही नहीं, अपितु भाषा के प्रति भी एक बदला दृष्टिकोण सामने लाता है, जिसमें पारम्परिक शब्दावली के स्थान पर जन-जीवन की मिली-जुली बोली का अभिनव प्रयोग है। यह बिम्बों/अप्रस्तुतों और मूर्तियों को नया विन्यास देती है। मिथकीय मानसिकता को मरोड़कर विक्षुब्ध कवि पौराणिकता का प्रगतिशील प्रयोग करता है और मिथकों से समकालीन संघर्षशील अर्थ झरने लगते हैं। विज्ञान और तकनीकी के बढ़ते प्रभाव का जोर समकालीन कविता में भी देखा जा सकता है। इसका शुरुआती दौर प्रसाद की कविताओं में भी है। विज्ञान और तकनीक मानवता के विकास के साधन हैं, ह्रास के नहीं, किन्तु आज उनका उपयोग मनुष्यता को मिटा देने के लिये हो रहा है। इस स्थिति को समकालीन रचनाकार अनदेखा नहीं कर सकता। विज्ञान और तकनीक के प्रवेश ने सोच को तो बदला ही काव्य संरचना की प्रक्रिया को भी तोड़ा, जिसमें भाषा भी शामिल है। बलदेव वंशी, सतीश वर्मा,विनय, धूमिल, चन्द्रकान्त देवताले, विश्वम्भरनाथ उपाध्याय, कैलाश बाजपेयी, भवानीप्रसाद मिश्र ऐसे ही रचनाकार हैं। संकेत से बढ़कर प्रतीक बने सुरुचिवान, प्राणवान शब्दों को जो सीधे समर्पण के लिये प्रस्तुत हैं, की बानगी द्रष्टव्य है—

> बशर्ते कि बेल्डिंग मशीन की तरह तुम
> मुझे तुरन्त पिघला दो
> और बिना घबराये इस तरह जोड़ दो
> कि संधि का कहीं पता न चले ।[25]

समकालीन कविता में भाषा अधिक सहज हुई। यह सहजता रचना-प्रक्रिया के स्तर पर भी दिखाई देती है। लोक के पास या आम आदमी के पास कविता को ले जाने के अन्य उपायों के अतिरिक्त उसने ग्रामीण बोलियों आदि के प्रयोग को तरजीह दी है किन्तु स्थानीय स्पर्श के नाम पर कहीं-कहीं कविता कठिन होती जा रही है। बोली के शब्दों का प्रयोग आपद् धर्म के रूप में तो क्षम्य है पर शैली और प्रकृति के रूप में सरलीकृत करना अभिव्यक्ति और सम्प्रेषण के बीच अकारण दरार डालना होगा, क्योंकि विविध ग्राम्य-भाषाओं और बोलियों के अर्थ जानने का कोई उपाय भी नहीं। असल में व्यवहृत भाषा के सारे विकल्प समाप्त होने पर ही देशज और विदेशी भाषा के शब्दों का प्रयोग उचित कहा जा सकता है और वह भी किन्हीं खास शर्तों पर। क्योंकि कवि का उत्तरदायित्व केवल वर्ण्य-विषय के

प्रति ही नहीं अपनी भाषा और भाषा-समाज के प्रति भी होता है। दूसरी बात यह है कि किसी भी स्थानीय भाषा या बोली के शब्द कवि से उस जीवन में गहरी सम्पृक्ति की माँग करते हैं। शब्द को उसके पूरे संसार की गहरी समझ के बगैर उठाने और पत्थर उठाकर कविता पर दे मारने में कोई फर्क नहीं।[26] इधर करुणा की आर्द्रता, संघर्ष-दीप्ति में भी बदलती है। कविता में अपेक्षाकृत बहिर्मुखता की जगह काव्योचित स्पष्टता भी आई है, बिना लफ्फाजी के यह मुखरता प्रीतिकर लगती है। "मैं यह महसूस करता हूँ कि 1980 के बाद प्रकाशित काव्य-संग्रहों में जीवन के बहुर्मुखी अनुभव खण्डों को सृजनात्मक स्तर पर उतारने की कोशिश बढ़ी है और लोक-सापेक्षता और वामदृष्टि के बावजूद कविता के सोच के आयाम में उदारता और विविधता बढ़ी है।"[27]

समकालीन कवियों ने यथार्थ के सहारे अपनी रचना-प्रक्रिया अन्तर्वस्तु के स्तर पर तो बदली ही, साथ ही वैचारिक तीक्ष्णता को बनाए रखने के लिये बदले हुए मुहावरे को भी अपनाया है—

कई कोठियाँ थी कतार में
उनमें किसी में एक औरत ले जाई गई
थोड़ी देर बाद उसका रोना सुनाई दिया
उसी रोने से हमें जाननी थी एक पूरी कथा—
उसके बचपन से जवानी तक की कथा।[28]

मानवीय शोषण, अत्याचार और नारी वर्ग पर आरोपित हिंसा समकालीन कविता की सामाजिक और राजनीतिक जागरूकता का परिचायक है। **प्रयाग शुक्ल** ने सर्वथा घरेलू प्रसंगों का उपयोग करके गम्भीर अर्थ और व्यंजनाओं को वाणी दी।

समकालीन कविता की स्पष्ट पहचान एक ओर कथ्य के धरातल पर अपनी पूर्ववर्ती काव्यधारा से पृथक उभरी है तो दूसरी ओर उसमें भाषा-प्रयोग, प्रश्नाकुलता, सादगी और निजी मुहावरों का भी विकास हुआ है। इन कवियों ने प्रचलित शब्दावली और वाक्यांशों से बचते हुए बड़ी साफगोई के साथ अपनी रचनाशीलता का परिचय दिया है। अमूर्त्त और धुँधले बिम्बों, मनोवैज्ञानिक अर्थ उभारने वाले प्रतीकों तथा भाव-द्रवित शब्दावली के बजाय यहाँ साफ-साफ सवालों की नोक पर सच्चाई को उभारने की कोशिश है। डॉ0 विनय प्रेम को, उस प्रेम को कविता का आधार मानते हैं जो उन्हें दृश्य के प्रति करुणामूलक बनाता है। और विरोध करने का साहस देता है। **श्री अनन्त कुमार पाषाण** परम्परा ग्रहण के पक्षपाती हैं–"मैं अपने पुरखों को नहीं छोड़ सकता हूँ। अगर हमारी कोई शख्सियत है तो वह मीरा और सूर में जितनी है, उतनी ही नन्ददास जैसे कवियों में। यही परम्परा खड़ी बोली का

आरम्भिक रूप बनकर खुसरो, रहीम, कबीर आदि से होती हुई मैथिलीशरण गुप्त तक आयी।'' पश्चात्य प्रभाव को वे कविता की आत्महत्या का कारण मानते हैं जिसमें भाषा-सौष्ठव और सौन्दर्य-बोध फालतू की वस्तुएँ हो गयी । "हम नानी जबान न बोलकर विलायती गवर्नेस के लहजे में बात करने लगे।'' और अपनी कविताओं की विशेषता बताते हुए वे समकालीन काव्य की विशेषता भी रेखांकित कर देते हैं—सब साहित्य मानव-मन के सौन्दर्य स्वप्न को साकार करने के संघर्ष उसकी सफलता विफलता की वेदना में होने वाले स्वार्थ के परिष्कार को प्रस्तुत करता है—

अब जो कुछ सुनता हूँ
उसमें यह पाता हूँ
स्वप्न में परिवर्तन करना
जो जीवन का क्रूर यथार्थ है
यह हमारा स्वार्थ है।

समकालीन कविताओं में वैचारिक बिम्ब खूब मिलते हैं। शोषितनामा (मनोज सोनकर) इसीलिये प्रसिद्ध है। काव्यभाषा को वे अलग चीज मानते हैं। सपाट बयानी को वे कलात्मक आग्रहों का व्यंग्य मानते हैं।

"शोषितनामा'' पहली कृति है जो धार्मिक, सामाजिक, आर्थिक शोषण को गहराई से उधेड़ती है। मानसिक शोषण की भयावहता इसमें रूपायित है। शब्दों को सही अर्थ में देना चाहिये, अन्यथा छोड़ देना चाहिये। इसमें छः पीढ़ियों की कथा के माध्यम से पूरी भारतीय सभ्यता का इतिहास तो है ही आम आदमी की दबी-कुचली जिन्दगी के लिये तथ्यों का एक भरा पूरा संसार है, और उनका काव्य सही मायनों में आम आदमी की गली से गुजरने का अहसास कराता है। मनुष्य, भूख, धर्म, पाखंड, मक्कारी, दंगा-फसाद, भ्रष्टाचार, स्त्री-पुरुष-सम्बन्ध आदि सब यहाँ उपस्थित हैं।

जय सिंह नीरद कविता के लिये टटकी ताजा शब्दावली उपयुक्त मानते हैं। टटकी शब्दावली से भाव को सजीव तथा कर्णगोचर बनाना आवश्यक होता है—

इतने में सहसा
पथरीली झरने के पहाड़ी उतार पर
साँय-साँय हाथ के सीने में धड़ाके
फूट पड़ी नारंगी कत्थई गेरुआ ज्वाला
लाल-लाल चादरें सिंदूरी झंडियाँ
फरफराती सुनहरी पताकाएँ।

'साधारण जनता ही भाषा का सृजन करती है। कवि आम आदमी की भाषा

से शब्द को उठाकर अपनी कविता में नगीने की तरह फिट करता है।" ..."यह अनुगूँज कवि प्रतीक, बिम्ब, और शब्द को थ्री-डाई मेन्सनल रूप देकर उभारता है। ठेठ सच्चाई से कही गई बात भी कभी-कभी इतना प्रभाव छोड़ती है कि कविता का कथ्य सहज और सरल/अत्यधिक प्रभावी बन जाता है। कविता में सहज भाषा एवं सम्प्रेषणीयता का पक्षधर हूँ। ...कविता, कविता एक सामाजिक कर्म है।"[29]
हितेश व्यास कविता में आरोपित आधुनिकता के पक्षपाती नहीं। वे सम्प्रेषण को सर्वाधिक महत्व देते हैं। नागार्जुन, भवानीप्रसाद मिश्र और धूमिल उनके चहेते हैं। वे कविता में सार्वभौमीकरण के पक्षपाती हैं। वे शब्द के माध्यम से शब्द के आगे जाने की बात करते हैं—

तुम शब्द पर विचार करो
मुझे उससे आगे की यात्राएँ तय करनी है
तुम शब्द पर ठहरो
ठहरने का समय मेरे पास नहीं है।

प्रतीक जन-जीवन से सम्बद्ध होने चाहिये। खिड़की मनुष्य की निर्माण प्रवृत्ति का प्रतीक है—

लेकिन/सबसे बड़ा सच यह है कि
लोग/खिड़कियाँ बनाते थे/बनाते हैं/
और बनाते रहेंगे (नौवे दशक की काव्यधारा)

और एक अप्रस्तुत योजना देखिए—

उसकी आँखे
अरगनी थी/ लोग लटक जाते थे।[30]

समकालीन कविता में स्थितियों, तथ्यों, दृश्यों और घटनाओं के आगे भी, पीछे भी विचार प्रधान है। यह विचार सतह पर आकर डुबकी लगा जाता है, और यहीं वह बिम्बों को छोड़ जाता है, फलस्वरूप कविता की संरचना बिम्बात्मक हो जाती है। देशभक्ति को कंधे के सिर टिकाकर सोने के बिम्ब से तथा विनम्रता को किसी के भी बर्तन में दाल गलाने में व्यक्त किया गया है—

पता नहीं मुझसे/क्या गलती हो गयी है
आजादी के बाद/देश भक्ति
मेरे कंधे के सिर टिकाकर सो गई है।...
अगर विनम्रता को चाल बना सकते हो
तो तुम अपनी दाल/किसी के बर्तन में गला सकते हो।

आज का कवि मिथकों को एक माध्यम के बतौर इसलिये चुनता है ताकि वह

उसके पीछे छिपे मानवीय सत्य की खोज कर सके और सम्प्रेषण का एक व्यापक आधार पा सके। इसके अतिरिक्त अतीत का पुनर्मूल्यांकन करना, युग-दृष्टियों का भेद समझना और अपने से चिपकी हुई अतीत की रूढ़िवादी स्मृतियों का संहार करना भी आज के मिथकधर्मी रचनाशील मन का प्रमुख उद्देश्य है। यहाँ यह तथ्य विशेष रूप से ध्यातव्य है कि मिथक की अर्थवत्ता बहुस्तरीय होने के साथ-साथ असीम भी होती है। इसलिये वह हमेशा रचनाकारों के लिये आकर्षण का विषय बनता रहता है। अपनी समझ में दूरगामी और ऐतिहासिक बनाने के लिये समकालीन कवियों ने मिथकों में आधुनिक मूल्यों का आरोपण करके उन्हें समकालीन जीवन-धारा के नए स्तर पर जोड़ने का प्रयास किया है तथा अपने सार्थक अतीत के साथ एक मुक्त सरोकार बनाया है। डॉ० कृष्णदत्त पालीवाल के अनुसार भी "कविता की वैचारिक प्रखरता के साथ उपजा हुआ समस्त जीवनबोध अनभिव्यक्त रह जाने की स्थिति में पहुँच गया होता, यदि इधर के कवियों ने अतीत के मूल्यवान मिथकों को चुनकर ग्रहण न किया होता।"[31]

समकालीन कवि का मुख्य प्रतिपाद्य वर्तमान यथार्थ के समानांतर मिथकीय परिवेश उपस्थित करना तथा ऐतिहासिक और मिथकीय सन्दर्भों को नए सिरे से पुनर्गठित करना है। जनजीवन के समकालीन प्रश्नों से जूझने, हमारी जातीय तथा वर्गीय चेतना को अग्रसर करने तथा उन्हें ऐतिहासिक परिप्रेक्ष्य में समझाने के लिये समकालीन कवि बौद्धिक कुशलता के साथ बार-बार मिथक का प्रयोग कर रहा है। मिथक बहुत शीघ्र पुराना नहीं पड़ता, क्योंकि प्रत्येक युग की नयी आकाँक्षाएँ उसे नये अर्थ से जोड़ती हैं, नवीनता प्रदान करती हैं। हर युग का कवि अपनी विशिष्ट संवेदना के अनुरूप मिथकीय प्रतीकों का चयन करता है। वस्तुतः प्रतीकात्मकता में ही मिथक की शक्ति निहित है। प्रतीकों के द्वारा ही मिथक के सत्य एवं उद्देश्य की पहचान होती है। यथार्थ और वास्तविकता के प्रति अधिक आग्रह होने के कारण समकालीन कविता में मिथकीय रूपान्तरण यथार्थ के वेश और विविध वैचारिक आयामों को उद्घाटित करते हैं। नरेश मेहता (संशय की एक रात, महाप्रस्थान), कुँवरनारायण, जगदीश गुप्त (शंबूक), तथा विजयदेव नारायण साही (साखी) नई कविता के वे सूत्रधार हैं, जिन्होंने मिथकीय प्रयोग को समकालीन कविता के दौर में भी चालू रखा। नागार्जुन (मन्त्र कविता) में भी मिथक का रचाव-बसाव अपनी पूर्णता पर है। समकालीन कवियों में जगदीश चतुर्वेदी (सूर्य पुत्र) ने समकालीन मानवीय संवेदना, भोगी कटुता और मनुष्य की धुँधलाती अस्मिता को अभिव्यक्ति देने के लिये मिथकों का प्रयोग किया । विनय ने 'एक पुरुष और' में महाभारत के विश्वामित्र-मेनका प्रसंग को एक सर्वथा नया आयाम दिया है जिसमें ये दोनों

संघर्षशील व्यक्तित्व और यंत्रणाग्रस्त नारीत्व के प्रतीक बनकर आये हैं। बलदेव बंशी के 'आत्मदान' में अहल्या-गौतम की कथा आज के संदर्भ में रूपान्तरित है। इनमें सर्वत्र वैचारिक द्वन्द्व और समकालीन युग-सन्दर्भ के संयोजन की ही प्रधानता है। इनमें आज के मनुष्य द्वारा झेले जा रहे सामाजिक, आर्थिक, मनोवैज्ञानिक और वैयक्तिक समस्याओं के कुछ प्रमुख पहलुओं को मिथकीय प्रतीकों के माध्यम से स्वर प्रदान किया गया है। इन तीनों ने मनुष्य जीवन की यातना, विसंगति, द्वन्द्व और संघर्ष को तरह-तरह से उजागर किया है। आचार्य रामदेव ने द्रौपदी, राधा और विश्वामित्र के माध्यम से समसामयिक समष्टि मन के आक्रोश, विरोध, समर-संकल्प और व्यंग्य को ओजस्वी स्वर प्रदान किया। "समर संकल्प", "एक पौराणिक वेदना" तथा "इतिहास की पुनर्रचना" आदि उनकी ऐसी ही कविताएँ हैं।

विश्वम्भरनाथ उपाध्याय (कबन्ध), मृत्युंन्जय उपाध्याय (वैश्वानर), शैलेश जैदी (सूरज एक सलीब) में मिथक स्थितिजन्य यथार्थ और भासमयी विसंगतियों को काव्यमय स्वर प्रदान करते हैं। श्रीकान्त वर्मा (भटका हुआ मेघ, उज्जयिनी का रास्ता) तथा कुमार विकल (हर बरसात में) के अनुसार इतिहास, यथार्थ और कल्पना की अभिव्यक्ति का माध्यम कालिदास के इर्द-गिर्द बुनी मिथक कथाएँ ही हैं। विद्रोह, आक्रोश, विसंगति, मूल्यहीनता और संघर्ष आज के युवा वर्ग की नियति है,जिसे स्वर देने के लिये समकालीन कवियों ने प्रायः अभिमन्यु के समान चक्रव्यूह में फँसना और उससे निकलने का रास्ता न पाना तथा फलस्वरूप हर सीमाओं को तोड़ने के लिये उद्यत होना आज के युवकों की नियति माना है। कुमारेन्द्र पारसनाथ सिंह, श्रीराम तिवारी, विजेन्द्र, वेणु गोपाल, हरिहर द्विवेदी और कुमार विकल (दिल्ली दरवाजा) की कविताओं की फैक्टरी में फैटेन्सी-रूप में मिथक-प्रयोग की मुक्तिबोधीय परम्परा विद्यमान है। **मणि मधुकर** (पुनः पशु लोक) और **राजकमल चौधरी** (मुक्ति प्रसंग) की ऐसी ही रचनाएँ हैं। डॉ0 मेघ के शब्दों में फन्तासी आज के रचनाकुल कवि की ईमानदारी तथा बलिदान की पहचान है, जो इस पैशाचिक संसार को देखते-समझते हुए उसके मानवीय प्रति-संसार का सम्भाव्य रण रोपती है।[32] कार्ल जुंग के अनुसार भी—"महान कला अब तक अपनी सार्थकता अवचेतन का प्रतीकीकरण विधि के द्वारा मिथक से प्राप्त करती आयी है, जो पुरातन मानवीय चेतना के प्रकटीकरण के रूप में युग-युग से अनवरत चलती आयी है और जो भविष्य में भी सभी सृजनों के मूल में अवश्य रहेगी।"[33]

मिथकीय फलक को बलदेव बंशी काव्य-सृजन के लिये अनिवार्य मानते हैं। इसलिये और कि उससे अन्तर अनुशासनीय सरोकार एक व्यापक संदर्भ में रूपायित होते हैं। वे अपनी श्रेष्ठतम कृति "आत्मदान" को मानते हैं जो पौराणिक मिथकीय

आधार पर रची गयी है, जो आज के युग, मानस-बोध और भारतीय जीवन-दृष्टि के संघात को एक साथ अभिव्यक्त कर पायी है। मिथक अपने स्थूल इतिवृत्त के साथ अत्यन्त कम और अपने आशय में सर्वाधिक संगत एवं उपयुक्त रूप में ढल पाता है।—हाँ! मिथकीय इतिवृत्ति को नहीं उसके आशयों को अत्यन्त सूक्ष्म आधार पर प्रस्तुत करना कवि का काम्य होना चाहिये। बिम्ब को वे विचार-संवेदना की संयोजना का माध्यम मानते हैं। रागात्मकता, (जिससे आज के कवियों को परहेज है) के संदर्भ में बलदेव बंशी की स्वीकारोक्ति हमारे काम की है—''विचार, भावना और संवेदना के प्रभाव में राग बनकर आते हैं। अन्य कवि न जाने क्यों अभी भी राग से परहेज करते हैं। रागात्मकता अघटित रह जाती है तो कविता के पास लुढ़ककर गिर पड़ती है। ऐसे लोगों के मसीहा उन्हें कभी छन्द के पास जाने की सलाह देते हैं, कभी सपाटबयानी का हिदायतनामा। उन्हें पता नहीं राग-विहीन छन्द भी उतना ही बेअसर होता है, जितना रागविहीन मुक्त छन्द। खैर! भाषा की अपनी स्मृति, ममता, रागात्मक आधार मुझे लगता है अधिक काम्य है।''

समकालीन कविता में ''एव्सर्डिटी'' का बोध बेलगाम रूप से बढ़ा । यह शब्द आयातित होते हुए भी एक काल में हमारे जीवन-दर्शन का अंग बन गया, यह समकालीन कवियों में नये फैशन के रूप में घुसपैठ कर बैठा है। वस्तुतः कहीं भी, कभी भी और कुछ भी अन्ततोगत्वा शाश्वत, ठोस, निरपेक्ष, मूल्यवान न होना ही एब्सर्डिटी है। तात्पर्य यह है कि अस्तित्व की निरर्थकता ही मूल्य बन गया। उसे नकारना ही प्रवृत्ति बन गयी। विश्वनाथ तिवारी (उससे भी मुश्किल), धूमिल (मोचीराम), गोविन्द माथुर, बलदेव बंशी (मुझमें तड़प रही है वाणी रहित होने की स्थिति), चन्द्रकान्त देवताले, वेणुगोपाल, लीलाधर जगूड़ी, जगन्नाथ प्रसाद की कविताओं में एब्सर्डिटी का बोध निश्चित रूप में मौजूद है।

स्पष्टतः साठोत्तर कावियों की कविता प्रासंगिक बनने के लोभ में राजनैतिक सामाजिक सरोकार को छूती हुई बोलचाल की भाषा के निकट आने का प्रयास करती है। परन्तु ''परिपाटी ग्रस्त भाषा'' और ''बाजारू भाषा'' के दोहरे संकट से बचाकर कविता को ''जीवित भाषा'' बनाने में ठेठपन की जो चुनौतियाँ हैं उनका सामना करने की कोशिश इन कविताओं में कहीं नजर नहीं आता है। सर्वेश्वर भी शब्दों का थैला खूँटियों पर टँगे लोगों तक खींचना चाहते हैं पर उस बस्ती तक पहुँच नहीं पाते। रघुबीर सहाय अनुभव करते हैं कि ''भाषा कोरे वादों से, वायदों से भ्रष्ट हो चुकी है।'' कम-से-कम बात वाली बात को अस्वीकार कर सहाय ने अख़बार की भाषा के द्वारा प्रजातंत्र और कविता का समीकरण सम्पन्न किया। जगदीश श्रीवास्तव को उनकी नाटकीयता हास्यास्पद और मुहावरा विदूषक मुहाबरा लगता है

"इस मुहाबरे के माध्यम से आप कड़ी-से-कड़ी बात कहकर भी कोई खतरा नहीं पैदा कर सकते।"[34] सहाय, सर्वेश्वर, दुष्यंत की कविता—"इतने जिन्दा शब्दों के बावजूद/हमलावरों के डर से/खाली किए गए शहर की तरह लगती है।"[35]

साठोत्तर समकालीन कविता की भाषा में, विशेषकर सातवें दशक की काव्यभाषा में अराजकता स्पष्ट दिखाई देती है। आक्रोशी और आवेशी कविता का व्यापार बढ़ गया, नपुसंकता, दिशाहीनता, विद्रोह, निषेध, अजनबीपन, नाराजगी, भय, संत्रास, अकेलापन, कुंठा, अनास्था, दायित्वहीनता और मामूलीपन की विविध प्रवृत्तियाँ अराजकता में प्रकट होने लगीं। यह सत्य है कि ये कविताएँ "परिवर्तित मानव-मूल्यों की दस्तावेज" बनीं। इन कविताओं का मूल स्वर विरोध है इसलिये ये काव्यभाषा की अपनी परम्परा को तोड़ कर बनती हैं। और अन्त में मैं डॉ0जगदीश चतुर्वेदी का ही सहारा लेकर कहूँगा—"यह स्वर समाज से लेकर परिवार तथा तमाम मानवी संबंधों तक व्याप्त है। उसे काव्यगत रूढ़ियों तक से विरोध है। तमाम प्रचलित शब्दावली उसे निर्वीर्य नजर आती है और उसे वह अपने भयावह संत्रास के साथ नया शब्द और नयी संज्ञाएँ प्रदान करता है।"[36]

संदर्भ

1. हजारीप्रसाद द्विवेदी, ग्रन्थावली भाग-3, पृ. 38-39
2. वही, पृ. 39
3. वही, पृ. 40
4. ग्रियर्सन–भारतीय भाषा का सर्वेक्षण, भूमिका भाग, पृ. 42-43
5. कवि, 1970 से
6. कवि, 1970 से
7. कविता से, पृ. 7-9
8. कविता से, पृ. 7-8
9. कविता से, पृ. 7-8
10. मुक्तिबोध रचनावली भाग-2, पृ. 281, 284
11. शब्द का जन्म
12. "अकाल और उसके बाद" कविता से
13. मेड़ पर इस खेत की बैठा अकेला कविता से
14. नदी एक नौजवान ढीठ लड़की कविता से
15. वही, पृ. 78
16. एक कंठ विषपायी, पृ. 84
17. वही, पृ. 78
18. समकालीन कविता, सं. वीरेन्द्र सिंह, पृ. 146

19. वही, पृ. 146
20. वही, पृ. 147-48
21. वही पृ. 146
22. वही, पृ. 154
23. वही, पृ. 172
24. वही, झरना कविता से
25. विश्वम्भरनाथ उपाध्याय–मुठभेड़ कविता
26. समकालीन कविता–सं0 वीरेन्द्र सिंह, पृ. 63
27. वही, पृ. 66
28. रघुवीर सहाय : हँसों हँसों जल्दी हँसो, पृ. 71
29. वही, पृ. 172
30. मनोज सोनकर, शोषितनामा, पृ. 4
31. समकालीन हिन्दी कविता, सं0 डॉ0 विनय, पृ. 40
32. क्योंकि समय एक शब्द है, पृ. 473-74
33. दि अनडिस्कवर वर्ड सेल्फ, पृ. 122
34. जगदीश श्रीवास्तव-समकालीन कविता पर एक बहस, पृ. 193
35. वही, पृ. 194
36. विद्रोह और साहित्य, सं0 नरेन्द्र मोहन-134

राष्ट्रकवि मैथिलीशरण गुप्त की भाषा

भाषा यदि सामाजिक-व्यापार है तो व्यक्ति-व्यापार भी। भाषा-अभिव्यक्ति का एक सशक्त माध्यम है। अभिव्यक्ति–वह भाव है जो मन को व्याकुल किए रहता है, फूट पड़ने के लिये छटपटाता रहता है। यदि उसे स्वाभाविक गति मिल जाती है तो वह मानव-मन की समस्त अनुभूतियों को अपने शब्द-जाल में लपेट कर दूसरों के सामने एक चुनौती बनकर खड़ी हो उठती है। अर्थात् अनुभूति ही अभिव्यक्ति है। और अभिव्यक्ति का वाक् रूप या यों कह लें—उच्चारण-अवयवों के सहयोग से उच्चरित अर्थवान् इकाई ही भाषा है। पर भाषा के कई रूप माने गए हैं। प्राचीन काव्यशास्त्रियों के अनुसार–अभिधा, लक्षणा और व्यंजना प्रमुख हैं। अभिधा भाषा का सशक्त रूप नहीं क्योकिं इसका प्रयोग या उपयोग तो सामान्य-जन भी कर लेता है। अतः रचनाकार लक्षणा और व्यंजना रूपी भाषा का सहारा लेकर अपने कृतित्व की सशक्तता की धार तेज करता है। यद्यपि आज भाषा के मायने भी बदल गए हैं। पर "भाषा अभिव्यक्ति का सशक्त माध्यम है" यह आज भी ज्यों-का-त्यों मान्य है।

भाषा वैज्ञानिक विश्लेषण की अनेक नवनिर्मित विधियाँ आज भाषा का डंका ही नहीं पीट रही हैं, अपितु रचनाकारों या प्रयोक्ताओं की भाषा-शल्य-क्रिया में भी निमग्न हैं। ध्वनि, रूप या पद, ध्वनिरूपग्राम, वाक्य-संरचना, अर्थ, शैली, व्याकरणिक कोटियाँ आदि भाषिक पक्षों के अतिरिक्त समाज-भाषा, मनो-भाषा आदि विविध पक्षों द्वारा रचनात्मक भाषा का परीक्षण-निरीक्षण हो रहा है। इन पक्षों के विस्तृत अध्ययन द्वारा ही हम भाषा-प्रयोक्ता की सही शक्ति-सामर्थ्य का पता लगाने में सफल हो पाते हैं।

यहाँ राष्ट्रकवि के भाषिक पक्ष पर विस्तार से कुछ कहने का अवसर नहीं। पर उनके मूल बिन्दुओं पर प्रकाश डालने की आवश्यकता हमारी अनिवार्यता भी है। मैं उनकी भाषा के विविध पक्षों की नाप-जोख करूँ इसके पूर्व उनके परिवेश को उजागर करना प्रासंगिक ही नहीं अनिवार्य भी है।

राष्ट्रकवि मैथिलीशरण गुप्त के संदर्भ में यह कहा जाता है कि "वे स्लेट पर

पेन्सिल से लिखा करते थे। आवश्यकतानुसार शोधन-परिशोधन के पश्चात् अपने कथ्य को अन्तिम रूप देते थे। इस शोधन में आचार्य महावीरप्रसाद द्विवेदी उनकी सहायता करते थे।''

राष्ट्रकवि मैथिलीशरण गुप्त के पूर्व साहित्य के क्षेत्र में भारतेन्दु हरिश्चन्द्र क्रान्तिकारी परिवर्तन की दिशा दिखा चुके थे। पर भारतेन्दु कवि के रूप मे कम गद्यकार के रूप में ही अधिक हमारे सामने आते हैं। हमारा तात्पर्य स्पष्ट है—हिन्दी, आधुनिक, हिन्दी-काव्यभाषा की निर्मिति या खड़ी बोली को काव्यभाषा के रूप में व्यवहृत करने वाले प्रथम रचनाकार के रूप में श्रीधर पाठक का भी नाम स्मरण किया जाता है, पर जातीय चेतना से संपृक्त, युग-बोध के प्रति सतर्क, प्रबन्धात्मक काव्यरूपों को पुनर्स्थापित प्रतिष्ठित करने वाले एकमात्र कवि हैं—मैथिलीशरण गुप्त।

यही नहीं जो भाषा गुप्त जी को विरासत में मिली, बल्कि स्वयं जिस भाषा की रचना उन्हें करनी पड़ी, अपनी काव्य-रचना के साथ-साथ और अपनी काव्य-रचना के जरिये, उस पर भी गौर करना आवश्यक है। और, वह है हजार साल पुरानी हिन्दी का खड़ी बोली हिन्दी के रूप में आमूलचूल परिवर्तन। जिन परिस्थितियों और जरूरतों के तहत् यह कायाकल्प हुआ और सबकी भागीदारी से हुआ—वे क्या थीं? एक वाक्य में उन सबको समेट कर कहें, तो वह जरूरत थी– आधुनिक युग की चुनौती के सम्मुख हिन्दुस्तान के शरीर और मन का पुनर्जन्म, ऐसी भाषा—जो न तो किसी से उगे, न तो किसी से कुछ ले तब भी सब कुछ को धारण कर सके। ऐसी भाषा जो सारा पुरानापन, बासीपन झाड़ दें, जो इतिहास की उथल-पुथल से गुजर कर उसमें उत्तीर्ण होकर निकली हमारी जातीय अस्मिता का प्रतीक हो और जो इतनी अकिंचन दिखे कि लगे, स्मृतिहीन है, सपाट है, सिर्फ एक सेतु है। सबको आपस में जोड़ने के लिये, किन्तु जो इसी कारण नये युग की संवेदना को वहन करने के लिये सबसे सक्षम साबित हो, ऐसी भाषा को साहित्यिक अभिव्यक्ति का माध्यम बनाने का दायित्व मैथिलीशरण गुप्त और उनकी पीढ़ी के कवियों पर आया। वस्तुतः हमें जीर्णोद्धार नहीं चाहिये था,नया जन्म चाहिये था। एक दम नया चोला। हमने मानों संकल्पपूर्वक छोड़ दिया उस पुराने मध्ययुगीन चोले को। नया चोला—हिन्दी का चोला—धारण करके ही हमने आधुनिक युग में अपनी जगह बनाने के लिये प्रवेश किया। और हमारी इस नयी हिन्दी का एक प्रकार से आदि कवि–इस ''यंग इण्डिया'' के ''नवजीवन'' की मशाल लिये हमारे साथ-साथ ही चल रहा था और हमारी अपनी आवाज में हमको हमारे मन की बात बता रहा था, कि हमें क्या करना है –

हम कौन थे, क्या हो गये हैं और क्या होंगे अभी।
आओ विचारें साथ मिलकर ये समस्यायें सभी।

हाँ! मैं स्लेट वाली बात कह रहा था। हमारी यह मान्यता रही है कि काव्य-प्रतिभा जन्मजात होती है। वहाँ स्लेट–पेन्सिल की आवश्यकता नहीं। पर समीक्षक उस काल के परिवेश को भूल जाते हैं। वस्तुतः रीतिकालीन व्रजभाषा की–जो वर्षों से भारतीय साहित्य का माध्यम बन चुकी थी–लौह-शृंखला को तोड़ पाना किसी एक रचनाकार के वश या केवल प्रतिभा के वश की बात नहीं थी। खड़ी बोली की बंज़र भूमि को उर्वरा बनाना था, बोली स्तर से, या मात्र गद्य-प्रयोग की भाषा से उठाकर उसे कविता की भाषा बनाना था। उसे व्रज जैसी मधुरता, कोमलता, उदात्तता, प्रांजलता से संपृक्त करना था। निश्चय ही एक ऊबड़-खाबड़ मैदान को समतल बनाना था, एक घने डरावने जंगल को मोहक बगीचे का रूप देना था। यह तभी सम्भव था जब संकोच-विहीन होकर निर्दय काट-छाँटकर नव-निर्माण किया जाय। एक लीक से हटकर दूसरी लीक पर चलने की प्रक्रिया ऐसी ही होती है। हर क्षण पुरानी लीक से बचने की प्रक्रिया रचनाकार की सजगता को प्रकाशित किये बिना नहीं रहती । राष्ट्रकवि के साथ भी ऐसा ही हुआ। इसलिये इसे उनकी कमजोरी न मानकर यदि इसे उनकी सहजता और प्रतिभा का अंग स्वीकार किया जाय तो शायद उनके साथ न्याय होगा। ऐतिहासिक दृष्टि से राष्ट्रकवि खड़ी बोली के अन्यतम एवं प्रथम उन्नायक है। खड़ी बोली को कविता की भाषा बनाने का श्रेय—प्रबन्ध से लेकर मुक्तक–केवल राष्ट्रकवि मैथिलीशरण गुप्त को ही है। यह उनका ऐतिहासिक प्रदेय किसी भी क्षण विस्मृत नहीं किया जा सकता। "जयद्रथ वध" (1910) की प्रसिद्धि ने व्रज भाषा के मोह का वध कर दिया। खड़ी बोली के सरस, मधुर और प्रांजल रूप की साक्षी है–वह। "भारत भारती" रचना की लोकप्रियता खड़ी बोली की "विजय भारती" सिद्ध हुई। यही नहीं द्विवेदी युगीन काव्य का विकास इस बात का इतिहास है कि खड़ी बोली अपरिपक्वता, अव्यवस्था और अमार्दव से किस भाँति परिपक्वता, व्यवस्था और मार्दव तक पहुँची जिसका सर्वाधिक श्रेय है—मैथिलीशरण गुप्त को। "भारत-भारती" का एक अंश हमारे कथन का साक्षी होगा—

नीलांबर परिधान हरित पट पर सुन्दर है,
सूर्य-चन्द्रयुग मुकुट मेखला रत्नाकर है।
नदियाँ प्रेम-प्रवाह, फूल तारे मण्डल हैं,
वन्दीजन खग वृन्द, शेष फन सिंहासन हैं।
करते अभिषेक पयोद हैं, बलिहारी इस वेष की,
हे मातृभूमि! तू सत्य की सगुण मूर्ति सर्वेश की।

सम्भवतः खड़ी बोली काव्यभाषा में पहली बार एक रचनाकार ऐसी चित्रात्मक

सृष्टि में सफल हुआ है। "हिन्दू" की सपाट बयानी, पुराने के बहिष्कार, नये के ग्रहण, विशेषकर जनभाषा के निर्मिति के प्रयास की साक्षी है—

सुने प्रथम शासक अंग्रेज,
जो कहने करने में तेज
यदि सचमुच तुम योग्य, उदार
तो पावे हम निज अधिकार । (हिन्दू)
छोड़ो अमरचैन की भ्रांति
यह है मृतकों की सी शांति
फैला है भीषण आतंक,
रहते हैं जन सभय सशंक (हिन्दू)

इस भाषा में यदि आक्रोश है तो व्यंग्य भी। यदि अपनी दुर्दशा पर करुण उद्‌गार है तो उपदेश भी। यथार्थपरक युगचेतना से संपृक्त–भाषा का ऐसा उदाहरण गुप्त जी के बाद काफी आगे चलकर नई कविता में ही मिलता है।

स्पष्टतः खड़ी बोली को व्रजभाषा के समक्ष सशक्त बनाकर खड़ा करने और काव्यभाषा के अनुरूप उसकी सर्जना का समूचा श्रेय राष्ट्रकवि गुप्त को है। गुप्त जी की इसी मजबूत नींव पर आगे चलकर छायावादी कवियों ने अपने भव्य महल की निर्मिति की ।

भाषा का पहला और अति महत्वपूर्ण पक्ष है–ध्वनियों का चयन। कविता गद्य नहीं। वह पद्यात्मक रचना है उसकी अनिवार्य माँग होती है–ध्वनियों का कतिपय परिवर्तित रूप में प्रयोग–विशेषकर लघु का दीर्घ, दीर्घ का लघु, यथा-पारतन्त्र्य, लाक्ष्मण्य आदि। खड़ी बोली या आज की साहित्यिक हिन्दी में विद्यमान सभी ध्वनियाँ गुप्त जी की काव्यभाषा में नजर आती हैं।

पद-चयन में गुप्त जी सतर्क है। जहाँ वे संस्कृतनिष्ठ पदावली का प्रयोग करते हैं, वहीं तद्‌भव और देशज पदों को नयी अर्थवत्ता प्रदान करते हैं। विदेशी शब्दों से परहेज तो नहीं है, पर अभाव अवश्य है। ठौर, होड़, हहा, बरोनियाँ, फेरने, छोह, घात, छुऊँ, लोटना, हेर, ढालों, फड़कना, सन्नाटा, फोड़कर, फोड़ा, रोपना, गोड़ना, सींचना, खींचना, मारना, खनी, पांख (पलकें) आदि ऐसे तद्‌भव और देशज–पद हैं जो रचनाकार की कला एवं नवीन अर्थाभिव्यक्ति में चार चाँद लगा देते हैं। राज्यहारी (राज्य को हरण करने वाला), भूलग्न (भूलुंठित होना) आदि गुप्त जी के नये पद हैं जो नयी अर्थवत्ता से घनीभूत हैं।

कविता की वाक्यात्मक संरचना गद्य की वाक्यात्मक संरचना से भिन्न होती है। यह भिन्नता गुप्त जी की पद्यात्मक संरचना की साक्षी है। गुप्त जी की कविता में अलंकारों

का सायास प्रयोग नहीं, अलंकारों के प्रति कोई विशेष आकर्षण भी नहीं। आ गये तो ठीक, अन्यथा कोई प्रयास नहीं। कालजयी रचनाकार की तो यही विशेषता है। वैसे भी स्वातन्त्र्य आन्दोलन के साथ जुड़े, नयी सामाजिक चेतना की निर्मिति में संलग्न एवं युग सापेक्ष भाषा–सर्जक से अलंकार की अपेक्षा बेमानी है, वस्तुतः अलंकार युक्त भाषा से जन-सामान्य का मन ऊब गया था, अतः ऐसी भाषा की न तो युग को आवश्यकता थी और न युगीन जन-मानस को। तब कविता में इसका प्रयोग ही क्यों? हरिगीतिका गुप्त जी का प्रिय छन्द है, जिसका मञ्जुल प्रयोग काव्य की समृद्धि का सर्जक बन गया है। लोकोक्तियाँ, कहावतें एवं मुहावरों का प्रयोग रचना की तीक्ष्णता, सशक्तता, बढ़ा देता है। गुप्त जी इसके प्रभाव से परिचित थे, तभी तो वे लोकोक्तियों एवं मुहावरों का खुलकर प्रयोग करते हैं– "लोटता हो ज्यों साँप", "मुँह दिखाने योग्य", "दाड़िम फोड़ना", "डीठ का डिठौना", "अपना फोड़ा अपने से नहीं फूटता", "टूटकर पानी भी पहाड़ काट जाता है" आदि को उदाहरणस्वरूप प्रस्तुत किया जा सकता है।

आधुनिक भाषा की शक्ति है–घनीभूत बिम्बात्मकता एवं चित्रात्मकता। गुप्त जी के बिम्ब अत्यन्त सूक्ष्म हैं, यद्यपि कहीं-कहीं स्थूलता अवश्य नजर आती है, पर यह भाषा-निर्माण की प्रक्रिया की प्रारम्भिक नियति के रूप में ही सामने आई है। पंचवटी की सीता का किसान-बालिका का चित्र दर्शनीय है—

अंचल पट में कटि खोंस, कछोटा मारे,
सीता माता थीं आज नई धज धारे ।
अंकुर हितकर थे कलश-पयोधर पावत,
जन-मातृ गर्वमय कुशल वदन भवभावन...
कर, पद, मुख तीनों अतूल अनावृत्त पद से,
थे पत्र-पुञ्ज में अलग प्रसून प्रकट से ।
कंधे ढककर कुछ हर रहे थे उनके
रक्षक तक्षक से लहर रहे थे उनके।...
सखि, नीभ नभस्सर में उतरा
यह हंस अहा। तरता-तरता
अब तारक मौक्तिक शेष नहीं,
निकला जिनको चरता-चरता।
अपने हिम बिन्दु बचे तब भी,
चलता उनको धरता-धरता,
गड़ जायँ न कण्टक भूतल के,
कर डाल रहा डरता-डरता ।

शरद्कालीन सूर्योदय का ऐसा मनोहारी, भाषिक एवं बिम्बात्मक चित्रण तद्युगीन कवियों में दुर्लभ है। सूर्य की मानवीय कल्पना अत्यंत सरस एवं रोचक बन पड़ी है, जो भाषा का चमत्कार है।

फैला उनके तन का आतप, मन ने सर सरसाये
घूमे वे इस ओर वहाँ, ये हंस यहाँ उड़ जाए।
करके ध्यान आज इस जन जन का निश्चय वे मुसकाये।

लक्ष्मण की परिकल्पना शरद् के आगमन में। निश्चय ही कल्पना नयी और निराली है।

गुप्त जी लक्षणा एवं व्यंजना के धनी प्रयोक्ता थे। पद-पद पर व्यंग्य एवं लक्ष्य रूपाकार हो उठे हैं।

संप्रेषणीयता भाषा का सहज स्वाभाविक एवं अनिवार्य गुण है। वस्तुतः रचनाकार का जो अभिप्रेत है, वह उसी रूप में पाठक तक पहुँचे यही तो संप्रेषणीयता है। गुप्त जी की भाषा सदा सर्वदा सरिता की गति सी सहज, सरल, सरस एवं वर्तुलाकार प्रवाहित है। कहीं भी तो उसमें कोई अवरोध नहीं, कोई व्यतिक्रम नहीं। सन् 60 के बाद की या उसके भी पूर्व नयी कविता की भाषा के जन्मदाता गुप्त जी ही हैं। यह देखकर आश्चर्य होता है कि इतने पहले इनकी भाषा में यह रूप कहाँ से आ गया। कथन की प्रमाणिकता हेतु अज्ञेय के कतिपय उद्धरण देखिए—

लघु संकेत समझ राजा का,
गण दौड़े। लाये असाध्य वीणा,
साधक के आगे रख उसको हट गये।
सभा की उत्सुक आँखें
एक बार वीणा को लख, टिक गयी।
प्रियंवद के चेहरे पर...
सबने भी अलग-अलग संगीत सुना...
किसी को
वहीं भरी तिजोरी में सोने की खनक...
उसे युद्ध का ढोल
इसे संझा-गोधूली की लघु टुन-टुन...
श्रेय नहीं कुछ मेरा
मैं तो डूब गया था स्वयं शून्य में
वीणा के माध्यम से अपने को मैंने
सब-कुछ को सौंप दिया था—

सुना आपने जो वह मेरा नहीं
न वीणा का था... (अज्ञेय–असाध्यवीणा)
अपने ही अन्तस की कोई किस प्रकार समझे बूझे?
किस प्रकार उत्साहित होकर अपने अशुभों से जूझें? (गुप्त–कला)

हाँ, बात संप्रेषणीता और बिम्बात्मकता की हो रही थी। गुप्तजी की भाषा के कुछ नमूने पेश हैं—

घर के निकट कुछ पेड़ पौधे रोपे थे
और बना ली थी एक वाटिका-सी-उसमें।
गोड़ती थी, सींचती आप वह उसको,
पानी खीचती थी नित्य प्रातःकाल कूप से,
दायें ओर बाँये घूम-घूम झूम-झूम के
आता लूम लेता हुआ पूर्ण घट नीचे से।

"सिद्धराज" की कुम्हार बालिका रानकदे का यह चित्र ठीक उसी रूप में हम तक पहुँचता है जिसकी कल्पना रचनाकार के मन में साकार थी।

यहीं उदाहरणस्वरूप मुक्तिबोध की भाषा के कतिपय उदाहरण देना उचित होगा—

किन्तु, वह फटे हुए वस्त्र क्यों पहनते हैं?
उसका स्वर्ण-वर्ण मुख मैला क्यों?
वक्ष पर इनता बड़ा घाव कैसे हो गया?...
रोटी उसे कौन पहुँचाता है?
कौन पानी देता है?...
अकस्मात्
चार का गजर कहीं खड़का,
मेरा दिल धड़का...
हम जा रहे थे कि
आधी रात अंधेरे में उसने
देख लिया हमको
व जान गया वह सब (मुक्तिबोध–अँधेरे में)
अंधकार ही आज खिला है,...
यहीं न वह निर्वाण मिला है।
सिर के ऊपर गगन-शिला है (गुप्त–कला)

"साकेत" की कैकेयी का यह कथन पाठक को दशरथ की मृत्यु का स्पष्ट बोध करा जाता है—

वत्स स्वामी तो गये उस ठोर,
लौटना होगा न जिससे और।

"कैकेयी" की आत्मतुष्टि के साथ-साथ लोक-निंदा की स्थिति को भी दो पंक्तियाँ सहज-भाव से अभिव्यक्त कर जाती है—

किन्तु मुझ पर आज सारी सृष्टि
कर रही मानो घृणा की वृष्टि।

पंचवटी की सीता (साकेत) की आत्मतुष्टि के साथ-साथ पंचवटी स्थित राम-कुटिया का समूचा दृश्य प्रत्यक्ष करा देने में रचनाकार की सफलता असंदिग्ध है—

क्या सुघर लता-वितान तना है मेरा,
पुंजाकृति गुजित कुंज घना है मेरा।
जल-निर्मल, पवन पराग सना है मेरा
गढ़-चित्रकूट, दृढ़-दिव्य बना है मेरा।
प्रहरी निर्झर, परिख प्रवाह की काया,
मेरी कुटिया में राज भवन मन भाया।

मैथिलीशरण गुप्त केवल रामकथा के गायक नहीं, वे युगीन समस्याओं विशेषकर–सांप्रदायिकता के विष को निर्मूल करने के लिये सन्नद्ध थे। तभी तो "हिन्दू" के माध्यम से मुसलमान जाति को फटकार बताते हैं और उपेदश देते हैं—

हमें तुम्हें रहना है साथ,
सुख-दुख सब सहना है साथ।... (हिन्दू)
कोई काफिर कोई म्लेच्छ,
हो तो होता रहे यथेच्छ।
हिन्दू मुसलमान की प्रीति,
मेटें मातृभूमि की भीति। (हिन्दू)

उपदेशात्मक भाषा अत्यंत सहज और सपाट है—

हिन्दू फिर भी सुनो सचेत,
हरे तुम्हीं से हैं सब खेत।...
किन्तु जिलाता है निज श्वास,
रक्खो निज बल पर विश्वास...
भारतीय संस्कृति का भार,
एक तुम्ही पर बारंबार। ...
मुसलमान भाई, हो शान्त
सोचो तुम्हीं तनिक एकांत।

तुम निज हेतु करो सब कर्म,
और छोड़ दे हम निज धर्म।...
भए हमारे मन्दिर नष्ट
करते गए उन्हें तुम भ्रष्ट
किंतु मिले जब हमें प्रसंग,
हुई मसजिदें कितनी भंग ?
यह है निज संस्कृति का भेद
अब तुम गर्व करो या खेद।

गीतात्मकता काव्य की अनिवार्य नियति और कसौटी होती है। वस्तुतः भाषा-माधुर्य की परख तो यहीं हो पाती है। राष्ट्रकवि गुप्तजी इस कसौटी पर भी खरे उतरे हैं—

करुणे, क्यों रोती है? "उत्तर" में और अधिक तू रोई—
मेरी विभूति है जो, उसको 'भव-भूति" क्यों कहे कोई?

यहाँ माधुर्य, गीतात्मकता के साथ-साथ अर्थ-गांभीर्य भी है।

चाहे फटा-फटा हो, मेरा अम्बर अशून्य है आली,
आकर किसी अनिल ने भला यहाँ धूलि तो डाली।

उर्मिला की विरहावस्था का अत्यन्त रागात्मक चित्रण द्रष्टव्य है—

वेदने तू भी भली बनी।
पाई मैंने आज तुझी में अपनी चाह घनी।
मन सा मानिक मुझे मिला है तुझमें उपल-खनी,
तुझे तभी छोड़ूँ, जब सजनी पाऊँ, प्राण-धनी।

वेदना, विरहिणी उर्मिला की सहचरी है। वह उसे अपना आत्मीय मान बैठी है। ऐसी मर्मभेदी उपमा क्या तद्‌युगीन रचनाकारों की भाषा में व्यंजित है?

निरख सखी ये खंजन आये,
फेरे उन मेरे रंजन ने नयन इधर मन भाये।
फैला उनके तन का आतप, मन में सर सरसाये।
स्वागत, स्वागत, शरद, भाग्य से मैंने दर्शन पाये,
नभ में मोती वारे, लो, ये अरु अर्घ्य भर लाये।

"साकेत" का उपर्युक्त अंश अपनी गीतात्मकता के साथ-साथ व्रज भाषा जैसा माधुर्य, कोमलता आदि सँजोकर शरद् का मानवीय चित्र प्रस्तुत कर देने में सक्षम है।

मुझे फूल मत मारो।
मैं अबला वाला वियोगिनी, कुछ तो दया विचारो।
होकर मधु के मीत मदन, पटु, तुम कटु, गरल न गारो ।

मुझे विफलता, तुम्हे विफलता, ठहरो श्रम परिहारो।...
मेरे चपल यौवन बाल।
अचल अंचल में पड़ा सो, मचलकर मत साल।
बीतने दे रात, होगा सुप्रभात विशाल,
खेलना फिर खेल मन के पहन के मणि-माल।

काम-पीड़ा का ऐसा खुलासा शायद अन्यत्र दुर्लभ है। यही तो कवि की सम्प्रेषणीयता है।

राष्ट्रकवि मैथिलीशरण गुप्त की भाषा के कई आयाम उनकी रचनाओं में रूपायित हैं। कहीं वह उपदेशात्मक है, तो कहीं आक्रोश से पूर्ण (भारत भारती एवं हिन्दू), कहीं कथन की साफगोई है (सिद्धराज) और कहीं वचन-वक्रता (द्वापर, साकेत, हिन्दू आदि); कहीं केवल उपालंभ है (द्वापर, हिन्दू, साकेत आदि) तो कहीं जनजागृति की ललकार से पूर्ण (भारत भारती, हिन्दू) वाणी है।और इन सबसे भिन्न कहीं शृंगार से परिपूर्ण और कहीं करुणा, दया, विवशता से संपृक्त भाषा के दर्शन होते हैं (साकेत द्वापर, यशोधरा)। भाषा की यह भिन्नता विषय-विविधता का प्रतिफल है। राष्ट्रकवि की भाषा निरन्तर विकसनशील तो है ही, साथ ही प्रांजलता, सुकुमारता (पर व्रज जैसी सुकुमारता नहीं अपितु तुलसी की अवधी जैसी सुकुमारता से संपन्न है), सुसंबद्धता, मार्दव की ओर उन्मुख है। भाषा एक निर्माण-प्रक्रिया है, इस प्रक्रिया के सभी चरण गुप्त जी की रचनाओं में उजागर हैं।

उपर्युक्त विवेचन के आधार पर मुझे यह कहने में संकोच नहीं कि राष्ट्रकवि मैथिलीशरण गुप्त ने खड़ी बोली हिन्दी काव्यभाषा का एक ऐसा मानदण्ड निर्मित किया, विशेषकर आधुनिकता की माँग के अनुरूप साफगोई का मानदण्ड; जिसे प्रतिक्रियास्वरूप कुछ समय के लिये छायावादी कवियों ने छोड़ा अवश्य पर आगे के कवियों के लिये यह मील का पत्थर सिद्ध हुआ। अज्ञेय, शमशेर, मुक्तिबोध, धूमिल, दुष्यंत, नरेश मेहता, नागार्जुन, त्रिलोचन आदि रचनाकारों ने गुप्त जी की आदर्श भाषा को विशेषकर, सपाटबयानी एवं जनसाधारण के बीच व्यवहृत भाषा को अपना प्रेय बनाया; चाहे जाने या अनजाने। अज्ञेय, नागार्जुन एवं भारतभूषण के कतिपय अंश द्रष्टव्य हैं—

किन्तु मैं ही तो
तोरी गोदी बैठा मोद-भरा बालक हूँ
ओ तरु-तात! संभाल मुझे
मेरी हर किलक
फलक में डूब जाय...

मुझे स्मरण है
हरी तलहटी में, छोटे पेड़ों की ओर, ताल पर
बँधे समय बन पशुओं की नानाविध आतुर तप्त पुकारें,...

(अज्ञेय–असाध्य वीणा)

यह नहीं है शाप। यह अपनी नियति है।
हम नदी के पुत्र हैं। बैठे नदी के क्रोण में।...

(अज्ञेय नदी के द्वीप)

महाराज!
सच सच कहूँगा
झूठ नहीं बोलूँगा
अब हम गुलाम नहीं
नागरिक हैं हम स्वाधीन भारत के...

(नागार्जुन–प्रेत का बयान)

पूरा होगा सुरपति का अभिलाष
गोरी नन्दन शिवं का और पुत्र
वही करेगा तारक का संहार
सुर समूह की चिन्ता होगी दूर
यश के भागी हम होंगे कृतकृत्य। (नागार्जुन–भस्मांकुर)

आज जब घर पहुँचा शाम को
तो बड़ी अजीब घटना हुई
मेरी ओर किसी ने कोई ध्यान ही न दिया
चाय को न पूछा आ के पत्नी ने
बच्चे भी दूसरे ही कमरे में बैठे रहे...
देह—हीन जीवन की कल्पना तो
भारतीय संस्कृति का सार है। (भारत भूषण-विदेह)

अतः मुझे कहने में संकोच नहीं कि गुप्त जी की भाषिक क्रान्ति, चाहे उसका माध्यम "भारत भारती" हो, या "जयद्रथ वध" अथवा "साकेत" या "सिद्धराज" तथा "द्वापर" या "हिन्दू" हो, युगों तक स्मरणीय रहेगी।

प्रसाद का रचनात्मक धरातल (भाषिक)

किसी भी रचनाकार की भाषा पर विचार के पूर्व उसके सर्जनात्मक धरातल की पहचान और खोज अनिवार्य आवश्यकता है। क्योंकि रचनाकार अपनी जमीन से अलग नहीं हो पाता चाहे वह वस्तु की हो, चाहे संस्कृति की, चाहे चेतना की और चाहे भाषा की। वह उससे जितना जुड़ेगा उसकी सर्जनात्मकता उतनी ही मुखर होगी। इसलिये प्रसाद की भाषा पर विचार के पूर्व उनकी रचनात्मक भूमि पर विचार कर लेना आवश्यक है। प्रसाद के पूर्व खड़ी बोली हिन्दी का विकास भारतेन्दु तथा महावीरप्रसाद द्विवेदी एवं उनके मण्डल के रचनाकारों द्वारा बहुत कुछ हो चुका था। प्रसाद ने कविता, नाटक, उपन्यास, कहानी तथा निबन्ध जैसी विधाओं को विकसित किया। मेरे कहने का तात्पर्य यह है कि साहित्य के दोनों रूपों–पद्य और गद्य–में उन्होंने अपनी अनुभूति का प्रत्यय किया। काव्य-क्षेत्र में भी तथा नाटक, उपन्यास एवं निबन्ध के क्षेत्र में भी उनके पूर्व कई रचनाकार प्रतिष्ठित हो चुके थे। किन्तु प्रसाद इन सबसे अलग हैं, नये हैं,दूर हैं, यदि मोटे तौर पर हम विचार करें तो प्रसाद ने हिन्दी साहित्य को उसके स्थूल-कथ्य से उबारने में एक नयी दिशा का निर्धारण किया।

ऐतिहासिक कथ्य और उसमें निहित समसामयिक चेतना का प्रच्छन्न स्रोत प्रसाद-साहित्य की निधि है जो पूर्ववर्ती परम्परा का विकास ही कहा जाएगा चाहे नाटक, हो या काव्य। और उनकी नवीनता है–छायावादी चेतना में। कल्पना, रोमांस तथा अनुभूति के तन्तुओं से उन्होंने नया नीड़ बसाया, नव-विहान का स्वर्ण/विहग बनकर नये युग का सूत्रपात किया। यह कल्पना, रोमांस उनकी अनुभूति, अनुभव, बौद्धिक-चिन्तन तथा पुरातन भारत की समग्र आत्मा के सूक्ष्म दर्शन की क्षमता का ही परिणाम था। भाषिक छायावादी चेतना की खोज में वे अपने युग से पहले भक्ति-युग की ओर ही आँख उठाते हैं। वहाँ तुलसी और सूर की भाषा-सामर्थ्य उन्हें मोह लेती है। दोनों कवियों (सूरदास-तुलसीदास) के शब्द-विन्यास-कौशल पर विचार करने से यह स्पष्ट प्रतीत होगा कि जहाँ आत्म–अनुभूति की प्रधानता है, वहीं

अभिव्यक्ति अपने क्षेत्र में पूर्ण हो सकी है, वहीं कौशल या विशिष्ट पद-रचना-युक्त काव्य-शरीर सुन्दर हो सका है। इसलिये, अभिव्यक्ति सहृदयों के लिये अपनी वैसी व्यापक सत्ता नहीं रखती, जितनी कि अनुभूति।

अपने विषय से आविष्ट होकर प्रसाद रचना-प्रक्रिया के अनुभूति और अनुभव स्तर के चरम पर पहुँचकर अभिव्यक्ति का सहारा लेते हैं। उनकी यह अनुभूति और अनुभव एक तरफ अध्ययन और चिन्तन से पुष्ट है, दूसरी तरफ उसमें हृदय और बुद्धि का अपूर्व समन्वय भी है। इसलिये उनकी सर्जन-प्रक्रिया उनके अचेतन मन का प्रतिबिम्ब नजर आती है जिसमें आत्मचरितात्मक तत्वों का अपना विशेष महत्व है। यदि उनमें अभाव की पीड़ा, अवसाद और अकेलापन है तो नियति का व्यंग्य भी है और ओज की प्रतिष्ठा भी। बुद्धि से वे आनन्दवादी हैं और हृदय से दुःखवादी। सामाजिक प्रतिक्रिया, आर्थिक परवशता, प्रेम के लिये तड़पती, तरसती आत्मा की पिपासा, काल की क्रूरता और उसमें साहस और शक्ति का मूल स्रोत उनका अपना जीवन है। प्रसाद का साहित्य उनकी अपनी स्वयं की अर्जित जीवन-साधना बन गया है जिसमें आन्तरिक प्रेरणा, अनुभूति तथा अवचेतन की प्रमुख भागीदारी है। नाटक हो या काव्य, कहानी हो या उपन्यास हर जगह उनका वैयक्तिक वैशिष्ट्य नजर आता है, किन्तु यह वैयक्तिकता, निर्वैयक्तिकता में रूपान्तरित है। प्रसंगों,पात्रों, स्थितियों, भावों तथा विचारों, कथ्य, संस्कृति, दर्शन एवं बौद्धिक चिन्तन को सर्वथा अपनी अभिरुचि, अनुभूति तथा अनुभाव के आधार पर ग्रहण करने पर भी अपने व्यक्तित्व का प्रक्षेप उन्होंने निःसंगभाव तथा व्यापक मानवीय धरातल पर किया है। उनकी व्यष्टि-भावना समष्टि-रूप पाकर सार्थकता अर्जित करती है। "आत्मसमर्पण के प्रत्येक ताल में अपने विशिष्ट व्यक्तित्व का विस्मृत हो जाना ही समष्टि है।" भले ही इस समष्टि में भी व्यष्टि का बोध रहे। इस आधार पर रचनाकार के व्यक्तित्व के साथ ही उसका अपना समाज, युग तथा उनके संदर्भ में उसका निज का आत्मबोध भी रचना-प्रक्रिया में महत्वपूर्ण योगदान करता है।

सर्जना में वैयक्तिक अनुभूति के अतिरिक्त अन्य तत्व भी कम सक्रिय नहीं कहे जा सकते जो प्रसाद के युग तथा समाज के सन्दर्भों से जुड़े हुए हैं। युगीन जीवन की विषमता ने उन्हें इतिहास की ओर उन्मुख किया और ऐतिहासिक अनुभव ने उन्हें युगीन जीवन के प्रति जागरूक बनाया। प्रसाद-युग की आवश्यकता देश-प्रेम, शौर्य, बलिदान, सहिष्णुता, तप, मानवता तथा नैतिकता की भावना का विकास, मानवीय आदर्शों आदि के खोज का द्वार अतीत के सन्दर्भों में ही मिल सकता था, अतः अतीत के प्रति उनका मोह, उन्हें, उनके रचना की नयी सम्भावनाओं से जोड़ देता है। उन सम्भावनाओं से जिनकी ओर हम आँख उठाकर टकटकी लगाये हैं।

अतीत के प्रति उनकी अनुरक्ति को पुनरुत्थानवादी कहना, प्रसाद का सही मूल्यांकन नहीं कहला सकता। सत्य तो यह है कि अतीत के प्रति अनुरक्ति केवल पुनरुत्थान की विशेषता नहीं अपितु छायावाद की भी विशेषता और आवश्यकता है, जो एक नयी दिशा का संकेत था।

प्रसाद अतीत के माध्यम से एक नये आदर्श के संधान में संलग्न थे। उनका आदर्श प्रेमचन्द से अलग था। और ये आदर्श केवल इतिहास में विश्वसनीय रूप में मिल सकते थे। अतः इतिहास उस युग की अनिवार्यता थी। बिना इतिहास के राष्ट्रीय विचारों और आदर्शों को काल्पनिक कथानक के माध्यम से जागृत नहीं किया जा सकता था। अतः प्रसाद ने इतिहास की कथा से केवल अतीत को ही नहीं, अपितु सामाजिकता के अभिशाप–युद्ध और सामाजिकता–का सर्वोत्तम राष्ट्रीय आन्दोलन, एकता, अहिंसा, विश्वमैत्री, नारी आन्दोलन जैसे सामाजिक मूल्यों और भावों को रेखांकित किया और साम्प्रदायिकता तथा देशद्रोह जैसे मानवीय अवमूल्यन के आधारों को उजागर कर राष्ट्रीयता की भावना को सुदृढ़ किया। प्रसाद के अतीत मोह के पीछे मानवतावादी दृष्टि का स्रोत ही दिखायी देता है और इस मानवतावादी दृष्टि के माध्यम से उन्होंने मानव की ओर राष्ट्र की आशा-आकांक्षा व्यक्ति-विद्रोह की सार्थकता, संघर्ष, तनाव को ऐतिहासिक कथ्य में ढालने का प्रयास किया। फलस्वरूप प्रसाद-गृहीत इतिहास स्थूल माध्यम के रूप में नहीं अपितु एक चेतन और जीवन्त माध्यम के रूप में उपस्थित है। यदि उन्होंने कहीं स्थूल इतिहास को ग्रहण भी किया है तो उसे सूक्ष्म सांस्कृतिक तत्वों से जोड़कर जो नया आयाम दिया है वह उनकी सर्जनात्मक प्रतिभा का द्योतक तो है ही, साथ ही उसके माध्यम से भारतीयता की एक नयी पहचान भी बनती है, इतिहास के कंकाल में सांस्कृतिक तत्व उभरकर सामने आते हैं। लोकमंगल की भावना मुखर होती है और आत्म-प्रसार की मानवीय आकांक्षा का विस्तार दिखायी देता है और उससे भी आगे चलकर रुढ़ तथ्यों पर उदात्त मानव-मूल्यों की विजय के रूप में भारतीय संस्कृति के विविध पक्ष प्रकाशित हो उठते हैं।

प्रसाद को दुःख के यथार्थ और नियति की निमर्मता के दार्शनिक अनुभूत तथ्य की अस्वीकृति सह्य नहीं। अतः उनकी समूची रचना-प्रक्रिया यथार्थ के द्योतन एवं उसके आदर्श से सामंजस्य के बीच डूब उतरा रही है न उसमें सुखान्त है न दुखान्त। इन दोनों की सीमाओं से कहीं आगे, बहुत आगे प्रसाद खड़े नजर आते हैं। उसमें व्यक्त दुःख, मानव की नियति और उससे जूझने के सत्य को मुखर करता है और सुख के बीच से वेदना की गूँज उठती है। दुःख हतप्रभ और निष्क्रिय है और फल है उनका आशावादी स्वर। यह आशावादिता कष्ट की कसौटी और तपस्या की अग्नि

से निःसृत है। कष्ट हृदय की कसौटी माना जाता है। उनके जीवन और जगत्-दृष्टि में कोई द्वन्द्व नहीं, तर्क-वितर्क नहीं, द्वन्द्व इसलिये नहीं कि उनमें अनुभूति की संश्लिष्टता, सघनता आ चुकी है। उनकी रचना-प्रक्रिया एक ओर 'स्व' की पहचान से उद्भूत है और दूसरी ओर स्वदेश के अतीत, वर्तमान के साक्षात्कार से जुड़ी है जिसकी परिणति समस्त भारतीयता की तलाश में प्रतिफलित दिखायी देती है।

अतः प्रसाद का समूचा कृतित्व हमारे समक्ष राष्ट्रीय विरासत के रूप में उपस्थित है, उस विरासत के रूप में जिसमें राष्ट्र की पहचान, राष्ट्र के स्वरूप के तत्व भी हैं और उस राष्ट्र के प्रमुख अंग मानव के विकास की सम्भावनाएँ भी। इसी रूप में प्रसाद का साहित्य भाषा को एक नई विरासत दे जाता है। प्रसाद की समस्त रचना-धर्मिता के पीछे, युगीन भावना/छायावादी भावना सूत्र संचालन का कार्य कर रही थी। छायावाद की प्रेरणा प्रसाद को न केवल बंगला कवियों और पाश्चात्य कवियों से मिली, अपितु उस युग की चेतना से भी मिली और प्रसाद का छायावाद, आयातित छायावाद नहीं है; अपितु अपनी भारतीय जमीन पर खड़ा है और उसमें उसी जमीन का अनुसरण है। वह ऐतिहासिक आवश्यकता भी है और दार्शनिक उत्थान भी। दार्शनिक दृष्टि से यह अभ्युत्थान प्राचीन रहस्यात्मक परम्परा में है जिसे भूले भारत को बहुत दिन हो गये। प्रसाद के ही शब्दों में–"वेदना के आधार पर स्वानुभूतिमयी अभिव्यक्ति के लिये छायावाद में युगीन राष्ट्रीय चेतना और उसकी आत्मा की तलाश अतीत में जारी रखी।"। उन्होंने भारतेन्दु, महावीरप्रसाद द्विवेदी की जीवन्त चेतना, रवीन्द्र, द्विजेन्द्रलाल राय, शेक्सपियर की नाट्य-शैली, पारसी मंच के आवेग को ग्रहण कर नाटकों की रचना की और शेली, कीट्स के भावात्मक आवेग को ग्रहण कर काव्य की सृष्टि की।

प्रसाद की अर्जित संवेदना कथ्य के प्रति एक मौलिक दृष्टि की पहचान है जिसमें जीवन की अपेक्षा जीवन की भावात्मक ऊष्मा है, जीवन की अपेक्षा जीवन से महत्तर चित्र हैं। प्रसाद-पूर्व भाषा में अनुभव-क्षेत्रों के विस्तार तथा भाव-बिम्बों की ग्रहणशीलता का अभाव था। विकासशील प्रक्रिया के बावजूद शब्द की आत्मा और अर्थ-गौरव से वह वंचित ही रही। किसी भाषा का विकास केवल शब्द नहीं अपितु शब्द का भावात्मक संस्कार होता है, और खड़ी बोली को यह संस्कार दिया छायावादी चेतना ने। यह राष्ट्रीय-बौद्धिक चेतना या आन्दोलन खड़ी बोली का आन्दोलन भी सिद्ध हुआ। प्रसाद ने इस चेतना से संपृक्त होकर पूर्व युगों से भिन्न कथ्य और संवेदना लेकर भाषा को एक नई सार्थकता दी और राष्ट्रीय पुनर्जागरण की भाषिक चेतना का भी उपयोग किया। प्रसाद-युग में रचनाकार को राष्ट्रीयता तथा पुनरुज्जीवन के भाव-बोध का एक नया आश्रय मिला। धीरे-धीरे वह आश्रय

अनुभूति में बदलता गया। फलस्वरूप प्रसाद या छायावादी कवियों की भाषा अनुभूति के अनुरूप भाषा के अन्वेषण का पर्याय बन गयी।

प्रसाद ने भाषा के शरीर को देश के हृदय के साथ जोड़कर उसके नवीनीकरण की प्रक्रिया को सार्थक बनाया और उसे शुद्ध साहित्यिक रूप धारण करौने की प्रक्रिया में सामान्य स्तर से उठाने का प्रयास किया। प्रसाद ने युग के अन्तर्मन के नये भावों को उनके अनुरूप भाषा दी। प्रसाद के अनुसार "जो आत्मा की मौलिक अनुभूति की प्रेरणा है, वही सौन्दर्यमयी और संकल्पात्मक होने के कारण अपनी श्रेयमयी स्थिति में रमणीय आकार में प्रकट होती है। रूप के आवरण में जो वस्तु सन्निहित है, वही तो प्रधान होगी। ...शब्द-विन्यास-कौशल पर विचार करने से यह स्पष्ट होगा कि जहाँ आत्मानुभूति की प्रधानता है, वहीं अभिव्यक्ति पूर्ण हो सकी है वहीं विशिष्ट पद रचना युक्त काव्य शरीर सुन्दर हो सका है।"[2]

पंत भाषा के सौन्दर्य को एक अलग दृष्टि से निरखते-परखते हैं—"आने वाले काव्य की भाषा अपने नवीन आदर्शों के प्राणतत्व से रसमय होगी, नवीन विचारों के ऐश्वर्य से सालंकार और जीवन के प्रति अनुराग की दृष्टि से सौन्दर्यमयी होगी।"[3] और 'कामायनी' आधुनिक हिन्दी काव्य में अर्थ और अनुभव की अद्वैत-प्रक्रिया का बेजोड़ उदाहरण है। प्रसाद के सन्दर्भ में चर्चा करते हुए नन्ददुलारे बाजपेयी स्वीकार करते हैं कि—"बड़े जीवन-चक्रों को हाथ में लेना, पेचीदा भाव-धाराओं और सांस्कृतिक परिवर्तनों के फलस्वरूप उठी हुई जटिल समस्याओं का निरूपण करना, व्यक्ति, देश और जाति के जीवन के बृहद छाया-आलोकों को उद्घाटित कर सकना"[4] कवि का लक्ष्य होता है । सारांश यह कि जीवन के गहरे और बहुमुखी घात-प्रतिघातों और विस्तृत जीवन दशाओं में पद-पद पर आने वाले उद्वेलनों को चित्रित करना, उन्हें सम्भालना और अपनी कला में उन सबको सजीव करना गुप्त (मैथिलीशरण) और प्रेमचन्द की साहित्य सीमा के बाहर है।

प्रसाद में सामाजिक, मनोवैज्ञानिक, दार्शनिक अर्थ की प्रतिरूपकता है, निर्वेदमयी दृष्टि के प्रति विशेष आग्रह है। यथार्थ और आदर्श, सत् और असत् भाव-बुद्धि और हृदय, ज्ञान और कर्म, दुःख और सुख के समन्वय से प्राप्त सामरस्य की अवधारणा ही इनके जीवन का मूल है। और, भावना के क्षेत्र में प्रेम, कर्म के क्षेत्र में युद्ध और राष्ट्रीय चेतना का विकास उनका जीवन-संदेश है और मानवता के लिये समाज की अनिवार्यता उनका प्रतिपाद्य है। यही प्रसाद का रचनात्मक धरातल है और इसी के बीच से निकली भाषा की परीक्षा हमारा लक्ष्य है।

प्रसाद खड़ी बोली के पहले प्रयोक्ता नहीं हैं। इनके पूर्व भारतेन्दु ने गद्य की भाषा में परिवर्तन किया था। कविता की भाषा में अन्तर बाद में किया गया। स्वयं

प्रसाद के कुछ पूर्व श्रीधर पाठक, हरिऔध, मैथिलीशरण गुप्त तथा रामनरेश त्रिपाठी को इस समस्या से जूझना पड़ा था। कविता में खड़ी बोली के आरम्भिक प्रयोगकर्ता होने के कारण इन कवियों ने बराबर भाषा का सीधा प्रयोग किया है। यह अलग बात है कि कविता की भाषा-शैली में गहरी अर्थशक्ति इनकी रचनाओं में देखने को नहीं मिलती है।

सच यह है कि प्रसाद पूर्व खड़ी बोली में प्रतीकों और भावचित्रों के विधान के लिये उपयुक्त संस्कार का अभाव था। इस अविकसित काव्यभाषा के अनुरूप ही इन कवियों की संवदेना है, जो इनके सीमित अनुभव क्षेत्रों का प्रधान कारण है। काव्यभाषा के संगठन में केन्द्रीय तत्व–बिम्ब या भावचित्र (इमेज) हैं। बात को सीधे-सादे ढंग से कहना/सम्प्रेषित करना–छायावाद की विशेषता है।

शब्दों के अर्थ-विस्तार में से इच्छित और वैकल्पिक अंशों को ग्रहण किया जाता है जो काव्यभाषा बनने की पहली आवश्यक शर्त है, जिससे फिर भाव-चित्रों का संगठन सम्भव होता है। छायावादी काव्यभाषा का सम्पर्क जीवित भाषा से कम, कृत्रिमता से अधिक है। यत्नज कृत्रिमता के बिना शब्दों की अनेक आरम्भिक अर्थ-छायाएँ इस प्रारम्भिक स्थिति में विकसित न हो पाती । अतः कृत्रिमता का यह ग्रहण तद्‌युगीन रचनाकार की विवशता है। यह अलग बात है कि भाषा-संरचना और उसके विकास पर इसका अनुकूल असर ही पड़ा। इसीलिये प्रसाद की काव्यभाषा अपनी सुपरिचित अपूर्णताओं के साथ भी इतनी विकसित है कि उसमें सत्य और यथार्थ के विभिन्न अनाविष्कृत पक्ष विस्तृत होते दिखाई देते हैं। साकेत, प्रियप्रवास और पथिक के कवि मानवीय व्यक्तित्व के अनेक सूक्ष्म संघर्षों और अन्तर-प्रक्रियाओं से अपरिचित रहे, क्योंकि उनकी भाषा अविकसित थी। उत्तर-छायावादी काल में भाषा की इस समृद्धि के विरुद्ध प्रतिक्रिया होती है, और छायावादी पूर्व रोमेण्टिक कवियों और उनकी कविताओं में (पाठक, पाण्डेय बन्धु, रामनरेश) में इतिवृत्तात्मक, सीधी-सादी भाषा को अपनाने का आग्रह दिखाई देता है—शायद इसलिये भी कि यह ढंग सरल था, और राष्ट्रीय आन्दोलन के उन कठिन दिनों में तात्कालिक अभिव्यक्तियों के लिये इसमें गुञ्जाइश अधिक थी। बालकृष्ण शर्मा नवीन, बच्चन, दिनकर, भगवतीचरण वर्मा, नरेन्द्र शर्मा, अंचल ने इसी मार्ग को अपनाया।

सीधी सरल भाषा के प्रति आकर्षण का एक कारण उर्दू कविता की सफलता भी थी। पर उर्दू का मिजाज साफगोई है, जबकि हिन्दी काव्यभाषा मुख्यतः व्यंजना शक्तियों पर आधारित रही। डरेल की शब्दावली में "इन रचनाकारों ने सत्य को सम्प्रेषित करने के स्थान पर उसे केवल कह देना चाहा।" थोड़ी दूर चलने के बाद इनकी गति कुण्ठित हो गयी, गतिशील बने रहने के लिये काव्य-भाषा को जिन

उपकरणों की आवश्यकता थी वह इनके पास न थे। सत्य को थोड़ी दूर तक कहा जा सकता है, उसके आगे उसे सम्प्रेषित ही करना होगा। सरल भाषा का प्रयोग करने वाले सभी आधुनिक हिन्दी लेखकों में से मैथिलीशरण गुप्त, प्रेमचन्द और बच्चन की उपलब्धि अपेक्षतया सबसे अधिक महत्वपूर्ण कही जा सकती है। परन्तु मानवीय व्यक्तित्व की सूक्ष्म और जटिल प्रक्रियाओं से उनका साबका कम ही है।

प्रगतिवादी कवि सुमन, केदारनाथ अग्रवाल, नागार्जुन आदि सरल भाषा पसन्द करते थे। जनवादी आन्दोलन से सम्बद्ध होने के नाते भाषा की यह सरलता उनके लिये और उपयोगी सिद्ध होती है। फलस्वरूप नारों के बीच से कविता एक-आध कहीं ढूढ़ने से ही मिलती है। कृत्रिम शब्दावली तथा सामान्य जीवन से दूर हुई शब्दावली के स्थान पर अज्ञेय ने बोलचाल की भाषा को काव्यभाषा निर्मिति का आधार बनाया। पर यह आधार विकास का पहला चरण है। सत्य तो यह है कि शब्द का नहीं, उसके प्रयोग का महत्व होता है और कालान्तर में शब्द नहीं घिसता वरन् उसका विशिष्ट संदर्भ समाप्त हो जाता है। सामान्यतः रूढ़, चुके हुए, अकाव्यात्मक माने जाने वाले शब्दों को प्रतिभावान कवि नए सन्दर्भ देकर उन्हें फिर से जीवित कर लेता है। किन्तु प्रसाद ने वस्तु-अर्थ के अनुरूप एक नयी भाषा का संधान किया। इसके लिये उन्होंने अतीत के उपकरणों का प्रयोग कर नयी भाषा, युग की भाषा के गठन का सरोसंजाम किया जिसमें कहीं वक्रता दिखाई देती है, कहीं विच्छित्ति और कहीं क्रान्ति।

संस्कृति की भाव-सम्पन्न शब्दावली उनकी रचना की अनिवार्यता है। किन्तु यदि हम ध्यान से देखें तो यह पायेंगे कि राष्ट्रीय जागरण तथा भावात्मक तारुण्य के विशिष्ट युगों में भाषा के क्षेत्र में कई बार ऐसे प्रयोग हुए हैं,जो भाषा को सार्थकता प्रदान करते हैं, जीवन्त बनाते हैं।

(2)

भारतेन्दु युग में गद्य की भाषा नारों, सुधारों तथा स्थूल अभिव्यक्तियों तक सीमित युग-बोध के कारण सर्जनात्मक जागरूकता से दूर थी। भारतेन्दु की खड़ी बोली का क्षेत्रीय प्रचलित स्वरूप साहित्यिक की अपेक्षा लौकिक अधिक था। द्विवेदी युग में सामाजिक, सांस्कृतिक, राष्ट्रीय तथा पुनरुत्थानवादी चेतना के विकास के बावजूद भाषा स्थूल कथ्य से जुड़ी रही। छायावाद की भाषा अनुभूतियों की विविधता तथा सहजता के बीच से निःसृत है इसीलिये अपने आन्तरिक और स्थूल कथ्य से जुड़ी है। भाषा के सर्जनात्मक आयामों तथा व्यंजना-शक्ति के विस्तार में छायावाद की अन्तर्मुखी प्रवृत्ति का योगदान हिन्दी भाषा के विकास के लिये वरदान सिद्ध हुआ।

यह पहला काल था जब भाषा की आत्मा की तलाश फिर से प्रारम्भ हुई। और यह सूक्ष्म आभ्यन्तर भावों की प्रेरणा शैली, वाक्य-विन्यास तथा वक्रोक्ति में प्रकट हुई। भाषिक संरचना में नवीन तत्व आए जो वाक्य उपकरण न बनकर अनुभूति के ही-अंग बन गये। अनुभूति के अनुरूप भाषा का अन्वेषण प्रसाद-युग के लिये सर्वथा नवीन उपलब्धि थी। इतिवृत्तात्मक गद्य को एक नया आन्तर स्पर्श मिला। कविता तथा गद्य की भाषा का भेद मिट गया। यथा–प्रसाद के गद्य की आत्मा काव्यधर्मी बन गई। छायावादी गद्य वाग्वैदग्ध, अलंकरण, काव्य-तत्व तथा बिम्ब-विधान से परिपूर्ण होने के कारण विशेषीकृत और शैलीबद्ध हो गया।

प्रसाद का कथ्य एक ओर स्वानुभूति के और दूसरी ओर अपनी विषयवस्तु के मूल स्रोत के कारण काव्यमय होने के लिये बाध्य है। प्रसाद की भाषा जीवन के सन्दर्भों तथा राग-तत्व के वास्तविक सामर्थ्य को अर्जित करती दिखती है। उन्होंने हिन्दी गद्य के संस्कृतनिष्ठ तथा चालू रूप को सर्जनात्मक सम्भावनाओं से आगे ले जाने का प्रयास किया। और उस प्रयास में भाषा के लचीले तन्तुओं को इस प्रकार सँवारा कि वे सम्प्रेषण की प्रक्रिया में अपूर्व इन्द्रजाल की सृष्टि कर सकें। अनुभूति के स्तर पर भाषा को राग से जोड़ा। सांस्कृतिक विरासत के दाब से सम्पन्न कर युग में उपलब्ध साधनों से संपुष्ट किया। व्यंजना-पूर्ण नयी भाषा की सर्जना की। प्रसाद की भाषा कृत्रिम या चलताऊ नहीं, सहज नैसर्गिक भाषा थी जो नाटक कविता दोनों के लिये अपेक्षित थी।

गद्य में काव्य के उपकरणों का प्रयोग कर उसे अनुभूति की प्रगाढ़ता देकर अपने नाट्य-लेखन को ऐसी सघन अभिव्यक्ति से युक्त किया जिसमें भाषा ने वह रूप ग्रहण किया जो उसके लिये सबसे अधिक स्वाभाविक था और तब किसी विकल्प के अभाव में एक यही उनकी अर्जित भाषा थी जिसमें वे अपने को अभिव्यक्त कर सकते थे। गद्य की भाषा को उन्होंने ऐसा काव्यात्मक माध्यम के रूप में लिया जो अपने रेंज और आयाम में असीमित सम्भावना से युक्त थी।

यों संस्कृत-शब्दावली की प्रधानता के कारण उनकी भाषा कृत्रिम है। पर, हर सर्जनात्मक भाषा किसी-न-किसी रूप में कृत्रिम होती है क्योंकि तभी वह साहित्य-रचना के लिये उपयोगी बन पाती है। किन्तु संस्कृत भारत की उस संचित भावानुभूति या संस्कृति की संवाहक है, जिसका हिन्दी एक अंग है। प्रसाद में पुनरुत्थान की भावना है किन्तु पुनरुत्थान की यह प्रेरणा राष्ट्रीय आकांक्षा की तृप्ति के कारण है। देश के सामने अपनी अस्मिता सुरक्षित करने की चुनौती भी संस्कृत शब्दावली के साग्रह ग्रहण का कारण है। आज की हिन्दी में भी संस्कृत-गर्भित शब्दावली ही तो है।

सर्जनात्मक गद्य के लिये बोलचाल की भाषा के सामान्य स्तर से कहीं ऊपर

उठकर काव्यभाषा के ठोस अंश को ग्रहण करना अनिवार्य होता है। साहित्य की भाषा, वस्तुतः अनेक परम्पराओं तथा रूप नामहीन प्रक्रियाओं के बीच से गुजरती हुई स्वतःसर्जन कर आवश्यकताओं के अनुरूप अपना रूप सँवारती है। इसे कृत्रिमता का नाम देना भाषिक विकास की प्रक्रिया को नकारना है। वस्तुतः साहित्य-रचना की क्षमता भाषा की दर्पण-मुखरता में नहीं,उसकी सर्जनात्मक क्षमता में निहित होती है। प्रसाद ने बोलचाल की भाषा के जीवन्त अंश को स्वीकार किया किन्तु उस चालू सतही भाषा को ग्रहण नहीं किया जिसमें विशिष्ट सर्जन तथा विन्यास की सम्भावनाएँ नहीं थी। इसीलिये डॉ0 नामवर सिंह स्वीकार करते हैं–"अनुभूति की नदी के उमड़ते ही उनमें न भावों की कृपणता दिखाई देती है न भाषा की। सर्वत्र शब्दों को लुटाने और मुक्तहस्त दान करने की प्रवृत्ति के कारण भाषा एक नपी-तुली व्यवस्था से अपने को बचाती-सी लगती है।"[5] नलिन विलोचन शर्मा के अनुसार प्रसाद की भाषा "फीलपाँवी" भाषा है। पर उनका कथन सत्य से परे है। प्रसाद की भाषा क्लिष्ट भी है जिसका कारण भावों की जटिलता है। सत्य तो यह है कि कृति और उसकी भाषा को दो भिन्न वस्तुएँ मानने के कारण ही उस पर सरलता अथवा क्लिष्टता के आरोप लगाये जाते हैं।

'विशाख', 'राज्यश्री' की भाषा सरल है किन्तु अशक्त भी। 'अजातशत्रु' से उनकी भाषा अनुभूति के बल पर चलने लगती है और कई क्षमताएँ अर्जित करती है। उनकी भाषा व्याकरण की नहीं, जीवन की भाषा है—अनुभूति-साधना, अध्ययन और संयम से अर्जित भाषा। इसलिये वह कृत्रिम न होकर सहज है क्योंकि वह अतीत के सारे सांस्कृतिक वाङ्मय के सारतत्व, विराट की साधना तथा अनुभूति के तप से उपजी है।

"सहज भाषा का अर्थ है सहज ही महान बना देने वाली भाषा। तपस्या, त्याग और आत्मबलिदान से सीखी हुई भाषा सहज है। जो लोग सहज भाषा लिखना चाहते हैं,उन्हें स्वयं सहज बनना पड़ेगा। तपस्या और त्याग से मनुष्य सहज बनता है। सड़क पर चलने वाला आदमी क्या बोलता है, यह भाषा का आदर्श नहीं होना चाहिये। केवल अशिक्षित और अनपढ़ लोगों की बोलियों से बटोरे हुए शब्दों से यह कर्म सिद्ध नहीं होगा। बाजार की भाषा को मैं छोटीं नहीं कहता, परन्तु मनुष्य को उन्नत बनाने के लिये जो भाषा प्रयोग की जायेगी वह उससे भिन्न होगी।"[6] आंतर हेतु की ओर प्रेरित समग्र संवेदनीयता में प्रसाद के कवि-कर्म की जाँच आवश्यक है। वस्तुतः अनुभूति को महत्व देते हुए उनके कवि-व्यक्तित्व का तन्मय रूप, शब्दों के व्यवहार, कल्पना, वाक्य-गठन में शब्द और शब्द के विशिष्ट या विचित्र सम्बन्ध, उनकी लाक्षणिक क्षमता एवं उपचार-वक्रता को नया बनाने में जुटा रहा। फलस्वरूप

सामान्य भाषा से काव्यभाषा के अन्तर को उन्होंने 'अभिव्यक्ति' से स्वानुभूतिमयी अभिव्यक्ति के अन्तर के रूप में प्रत्यक्ष किया।

काव्य भाषा का पहला धरातल है–शब्दचयन। प्रसाद अपनी रचनाओं में तत्सम शब्दावली पर अधिक जोर देते नजर आते हैं। वस्तुतः अतीत के प्रति मोह और ऐसे विषय-चयन जो तत्सम शब्दावली की माँग करते हैं, यही प्रसाद की रचना में तत्सम शब्दावली की बहुलता के कारण हैं। आचार्य महावीरप्रसाद द्विवेदी का आग्रह भी इसका एक कारण है। सत्य तो यह है कि भाषा–बदलाव के संगम पर तत्सम शब्दावली की बहुलता होती ही है। अपभ्रंश से हिन्दी का उद्भव इसका उदाहरण है। परन्तु यह तत्सम शब्दावली नई अर्थवत्ता और युगीन चेतना से संपृक्त भी है। इसमें रूढ़ हुए संदर्भ नहीं अपितु जीवंत संदर्भ उजागर हैं। प्रसाद जी ने तत्सम के साथ-साथ तद्भव और देशज शब्दावली का भी प्रयोग किया है। प्रसाद का यह शब्द चयन उनकी सृजन-प्रक्रिया का एक लम्बा इतिहास प्रस्तुत करता है। वस्तुतः उनकी सांस्कृतिक चेतना की अभिजात समन्वित दृष्टि, दर्शन और अनुभूति का गहन संश्लिष्ट स्वरूप, शब्दों की बनावट में अभिव्यक्त अभिजात गरिमा, व्यंजना–शब्द-संगठन, शब्दों की जड़ों का ध्वन्यात्मक पुनराविष्कार है, लयात्मक संवेदना का अपूर्व संयोजन व नए शब्दों का सतर्क लालित्यधर्मी उपयोग स्पर्शहीन, अनुभवों की काव्यात्मक पकड़ अपरिचित शब्द-युग्मों या शाब्दिक विरोधी विपर्ययों की मार्मिक सृष्टि है।

शब्द-चयन भाषा-संरचना का प्रमुख आधार होता है। रचनाकार या तो जन साधारण में प्रचलित-शब्दावली का प्रयोग करता है अथवा नई गढ़ता है, या लुप्त परम्परा से पुनरुज्जीवित करता है। साहित्यकार जिस शब्द-सम्पदा का प्रयोग करता है,उसका मूल-तत्व उसके लेखन के अन्तर्विषय, युग की धारणा तथा उसके अपने व्यक्तित्व में निहित होता है। प्रसाद की शब्दावली पुनर्जागरण की देन है। भारतेन्दु एवं द्विवेदी युग में उसका प्रयोग हो चुका था। प्रसाद के शब्दावली चयन में युग, परम्परा, नवीन युगबोध, अतीत-गौरव, पुरातन-ज्ञान तथा वैयक्तिक अनुभव अधिक सक्रिय हैं। छायावाद का मोह अतीतजीवी शब्दों के प्रति अधिक होता है। संसार की अन्य भाषाएँ भी इसका उदाहरण हैं। इसीलिये अतीत के शब्दों की भरमार है।

अवधारणा के बदलते हुए क्षितिज के साथ छायावाद ने कथ्य, अनुभव, जीवन– मूल्य तथा जगत् को नया रंग दे डाला था, उसके लिये संस्कृत शब्दावली आवश्यक थी। प्रसाद की व्यक्तिगत अभिरुचि, भावुक-विलास प्रवृत्ति, पुरुषार्थ तथा दार्शनिक मुद्रा ने भी शब्दावली के चयन में महत्वपूर्ण योग दिया है। धर्म, दर्शन,

संस्कृति की अभिव्यक्ति के लिए धार्मिक, दार्शनिक, सांस्कृतिक शब्दावली, लोक-विश्वास, सामाजिक परम्पराओं के लिए ऐतिहासिक शब्दावली और अनुभूति, स्मृति, भावना आदि की अभिव्यक्ति के लिये संवेगात्मक शब्दावली का प्रयोग रचनाकार की विवशता होती है। और यही प्रसाद का वैशिष्ट्य भी है। यहीं नहीं अर्थगाम्भीर्य के लिये देशज शब्दों का प्रयोग भी इन्होंने किया।

शब्दावली की ध्वन्यात्मकता, श्रुति-रंजकता तथा लालित्य पर प्रसाद ने विशेष ध्यान दिया। इसमें उन्होंने अपनी भाषा में ध्वनि-बिम्बों से अर्थ-बिम्बों का एक भावात्मक वातावरण निर्मित किया। अर्थ-विस्तार के लिये शब्द-अलंकरण-क्षमता का समर्थ साधन भी प्रसाद की भाषा का एक बहुत बड़ा गुण है। वाक्यों के अंगभूत पदों में संज्ञा, सर्वनाम, विशेषण, क्रिया आदि के प्रयोग में उन्होंने अर्थ के जो आयाम स्थिर किये हैं, वे उनके अभिव्यक्त-कौशल को प्रकट करते हैं। इनमें क्रियापदों का लोप और बाहुल्य की प्रवृत्ति का प्राधान्य है। उन्होंने क्रियाहीन वाक्यों का प्रयोग संस्कृत की सूत्र-शैली के अनुरूप–सघनता, अभिव्यक्ति-संयम तथा दृश्य-चित्रण के संग्रथन के लिये सफलतापूर्वक किया है। क्रिया के प्रयोग में काव्यवैचित्र्यवक्रता स्पष्ट दिखाई देती है। सम्बन्ध की भाँति ही अर्थतत्व की दृष्टि से संबोधन कारक में भी प्रसाद ने शब्दों का महत्वपूर्ण प्रयोग किया है। कहीं-कहीं संज्ञा की अपेक्षा अर्थ की सारी प्राणवत्ता विशेषण में स्थानान्तरित हो जाती है–"इस एकान्त में विखरे मन को संभाल लूँ।" उत्तम पुरुष के सर्वनामों का प्रयोग छायावादी व्यक्तिवादिता का परिचायक है। छायावादी कौतूहल का जनक अनिश्चयवाचक सर्वनाम की प्रयोग बहुलता भी है।

प्रसाद बिम्ब-प्रक्रिया के प्रणेता हैं। उन्हीं के शब्दों में–"बिम्ब अनुभव के सूक्ष्म और जटिल तराशों को भली-भाँति रूपायित कर सके ।" प्रसाद ने बिम्ब-विधान के परम्परित तत्व नए संदर्भों के साथ प्रयुक्त किये। कविता का अधिकांश वर्णन सामान्य भाषा में होता है जबकि कविता का पूरा रचना-संघटन कुछ विशिष्ट प्रयोगों से समग्रतः दीप्त हो उठता है—

बीती विभावरी जाग री।
अम्बर पनघट में डुबो रही
तारा घट उषा नागरी।
खग कुल कुल कुल सा बोल रहा
किसलय का अंचल डोल रहा।
लो यह लतिका भी भर लाई
मधु मुकुल नवल रस गागरी।

अधरों में राग अमंद पिये,
अलकों में मलयज बंद किये
तू अब तक सोई है आली
आँखों में भरे विहाग री।

सत्य तो यह है कि कविता अंतिम दो बिम्बों के सहारे बनती है। चित्राधार से कामायनी तक सामान्य वर्णन की भाषा उपेक्षित थी। उसमें व्याकरण, वाक्य विन्यास, लय सभी को लेकर असावधानी रही। बिम्ब के महत्व पर प्रकाश डालते हुए प्रसाद कहते हैं—"कला की आत्मानुभूति के साथ विशिष्ट भिन्न सत्ता नहीं, अनुभूति के लिये शब्द-विन्यास-कौशल तथा छन्द आदि भी अत्यन्त आवश्यक नहीं।" साधारण शब्द अनुभव को जड़ और सूक्ष्मता में अंकित करता है। श्रद्धा के सौन्दर्य वर्णन के प्रसंग में मुस्कान का बिम्ब-परक अंकन देखें—

और उस मुख पर वह मुस्कान
रक्त किसलय पर ले विश्राम
अरुण की एक किरण आम्लान
अधिक अलसाई हो अभिराम।

वस्तुतः प्रसाद ने मानवीय सौन्दर्य के रीतिकाल और फिर द्विवेदी युग में प्रचलित स्थूल अप्रस्तुत विधान को निरस्त करके बिम्बों को नये सूक्ष्म स्तर पर विकसित किया है जो उनके बिम्ब–प्रभाव और अनुभव-प्रक्रिया को व्यंजित करते हैं—

खिला हो ज्यों बिजली का फूल
मेघ बन बीच गुलाबी रंग

काम अपनी पुत्री का सौन्दर्य वर्णन मनु की अन्तश्चेतना में करता है—

रंगों ने जिनसे खेला हो
ऐसे फूलों की वह डाली

प्रथम प्रणयानुभव की मादकता और बेचैनी काम सर्ग में मनु के स्वागत कथन में—

है स्पर्श मलय झिलमिल सा
संज्ञा को और सुलाता है।

श्रद्धा के मन में प्रणय के प्रतिदान और उससे उत्पन्न पीड़ा और अनिश्चय का जो प्रथम अनुभव होता है उसका सूक्ष्म कलात्मक अंकन द्रष्टव्य है—

धूम लतिका सी गगन तरु पर न चढ़ती दीन
दबी शिशिर निशीथ में ज्यों ओस भार नवीन
झुक चली सव्रीड़ वह सुकुमारता के भार
लद गई पाकर पुरुष का नर्ममय उपचार

दो बिम्बों को एक दूसरे पर संयुक्त और आरोपित करके अनुभव की अभिव्यक्ति, देव-सृष्टि के विनाश पर श्रद्धा सर्ग के आरम्भ में मनु को सारा जीवन अर्थहीन और निःसार लगता है, इसकी अभिव्यक्ति एक पूरी बिम्ब माला द्वारा प्रस्तुत है—

क्या कहूँ, क्या कहूँ मैं उद्भ्रान्त?
विवर में नील गगन के आज
वायु की भटकी एक तरंग,
शून्यता का उजड़ा सा रज

यहाँ शून्यता के बिम्ब पर 'उजड़ा सा' का आरोपण लक्ष्य है। प्रतीकों के माध्यम से बिम्ब को विकसित करने की सूक्ष्म और सुकुमार प्रक्रिया देखी जा सकती है। इड़ा, सर्ग का प्रसिद्ध गीत है—

जीवन निशीथ के अंधकार

यहाँ अंधकार मनु के अपने ही मन के विभ्रम का प्रतीक है। मानवीय सृष्टि और संस्कृति का आख्यान देखें—

मनु ! क्या यही तुम्हारी होगी
उज्ज्वल नव मानवता...
भद्रे! यह नव संकल्प नहीं ।
चलने का लघु जीवन अमोल। (ईर्ष्या सर्ग)

स्पष्टतः अन्य युगीन कवियों की अपेक्षा प्रसाद का रचनात्मक धरातल (भाषिक) अधिक संपुष्ट और समृद्ध है।

संदर्भ

1. प्रसाद-काव्य और कला तथा अन्य निबन्ध, पृ. 44
2. काव्य कला तथा अन्य निबन्ध, पृ. 44
3. आधुनिक कवि, भाग-2, पृ. 11
4. जयशंकर प्रसाद की भूमिका
5. प्रसाद की भाषा शैली—लेख—सं. इन्द्रनाथ मदान, प्रसाद चिंतन और कला, पृ. 383
6. हजारीप्रसाद द्विवेदी ग्रंथावली, भाग-10, पृ. 270-271

भाषा : आचार्य हजारीप्रसाद द्विवेदी की सहज भाषा

भाषा : आवश्यकता और स्वरूप

भाषा विचार-विनिमय का वह असाधारण माध्यम है जो मानव-अनुभूतियों की गहनता की अभिव्यक्ति-सामर्थ्य रखता है। अर्थात् भाषा जहाँ व्यक्ति की अनुभूति से शब्दमय होती है वहीं वह उसी रूप में दूसरों को अनुभूति कराने की सामर्थ्य भी रखती है। अनुभूति की इस सामर्थ्य को ही 'सम्प्रेषणीयता' की संज्ञा से अभिहित किया जाता है। भाव, विचार या विषय किसी भी रचना के वस्तु-पक्ष हैं किन्तु उसकी अभिव्यक्ति उसका साधारणीकरण भाषा द्वारा होता है। वस्तुतः रचनाकार की अनुभूतियों को उसी सतह पर उतनी ही गहराई से पाठक या श्रोता को अनुभूत कराने का कार्य भाषा करती है। विषय को विशेष कोण, विशेष अर्थ तथा विशेष भंगिमा देने के लिये भाषायी संरचना जिम्मेदार है। रचना के सौन्दर्य, गाम्भीर्य तथा प्रस्तुतीकरण की सफलता के आकलन हेतु उसकी भाषा का विवेचन आवश्यक होता है। तीव्रता से बदलते हुए साहित्यिक मूल्य एवं प्रतिमान भाषा से सर्वाधिक प्रभावित होते हैं। भाषा व्यक्तियों द्वारा प्रयुक्त ध्वनि-संकेतों का एक समूह है तथा वे संकेत परम्परा और वातावरण के संयोग से धीरे-धीरे सामाजिक परिप्रेक्ष्य में विकसित होते हैं, परन्तु भाषा केवल संकेतों अथवा प्रतीकों का समुदाय ही नहीं है अपितु आत्माभिव्यक्ति का भी पर्याय है। भाषा के लिये अभिधेय का विचार उतना ही महत्वपूर्ण है जितना कि शब्द के अर्थ का। यहाँ अर्थ से केवल अर्थ (अक्षरार्थ) का नहीं,बोध्य वस्तु (अभिधेय वस्तु) का अभिप्राय लिया जाता है। अर्थात् भाषा को इस अर्थमय जगत का अभिव्यंजक समझना चाहिये। भाषा विचारों को व्यक्त करती है, पर विचारों से अधिक उसका सम्बन्ध वक्ता के भाव, इच्छा, प्रश्न, आज्ञा आदि तत्त्वों से रहता है। विचार को व्यापक अर्थ देने में इन सभी का समावेश हो सकता है। एक और महत्त्वपूर्ण बात है–भाषा का समाज सापेक्ष होना। भाषा की उत्पत्ति कैसे भी हुई हो, भाषा के विकास के लिये आवश्यक है कि लोग एक-दूसरे के कार्यों, विचारों और

भावों को प्रभावित करने के लिये व्यक्त ध्वनियों का सप्रयोजन प्रयोग करते हों। भाषा सम्पूर्ण विश्व के कार्य-व्यापार की आधारशिला है। यह जितनी सशक्त, सटीक और चेतन होगी उतनी शाश्वत और सामाजिकता की वाहक होगी। इस प्रकार स्पष्ट है कि भाव तथा चिंतन की अभिव्यंजना का एकमात्र साधन है–भाषा।

भाषा के अभाव में साहित्य-रचना की कल्पना असंभाव्य है। रचनाकार अपनी अनुभूतियों एवं विचारों को भाषा के माध्यम से ही तो अपनी कृति के अन्तर्गत अभिव्यक्त करता है। भाषा के बल पर ही लेखक की वैचारिक–निधि, चरित्रों की मनःस्थिति और उद्देश्य की महनीयता को अंकित किया जा सकता है। भाषागत सशक्तता, प्रभविष्णुता तथा संप्रेषणीयता के अभाव में रचना सदैव असफल रहती है। स्वयं द्विवेदीजी उन लोगों को महान मानते हैं जो लोग साहित्य-सृष्टि करके भाषा के माध्यम से जनतारूपी जनार्दन की सेवा करना चाहते हैं। क्योंकि राष्ट्र के सांस्कृतिक स्तर को ऊँचा उठाने के लिये समृद्ध भाषा की आवश्यकता होती है।[1]

द्विवेदीजी की भाषा

आचार्य हजारीप्रसाद द्विवेदी भाषा के कुशल शिल्पी एवं उत्कृष्ट शैलीकार हैं। उनका साहित्य भाषा-प्रयोग का खजाना है। द्विवेदीजी की भाषा-शैली उनके व्यक्तित्व का प्रतीक है। उसमें संस्कृत भाषा का पूर्ण वैभव, हिन्दी की सम्पूर्ण शक्ति और लोकजीवन की सरस व्यंजना एक साथ समाविष्ट है। अनुसंधान-ग्रन्थों में वह तर्कपूर्ण, तथ्यमयी, संयमित और गंभीर हो जाती है, निबन्धों में संस्कृत के पद-विन्यास, अंग्रेजी के उपयोगी शब्दों, लोक-जीवन के घरेलू प्रयोगों और कहीं-कहीं उर्दू के लहजों को आत्मसात् करके भाषा के रूप में सामने आती है और उपन्यासों में पात्र और परिस्थिति के अनुकूल मर्यादित हो जाती है।

द्विवेदीजी अपनी रचनाओं की सामग्री के लिये सृष्टि का हर कोना झाँक आए हैं। जहाँ वे आश्यकतानुसार वस्तु-सापेक्ष भाषा का चयन करते हैं; वहीं उनकी भाषा में उनकी अपनी चेतना भी मूर्तिमान् है। उनका सरल, सहज व्यक्तित्व, अल्हड़पन उनकी भाषा में उसी रूप में प्रकाशित हो उठा है। एक बात और! द्विवेदी जी पात्रों, भावों या विचारों के अनुकूल इतने आकस्मिक ढंग से भाषा को परिवर्तित कर देते हैं कि पाठक चकित रह जाता है। यह परिवर्तन भावों की सम्प्रेषणीयता में बाधक न बनकर साधक ही बनता है। तत्सम शब्दावली की बोझिल भाषा से ऊबा पाठक एकाएक सरस और सहज भाषा पाकर रचना में पुनः केन्द्रित हो जाता है। इस परिवर्तन से जहाँ सहजता बढ़ती है वहीं गूढ़ भावों को समझने में मदद भी मिलती

है। और आगे आने वाले ऐसे क्लिष्ट मनोभावों को समझने का रस भी पाठक यहीं संयोजित कर लेता है। इस प्रकार द्विवेदीजी एक ऐसे रचनाकार हैं जिनमें भाषा-सर्जना के सभी गुण विद्यमान ही नहीं, अपितु वे सतर्क भी हैं।

द्विवेदीजी की भाषा : विविध सोपान

भाषा-संरचना के महत्त्वपूर्ण पहलू हैं—शब्द, वाक्य, अर्थ, अलंकार, बिम्ब, मिथ, लोकोक्तियाँ और मुहावरे। प्रतिभा-सम्पन्न रचनाकार इन सबकी सायास योजना नहीं करता; वे तो स्वाभाविक रूप से उसकी भाषा के अंग बनते चलते हैं। वस्तुतः भाषा का जीवन से अत्यन्त गहरा सम्बन्ध है। वह उसकी चेतना और बुद्धि-विलास की प्रतीक है। शब्द उसके जीवन के गहरे अनुभवों के रूप में उसके मानस में निबद्ध रहते हैं। जब जिस अनुभूति की अभिव्यक्ति के लिये रचनाकार प्रस्तुत होता है वे स्वयं सामने आ खड़े होते हैं और रचनाकार अनजाने ही उनका प्रयोग कर जाता है। तात्पर्य यह कि अनुभूति स्वयमेव शब्दमय हो जाती है और शब्द स्वयं अनुभूतिमय। और! यही तो रचनाकार की सफलता का रहस्य है यदि अपनी अभिव्यक्ति के लिये उसे शब्दों की खोज करनी पड़े तो उसमें स्वाभाविकता और सहजता कहाँ? इसलिये जब हम द्विवेदीजी की भाषा के विविध पक्षों पर विचार करने जा रहे हैं तो वहाँ इसका तात्पर्य कदापि यह नहीं है कि द्विवेदीजी ने शब्दों को रटकर, वाक्य-योजना सीखकर तथा मुहावरों को स्मरण कर उपयुक्त स्थानों पर प्रयुक्त किया। वस्तुतः उनकी शब्द-योजना, अर्थ-योजना, वाक्य-विन्यास-पद्धति, आदि उनकी अपनी भाषा-सम्पदा तथा पद्धति के गवाह हैं। जिस तरह से भारतीय संस्कृति और इतिहास को उन्होंने अपने में आत्मसात् कर उसे एक नये रूप में व्याख्यायित किया, उसी प्रकार उस काल में प्रचलित विभिन्न भाषा-रूपों को भी उन्होंने आत्मसात कर उसे एक नये रूप में प्रस्तुत कर अपने परवर्ती रचनाकारों के समक्ष भाषा का एक स्वरूप रखा जिसमें किसी भाषा के शब्दों से परहेज नहीं, तथाकथित सभ्य समाज के लिये अछूत जन-सामान्य के शब्दों के प्रति कोई भेदभाव नहीं है। यदि वे जनसामान्य में व्यवहृत किसी शब्द में नई अर्थवत्ता पाते हैं तो उसे तत्सम शब्दों की भाँति ससम्मान अपनी भाषा में स्थान देते हैं। सही बात तो यह है कि वाणी का यह डिक्टेटर विवशता के कारण तत्सम शब्दावली का प्रयोग करता है, विशेषकर 'बाणभट्ट की आत्मकथा' में, अपितु उसका मन तो रमा है तत्युगीन भाषा से च्युत जन-सामान्य के शब्दों में। वे उसमें जिस अर्थ की खोज करते हैं, उराके पर्याय में दूसरे शब्द उन्हें खोजे नहीं मिलते ।

शब्द-योजना

द्विवेदीजी प्राचीन इतिहास के आख्याता हैं, खासकर संस्कृत-परम्परा के। इसलिये कथ्य के प्रति विश्वसनीयता का भाव लाने या पाठक को सही काल में पहुँचा देने हेतु संस्कृतनिष्ठ शब्दावली की ग्राह्यता रचनाकार की अनिवार्य नियति है। यही कारण है कि द्विवेदीजी ने प्रचलित एवं अप्रचलित दोनों प्रकार के तत्सम शब्दों का प्रयोग अपने उपन्यासों में किया है। यथा—मल्ल समाह्वय,रागोत्षिप्त, प्रत्यग्र-मनोहर, बंधुल, हर्म्य, भावानुप्रवेश, अज्ञ, अक्षोम्य, विवर्ण, श्रेष्ठिचत्वर,असूर्यम्पश्या, पार्थिव विग्रह, परिवर्तितव्य, क्षौम वस्त्र, सिक्थ चर्चित, लाक्षारस रंजित, कुन्त, हेला, विब्बोक, अशीतिकर, अलूक्ष, उच्चावच, सोपानदीर्घा, अर्चक, उच्छून, विक्षुब्ध, क्वणन, कंकणवलय,वृन्तछेदित, प्ररोह कुंज, विचिकित्सा, पांडुर, अस्खलित, घूर्णाचक्र, वात्याचक्र, घन कुंचित, अन्तर्मदावस्था, अगत्या, आस्थान मण्डप, विनिपात, समवक, अन्धतिमिराच्छन्न, अनुभयनिष्ठा, गुणाकर्ष, जनसम्मर्द, व्याक्षेप, राजश्यालक, आलिम्पन, उपलेपन, वर्षायनिका, अलंबुषा।

कहीं-कहीं पर पाठकों की सुविधा का ख्याल रखकर तथा भाषा की क्षिप्रता बनाए रखने हेतु उन्होंने अनेक कठिन शब्दों के अर्थ भी कोष्ठक में दिये हैं। यह उनकी रचनात्मक कमजोरी नहीं अपितु शैलीगत विशेषता है, जो केवल 'बाणभट्ट की आत्मकथा' में ही विद्यमान है।

'चारु चन्द्रलेख', 'पुनर्नवा' तथा 'अनामदास का पोथा' में उनकी भाषा धीरे-धीरे प्राचीनता और शास्त्रीयता से मुक्त होती गयी है। अनामदास का पोथा में स्वयं द्विवेदीजी ने लोगों के इस भ्रम को दूर करने का प्रयास किया है कि वे बाणभट्ट की आत्मकथा जैसी कृतियों के माध्यम से संस्कृतनिष्ठ हिन्दी के समर्थक और हिन्दुस्तानी के विरोधी हैं–"भगवान् साक्षी है कि मैं न संस्कृतनिष्ठ हिन्दी का समर्थन कर रहा था न तथाकथित हिन्दुस्तानी का विरोध। कर रहा था संस्कृत की समृद्धि की स्थापना पर मेरा अकारण नाम घसीट लाया गया।"[2]

बोलचाली भाषा के सुन्दर अर्थोंवाले तद्भव एवं देशज शब्दों का पर्याप्त प्रयोग भी आचार्य द्विवेदीजी के साहित्य में उपलब्ध है। किवाड़, जबड़े, भरती, उलीचना, खली, निउनिया, हथियाना, झीमना, कठकरेजी, सिखावन, निकम्मा, अचरज, साँड़नी, भरमाना, कंगना, भुक्खड़, बैरागी, भैया, होम, देई, भैंसा, सिंगार, मिट्टी, सिखावन, लहुरा, लहुरी, काँपना, बेटा, बेटी, लाज, जूझना, पेटी, माता-पिता, भाभी, लोप, बहू, बरतन, अखाड़ा, भरमाना, काजल, आदि शब्द इसके उदाहरण-स्वरूप हैं।

संज्ञापद ही नहीं, सर्वनाम, क्रियापद तथा विशेषणों के भी तद्भव रूपों का प्रयोग द्विवेदीजी ने किया है- व्याह, बरेखी, जगर-मगर, कनटोप, सोंटा, गठरी, भिड़न्त,बहली, झोला, सासतर, टिप्स, ऊत, भेड़िया-धसान, डुग्गी और दुधमुँही आदि जैसे देशज शब्दों का अत्यन्त सार्थक प्रयोग द्विवेदीजी की कृतियों में देखा जा सकता। इसके अतिरिक्त ताकना, तिजहरी, कोस, झोंटा, हूक, टाटी, फाटक, कोने-अंतरे, बराकी, छैछी, पोटली,गप्प, झमाझम, लंठ, दुलार, रगेद देना, बिकना, जोड़ी, लौंडा,गँवार, पोथी, झपका, घिस्सा, फावड़ा, ढोंका,धुत, मरकहे, पिल्लों, पहलवान, भिड़न्त, खरभर, पोत लेना, सट से, सासतर, रसातल, दीया, फिसफिसाकर, करनी, हाटा, साध, अँचवाया, वनैत, लहक, बटोरना, कलछुल, टनमन, डुग्गी, घनघम्मर, दोने, दाना, सोत, ढँक, अँगिया, छरकना, भहराना, तनिक, लहालोट,टिटकारी, बदा, बिछोह, बही, वित्ता, दमादम, एकलरा, जौ भर, बलैया, ताता, धुप्प, कुटम्मस, चंट, घाव, नटखट, तीया, दूआ, नक्का, कट्टा, झाँय-झाँय, घप्प से बटोही, हितू, ढीठ, लिलार, उजार, कचोट, ठठरी, ढाँढ़स, बमभोलानाथ,बलिहारी, ठिठोली, जुहार, दरेरा देना, गुहार, आदि निपट देशज शब्द द्विवेदीजी की भाषा के धरोहर हैं।

संस्कृत शब्दावली के प्रयोग के साथ-साथ ग्राम्य शब्दों के प्रयोग द्वारा द्विवेदीजी ने यह स्पष्ट कर दिया है कि ये शब्द एक ऐसी अर्थवान् इकाई के रूप में हमारे जीवन में प्रचलित हैं जिनका स्थान दूसरे शब्द कभी नहीं ले सकते। इस प्रकार संस्कृतनिष्ठ और ग्राम्य-शब्दों के एक साथ प्रयोग द्वारा उन्होंने एक ऐसी नई भाषा की सृष्टि की जिसका पर्याय आज तक सामने नहीं आ पाया। यथा–''इन निठल्लों की बात में समय नष्ट करना व्यर्थ है। जो नहीं कहीं थी वह बात उसकी कुटिल भृकुटियों और तनी हुई ललाट रेखाओं से चू पड़ी थी, ठीक सीदी मौला के मस्तक पर। वह बात सीधी थी, परन्तु इतनी वेगवती कि सीदी के मस्तिष्क की गहराई में 'चुभ गयी थी', ''तुम दायित्वहीन भगोड़े ठूँठ लोग समाज का नाश कर रहे हो।''[3] 'चू पड़ी', चुभ गयी' और 'ठूँठ' का अर्थगांभीर्य तथा सशक्त प्रयोग द्रष्टव्य है।

अनेक ध्वन्यात्मक शब्दों के प्रयोग द्वारा भी वे अपनी कृतियों को प्रभावशाली बना गए। इन शब्दों के प्रयोग से पात्रों के कार्य-व्यापार एवं मनः स्थिति की सटीक अभिव्यक्ति हुई है। यथा–बकबकाना, बड़बड़ाना, धप्प से बैठना, धड़फड़ाकर उठना, सुबक-सुबककर, फफक-फफफकर, घंटे की टनटन, गले की खरखराहट, जलती हुई लकड़ियों की चटचट और चटपटाहट आदि सभी शब्द नाद-सौन्दर्य की सृष्टि करने वाले हैं।

द्विवेदीजी ने हिन्दी भाषा के अतिरिक्त अन्य प्रचलित भाषाओं से भी शब्दों को

अपनाकर अपने साहित्य को भाषा की दृष्टि से समृद्ध बनाया है। विदेशी शब्दों का प्रयोग उनकी दृष्टि में अनुचित नहीं है अपितु उन शब्दों को स्वजातीय बनाकर वे ग्राह्य मानते हैं। उनका स्पष्ट कथन है– "मैं अन्य भाषाओं से शब्द लेने का बिल्कुल विरोधी नहीं हूँ, परन्तु विदेशी शब्दों को हमारी उच्चारण-परम्परा और ध्वनि-परिवर्तन के सिद्धान्त के अनुकूल ही होकर आना चाहिये। किसी शब्द का परिनिष्ठित रूप वह है जो हमारे ध्वनि-संस्कार के सिद्धान्तों के अनुकूल है।"[4]

आचार्य द्विवेदी ने अपने साहित्य में बंगला, उर्दू, अंग्रेजी, अरबी, फारसी आदि भाषाओं के शब्दों को बिना किसी हिचकिचाहट के सहज रूप में ग्रहण किया है। हिन्दी के साथ प्रयुक्त इन विदेशी शब्दों के कारण ही भाषा की तत्सम–निष्ठता, दुरूहता तथा अजनबीपन का परिहार हो गया है। शायद, फर्क, आदमी, शौक, फीकी, उलझन, नासमझ, ताजगी, मगर, बुरी, पसंद, शुरू, सवाल, बासी, जरूर, ताजा, हालत, गलत, बदनामी, खलबली, बहाना, आवाज, सिर्फ, हलचल, साफ, होश, शरारत, तरसना, जवाब, दुनिया, वसूल, खबरें, दुरुस्त, तलवा, उतावला, बेहोश, खरीदना, बेतुका, दीवार, बरीकियाँ, मामूली, गली, बुरा, जल्दी-जल्दी, हंगामा, खाना, मकान, म्यान, जादू, रास्ता, कसर, इशारा, इर्द-गिर्द, चुप्पी, दिमाग, दावा, खराब, याद, निगाह, जरा, लाशें, परेशान, धोखा, हैरानी, तलाशी, बचकानी, कोशिश, हिसाब, कम-से-कम, कसरत, इनकार, हुकुम, नाराज, चुहल, गुमसुम, कराहना, साल, शिकस्त, भिन्नत, मतलब, कद, फबती, मालूम, फैसला, बाद, साफ-साफ, औरस, गलियाँ, बेहोश, रोज, निगाह, बिलकुल, ज्यादा, चुगलखोर, शामिल, उमर, तूफान, कमर, इनकार, नाराज, कमजोरी, करेज, मात, हालत, मिहनत, गरीब, बहादुरी, दलाल, सहारा, खून, बारी, तैनात, फसल, तय, कुश्ती, खुद, लहू, नजदीक, बाजार, खुशहाल, हरकतों से बाज आना, जोर-जोर, जार-जार, दम साधना, हुलिया, ताकत, बराबर, बेचैन, चीज, बकना, असर, बस्ती, तलवार, जगह, मुकदमा, कदर,गिरोह, हर गली, मजा चखाना, मसलकर, जोखिम, करार, नौबत, नुस्खे, बेकार, कतार, लगातार, बर्फ, शऊर, तराजू, नतीजा, परवाह, खुशामद, रईस, मुल्क, रिश्ता, ऊब, बदहवास, कारगर, मुसकान, बरतना आदि शब्दों का प्रयोग उपन्यास-साहित्य में देखने को मिलता है। ये शब्द कहीं पर भी अपरिचित नहीं, अपितु संदर्भ की अनुकूलता इन शब्दों की अक्षय निधि है।

शब्द की व्युत्पत्तिमूलक शैली-विज्ञान व्युत्पत्ति-विज्ञान की देन है। जहाँ लेखक किसी विशेष शब्द का प्रयोग करके उसके उद्भव और विकास को प्राचीन भाषाओं की परम्परा के साथ प्रस्तुत करता है, वहाँ यह पद्धति शब्द की व्युत्पत्तिमूलक शैली मानी जाती है। आचार्य द्विवेदी प्राचीन-साहित्य के आख्याता ही नहीं, उसे नवीन

अर्थ प्रदान करने वाले रचनाकार-भी हैं। उनकी यह व्याख्यात्मक प्रवृत्ति अनेक नए शब्दों की खोज और उसे नवीन अर्थ से सम्पृक्त करने की ओर पूर्णतया मुखर है। वस्तुतः यह उनके जीवन और रचनाकार-व्यक्तित्व का अनिवार्य अंग रही है। इसीलिये वे शब्दों की नई व्याख्याएँ प्रस्तुत करते जाते हैं जो पाठक को कथा से ही नहीं, अपितु नए बोध से भी परिचित कराती है। उदाहरणतः सीदी अर्थात् सिद्ध, बख्शी-बौद्धों के भिक्षु शब्द का मंगोल रूपान्तर, उइगुर—भारतीय गुरु का रूपान्तर, गधैया-गर्दभिल्ल-गर्दभिज्ज। लौरिक-त्वरिक, ओझाउल-उपाध्याय कुल, शालिसाल,(संस्कृत में सात), शालि-वाहन-सातवाहन, होत्र–घोट-घोड़ा, उजुआ-संस्कृत शब्द ऋजुका प्राकृत रूप, निपुणिका का प्राकृत रूप निउनिया, संस्कृत कान्दविक–हिन्दी कान्दू, गन्धर्व-कन्नर्प–वीर-वी अर्थात् विष्ट या अन्न "र" "रमण या प्राण" रैक्व रयि क्व।

कई स्थलों पर लेखक ने किसी विशेष शब्द का प्रयोग करने के बाद उसके अर्थ तथा वह किस प्रकार किसी भाषा में प्रयुक्त हुआ इसकी व्याख्या भी है। यथा सूत्रधार[5], बुल्ला, लहुरावीर[6], धीरोदात्त,[7] पुनर्नवा[8] आदि।

वाक्य विन्यास

द्विवेदीजी की भाषा की वाक्य-रचना में विषयानुकूल आकार देखने को मिलता है। वाक्य-विन्यास में साधारण, मिश्र, संयुक्त, सकारात्मक, नकारात्मक, प्रश्नवाचक, विस्मयादिबोधक, सम्बोधनात्मक, व्यंग्यात्मक, सरल एवं जटिल वाक्यों का समावेश दिखाई पड़ता है। दो-तीन शब्दों के छोटे-छोटे सरल वाक्यों से लेकर चार-पाँच पंक्तियों के दुरूह एवं जटिल वाक्यों की संरचना उपन्यासों में सर्वत्र दिखाई पड़ती है। 'बाणभट्ट की आत्मकथा' में अधिकांश वाक्य लम्बे तथा दुरूह हो गए हैं। 'बाणभट्ट की आत्मकथा' और 'चारु चन्द्रलेख' की अपेक्षा 'पुनर्नवा' और 'अनामदास' का पोथा की वाक्य-योजना अधिक सरल और जीवन्त है। 'बाणभट्ट की आत्मकथा' में कादम्बरी की तरह भावोच्छवसित, उत्प्रेक्षा एवं रूपक–प्रधान लम्बे-लम्बे वाक्यों की प्रधानता है और 'चारु चन्द्रलेख' में व्याख्यान तथा उपदेशों की भाषण-शैली की प्रधानता है। "पुनर्नवा" में तो द्विवेदीजी की शैली में पूर्णतः परिवर्तन आ गया है। इसमें क्लिष्ट भाषा के स्थान पर सरल, संक्षिप्त, भावानुकूल वाक्यों की योजना है। 'अनामदास का पोथा' में संस्कृतनिष्ठ क्लिष्ट भाषा के प्रयोग की संभावना अधिक थी परन्तु उसकी अनावश्यक भरमार से द्विवेदीजी इस उपन्यास को भरसक बचा गए हैं। "बड़े-बड़े शास्त्रों के अध्ययन द्वारा जिन सुकुमार-मतिक काव्यानुरागियों की पीठ शास्त्रों के प्रचलित और पारिभाषिक शब्दों के कोड़ों से छिल गयी है।

(गुलेरीजी के शब्दों में) उन्हें हमारी सलाह है कि वे आचार्य द्विवेदी के अन्तिम उपन्यास 'अनामदास का पोथा' की भाषा का मरहम लगाएँ।''

प्रकृति-चित्रण तथा भावोन्मेष के प्रसंगों के वाक्य लम्बे, भाषा तत्सम शब्दावलीयुक्त और अलंकृत हो गयी है। इस प्रकार वर्णनात्मक, भावात्मक एवं गवेषणात्मक स्थलों पर यद्यपि उन्होंने लम्बे वाक्यों की रचना की है, लेकिन उनमें विचार-शृंखला की सुसम्बद्धता, विषय की स्पष्टता, विश्लेषण की सूक्ष्मता बराबर बनी रही है।

यद्यपि 'चारु चन्द्रलेख', 'पुनर्नवा' तथा 'अनामदास का पोथा' के प्रकृति वर्णन एवं दार्शनिक तथ्यों के उद्घाटन में लम्बे वाक्यों की रचना हुई है, फिर भी 'पुनर्नवा' तथा 'अनामदास का पोथा' की वाक्य-योजना सरल और स्पष्ट है। छोटे एवं सरल वाक्य प्रायः कार्य व्यापार या घटना-व्यापार की क्षिप्रता को व्यक्त करने के लिये प्रयुक्त हुए हैं। आर्यक की मनःस्थिति में कार्य-व्यापार क्षिप्रता के प्रसंग की वाक्य–योजना दर्शनीय है—''नदियाँ मिली हैं, पार कर गया है, पर्वत मिले हैं, लाँघ गया हैं, जंगल आए हैं, रौंद गया है। कहाँ क्यों ? लोग क्या सोचेंगे।''[१]

अन्तर्द्वन्द्व, चिन्ता एवं विचार-प्रवाह के अनुसार वाक्य-विन्यास अलग-अलग हैं। पात्रों की मनःस्थिति के चित्रण में प्रश्नवाचक, विस्मयसूचक, संबोधनयुक्त वाक्यों की संरचना हुई है।

द्विवेदीजी ने अपनी वाक्य-रचना में पूर्ण विराम (।), अर्द्धविराम (,) आश्चर्यबोधक (!) और प्रश्नवाचक चिह्नों (?) का प्रयोग बड़ी सार्थकता से किया है जिससे अर्थबोध में और सुगमता तथा स्पष्टता आ गयी है। फलस्वरूप आपकी वाक्य-रचना हिन्दी लेखकों के सामने आदर्शवत् है।

मुहावरों एवं कहावतों का प्रयोग

मुहावरा एक शब्द समूह है जिसका प्रयोग काव्य के अन्तर्गत अधिक होता है। किन्तु लोकोक्ति एक सम्पूर्ण एवं स्वतन्त्र वाक्य है जिसका प्रयोग वाक्य-समूहों के अन्तर्गत किया जाता है। मुहावरों एवं लोकोक्तियों के प्रयोग से भाषा में प्रवहमयता, प्राञ्जलता एवं अभिव्यंजना-शक्ति में अभिवृद्धि होती है। साथ ही भाव तथा विचारों में चटपटापन आता है एवं सौंदर्य की सन्निहिति भी होती है।

द्विवेदी जी की भाषा की कलात्मकता का कारण उसमें प्रयुक्त मुहावरे और लोकोक्तियाँ भी हैं। अपने गम्भीर-से-गम्भीरतम विचारों को वे लोकोक्तियों के माध्यम से सहज ढंग से प्रस्तुत कर देते हैं। भाषा की उक्तिवक्रता, लक्षणिकता और अर्थ-दीप्ति इन मुहावरों एवं कहावतों के चमत्कारिक प्रयोग से समृद्ध हुई है। ये मुहावरे

एवं लोकोक्तियाँ पूर्व परम्परा से पोषित नहीं, अपितु जन-सामान्य के बीच प्रचलित और नए अर्थों से युक्त हैं। द्विवेदी जी द्वारा प्रयुक्त मुहावरे और लोकोक्तियाँ इतने अधिक हैं कि यहाँ सभी को प्रस्तुत कर पाना संभव नहीं है, फिर भी बानगी के तौर पर उनकी भाषा को समृद्ध करने वाले तथा नयी अर्थवत्ता में सम्पृक्त कतिपय मुहावरों एवं लोकोक्तियों को उदाहरणस्वरूप दिया जा रहा है—

नयन तारा, मुँह जोहना, काजल की कोठरी, आपबीती कहना,आकाश-कुसुम, मुँह ताकना, मीठी छुरी चलाना, उबल पड़ना, सूखी डाली में कोपलें फूटना, काँटे की तरह चुभना, फूट-फूटकर रोना, सिर चढ़ा रखना, बासी घाव हरा करना, पौ बारह, आँखें फाड़कर देखना, आँख दिखाना, जितने मुँह उतनी बातें, बहत्तर घाट का पानी पीना, अटकलों के बवंडर उठना, नाक बजाना, खाँय-खाँय करना, सिर आँखों पर, ताँता बँध जाना, पथराई आँखों से तकना, मन मसोसकर रह जाना, गाँठ बाँध लो, दिनदहाड़े लूटना, मन सिकुड़ जाना, हृदय मसोस उठना, काठ मारना, आँखे बिछ जाना, खेत रहना, जीभ काट लेना, बिना मोल के बिक जाना, खूँटा तुड़ाना, खाक छानना, बुद्धि पर ताला लगना, पते की बात करना, हँस-हँसकर दोहरा होना, पानी-पानी हो जाना, दाँत पीस लेना, हाथ धोना, मुँह फेर लेना, संसार नष्ट होना, सुनना और सिर घुमाना, रमता राम बनना, खोए-खोए से रहना, क्षण-क्षण मरना, गाँठ बाँध लेना, तिल-तिल जलना, मन की बात ताड़ लेना, बाट जोहना, गधा पचीसी करना, पछाड़ खाकर गिरना, छठी का दूध याद आना, आँखों कानों तक फैल जाना, डण्डों से खबर लेना, आश्चर्य से आँखे टँगी रहना, क्रोध के मारे चेहरा लाल होना, छाती दुगुनी होना, हारे हुए जुआरी की तरह होना, पैर भारी होना, देर होती है अंधेर नहीं, हरकतों से बाज न आना, तमतमा जाना, कान खड़े होना, मुँह काला होना, कलेजा धक् से रह जाना, जनम की अभागिन करम की छैछी, सन्न रह जाना, मन पर्स[illegible] जाना, कलेजे को बेध जाना, आँखे डबडबा जाना, गप्प हाँकना, आह भरना, छाती फटने को आना, छाती पर आरा चलना, मुर्दे ढोते फिरना, अन्याय से लोहा लेना, काँटा धँसना, आँखों से लुत्ती निकलना, पास फटकना, टस से मस न होना, अच्छे भले को पागल बना देना, सूखे धान को पानी मिलना, अपना रास्ता नापना, डोरे डालना, बात खटाई में पड़ना, कड़ियाँ दुरुस्त होना, पलटा खाना, खोद-खोदकर पता लगाना, पुजवाते फिरना, मुँह दिखाने योग्य न रहना, पाप का घड़ा पूरा होना, गले पड़ जाना, किसी पर उँगली उठाना, ढोल बजाकर स्वीकृति देना, चेहरा खिल जाना, दाम वसूल करना, हड्डी-पसली चूर करना, पत्ता कट जाना, बात सोहाना, जी भर जाना, संगति बैठना, हृदय हाय-हाय कर उठना, पारा चढ़ना, तीर छूट चुकना, चेहरे पर हवाईयाँ उड़ना, मन थहाना,

अपनी बेड़ी में अपने-आप कस जाना, बाल बाँका न कर पाना, बाँध तोड़कर बहना, रक्त खौलना, प्राणों का टुकड़ा होना, विधाता का बाम होना, हृदय फाड़कर रखना, हाथ पर हाथ धरकर बैठ जाना, बाँध तोड़कर फट पड़ना, प्राणों को हथेली पर लेकर चलना, मन भारी होना, मन का उत्साह से लहकना, मन हल्का होना, थककर चूर होना, मन जला-जलाकर रहना, अपने-आपको खपा देना, अचम्भे में जाना, नया जन्म होना, मिट्टी खोदना, अवसर खो देना, दादी की-सी बातें करना, उधेड़बुन में पड़ना, प्राण वारना, आँखे खुल जाना, बात बनाना आना, अभिमान का बीज बोना, बिजली मार जाना, रोम-रोम से आशीर्वाद बरसना, नकेल पकड़कर लाना, गुड़ गोबर कर देना, नखरे करना, संशय और अनिश्चय के हिंडोलों में झूलना, भुर्ता बनाना, रोम-रोम कान बन जाना, तुनक जाना, छोटे मुँह बड़ी बात कहना, छाया भी न छू सकना, कसर रह जाना, करेजे पर आरी चलना, जले को हरा कर देना, सब खेल खत्म हो जाना, सोलह आने आपबीती, ब्रह्म लीक की तरह वाणी, मन से खिंच जाना, नाक का फोड़ा, पेट में दाढ़ी होना, मन डोल जाना, सनाका खा जाना, सिर से पैर तक बिजली कौंध जाना, सौ बात बड़े की एक छोटे की मानना। चेहरा फक पड़ना, हृदय चीर देना, आँखों पर पर्दा होना, करारी चोट मारना, उसाँस भरना, नाम कमाना, ठगा-सा रह जाना, ब्रह्मास्त्र चलाना, मन पर से भारी बोझ हटाना, दुनिया में उजागर होना, लाखों में एक, हृदय फटकर टुकड़े-टुकड़े हो जाना, ललक उठना, एक म्यान में दो तलवार रहना, चौगुनी चमका देना, ताव खाना, पंख लगा देना, चेहरा सफेद होना, बालू की भीत भहरा जाना, आँखों ही आँखों पी जाना, चस्का लगाकर किनारे हो जाना, नस-नस पहचानना, लज्जा के मारे निढाल हो जाना, खलबली मच जाना, तरह-तरह की बातें उड़ाना, गलियाँ लाशों से पटना, कुहराम मच जाना, खूँटा तुड़ाना इत्यादि।

सूक्तियों का प्रयोग

द्विवेदी जी अपनी बात को सूक्ति रूप में प्रकट करने में अत्यधिक निपुण हैं। जो विचार बड़े-बड़े कथनों में नहीं समा सके उसे उन्होंने अत्यन्त कुशलता के साथ सूक्ति रूप में कह दिया। उनकी सूक्तियाँ तात्विक, व्यावहारिक, प्रभावोत्पादक, चित्ताकर्षक और मर्मस्पर्शी हैं। ऐसे स्थलों पर उनका निबन्धकार रूप हावी हो गया है। यथा-

'स्नेह बड़ी दारुण वस्तु है, ममता बड़ी प्रचण्ड शक्ति है।' 'जो लक्ष्मी है, वह शोक भी है, जो फूल है वही मरणासन्न भी है।' 'बुद्धिमान की नीति मौन है।' 'पुरुष स्त्री को शक्ति समझकर ही पूर्ण हो सकता है, पर स्त्री-स्त्री को शक्ति समझकर अधूरी रह जाती है।' 'तर्क से विद्वेष बढ़ता है, विद्वेष से हिंसा बढ़ती है। 'तमसो

मा ज्योतिर्गमय' 'बहुजन हिताय बहुजन सुखाय' 'नारी की सफलता पुरुष को बाँधने में है और सार्थकता उसको मुक्त करने में।' 'दुःख तो केवल मन का विकल्प ही है मनुष्य तो नीचे से ऊपर आता रहता है, परमानन्द प्राप्त होता है।' नारी-देह वह स्पर्शमणि है जो प्रत्येक ईंट पत्थर को सोना बना देती है।'

'चिन्ता में निमग्न मनुष्य अंधा होता है।'

'क्रिडाते लोकरचना सखा ते चिन्मयः शिवः ।'

'पुरुष का सत्य और है नारी का और।'

'न सन्ति यथार्थ्यविदः पिनाकिनः।'

'शरीरमाद्यं खलु धर्मसाधनम्'

'वस्तुतः कल्मष ही मनुष्य का अपना सत्य है। उसे स्वीकार करके ही वह सार्थक हो सकता है। दबाने से वह मनुष्य को नष्ट कर देता है।'

'नासा मोरि नचाय दृग।'

'बयसु बरन, तनु एक।'

'राजनीति भुजंग से भी अधिक कुटिल है, असिधारा से भी अधिक दुर्गम है, विद्युत शिखा से भी अधिक चंचल है।'

'स्त्री के दुःख इतने गम्भीर होते हैं कि उसके शब्द उसका दशमांश भी नहीं बता सकते ।'

'प्रवृत्तियों से डरना भी गलत है, उन्हें छिपाना भी ठीक नहीं और उनसे लज्जित होना भी बलिशता है।'

'धर्म की रक्षा अनुनय विनय से नहीं होती है, शास्त्र-वाक्यों की संगति से नहीं होती है, वह होती है अपने को मिटा देने से।'

'शास्त्र ज्ञान की जननी है।'

'मत्यु का भय माया है।'

'साधारणतः जिन स्त्रियों को चंचल एवं कुलभ्रष्टा माना जाता है, उनमें एक दैवी शक्ति भी होती है, यह बात लोग भूल जाते हैं।'

'कुतर्क सद्विचारों की दावाग्नि है।'

'सत्य अविरोधी होता है।'

'मनुहुँ कलानिधि झलमलात कालिन्दी की नीर'।

'मानहुँ सुरसरिता विमल जल उछरत जुग मीन।'

'जलचादर के दीप ज्यौं झलमलाति तन जोति।'

'अब लौं नसानी, अब न नसैहों।

'लोक-ताप से तप्त होना सबसे बड़ा तप है।'

'डर से तभी तक डरना चाहिये, जब तक डर सामने आकर खड़ा न हो जाय'। तावद् भयस्य यावद् भयमनागतम्)

'सन्तान-परम्परा को नष्ट न होने देना (प्रजातन्तु मा व्यवछेत्सीः)।'

इनमें से कुछ उद्धरण संस्कृत, प्राकृत तथा व्रजभाषा से भी लिये गये हैं। इन उक्तियों के माध्यम से एक तो गद्यात्मक इतिवृत्तात्मकता के स्थान पर काव्यात्मक सरसता की सृष्टि हुई है, दूसरे लेखक का उद्देश्य भाषा को सरस बनाकर पाठक को रसबोध कराना था।

अलंकार विधान

भाषा के क्षेत्र में द्विवेदीजी ने प्रौढ़ता एवं गम्भीरता के साथ-साथ काव्यात्मक रुचि का भी परिचय दिया है। उत्प्रेक्षा, रूपक, अनुप्रास आदि अलंकारों से मंडित भाषा का प्रयोग उनकी स्वाभाविक प्रवृत्ति है। किन्तु द्विवेदीजी ने अलंकारों का सायास विधान नहीं किया अपितु वे सहज तथा स्वाभाविक रूप में अपने-आप आ गये हैं। फलस्वरूप उनके अलंकार-विधान भाषा को न तो बोझिल बनाते हैं ओर न ही अर्थ अभिव्यक्ति में बाधक बनते हैं। यथा—"सामने जो स्फटिक स्वच्छ जलराशि लहरा रही है, वह कितनी पवित्र है, कितनी शीतल है, कितनी मनोहर है। अहा! यहाँ गगनतल ही जल-रूप में मानों अवतरित हो गया है, तुषारगिरि ही द्रवीभूत होकर मानों वर्तमान है, चन्द्रातप ही मानों रस-रूप में परिणत हो गया है, शिव का पवित्र स्मित ही मानों जलधारा बन गया है। पार्वती का अपांग वीक्षण ही मानो तरलित हो रहा है, त्रिभुवन की पुण्य-राशि ही मानों पिघल गयी है...चारुता का यह आश्रय है, शुचिता का प्रवाह है, महिमा का स्रोत है।"[10]

उपर्यक्त उद्धरण में भट्टिनी के शरीरिक सौन्दर्य के साथ-साथ उसका चारित्र्य-वैशिष्ट्य भी प्रकट हो उठा है। चारु चन्द्रलेख से एक उदाहरण और द्रष्टव्य है—"परन्तु वह तपस्वी कौन है? ज्योति रेखाओं से ही उसका शरीर बना है, मानों अग्नि-शिखा से छानकर, सुवर्ण-शलाकाओं से बाँधकर, विद्युत-शिखाओं को खरादकर और सूर्यकांत मणियों को गलाकर ही यह अपूर्व ज्योति मंडल तैयार किया गया है। अहा! यह अकारण दयालु तापस कौन।"[11]

इस प्रकार की संरचनाओं में लेखक ने एक ही प्रभाव को तीव्र किया है। पूर्वकालिक क्रियाओं से निष्पन्न सभी अंशों में समान गुणवाले उपादानों का कथन किया जाता है जिससे सब मिलाकर एक विशेष गुण की अभिव्यक्ति होती है। उपर्युक्त उदाहरण में 'अग्निशिखा', 'सुवर्ण-शलाका', 'विद्युत-शिखा' 'सूर्यकांतमणि' आदि पद दीप्ति को व्यक्त करते हैं।

नंगे पैर आचार्य देवरात के आश्रम में जाती हुई मंजुला के सौम्य शान्त रूप का वर्णन करने में भी द्विवेदी जी अपने अलंकार-प्रेम को प्रदर्शित करने में नहीं चूकते। "ऐसा जान पड़ता है कि शोभा ने ही वैराग्य धारण किया है, कान्ति ने ही व्रतोद्यापन किया है, चन्द्रमा की स्निग्ध ज्योत्स्ना ही धरती पर उतर आयी है, पद्मवन की चारुता ने ही धूल पर चलने का संकल्प किया है और रति ने ही उदात्त-भाव ग्रहण करके धरती को धन्य किया है।"[12] चित्रमय यह वर्णन द्विवेदीजी की भाषा की चारुता का उदाहरण है।

विरोधाभास अलंकार का एक उदाहरण द्रष्टव्य है– "वे प्रयोग कुशल भी हैं, क्योंकि एक बार गुप्त स्थानों की निधि दिखाने वाला कज्जल लगाकर आँख खो चुके हैं। वे चिकित्सक भी हैं, अपने आगे के लम्बे-ऊँचे दाँतों को समान बनाने के उद्योग में अन्य दाँतों को खो चुके हैं, पर वे ऊँचे दाँत जहाँ के तहाँ हैं।"[13]

भ्रम अलंकार का प्रयोग देखें—"निराचल ध्यानमग्न भट्टिनी के सामने अंजलि बद्ध सुकुमार करतलों की अँगुलियाँ इतनी अभिराम दिख रही थीं कि भ्रम होता था कि शिखापर्यन्त प्रफुल्ल मालती से आच्छादित तरुण अशोक के कोमल किसलय झलक रहे हैं।"[14]

नारी-सौन्दर्य के चित्रण में द्विवेदी जी अलंकृत भाषा का अत्यधिक प्रयोग करते हैं। ऐसे स्थलों पर चारों उपन्यासों में उनकी भाषा की अलंकारयुक्त चमत्कारिता देखने को मिलती है। नारी-सौन्दर्य एवं मनःस्थितियों के चित्रण में वे बाणभट्ट तथा कालिदास के उपमानों का प्रयोग करने के साथ-साथ नयी उपमाओं की उद्भावना भी करते हैं। पुनर्नवा की मंजुला देवरात के आश्रम तक पहुँचकर शिव के समक्ष कुमार-सम्भव की पार्वती की-सी द्विधा से ग्रस्त हो जाती हैः 'देवरात के आश्रम के बर्हिद्वार पर आकर वह ठिठक गयी, जैसे स्रोतस्विनी के सामने अचानक शिलाखण्ड आ गया हो। उसने चकित मृग-शावक की भाँति भीत नयनों से चारों ओर देखा, ऐसा लगा मानो वह किसी ऐसे स्थान पर आ गयी हो जहाँ उसके प्रवेश का अधिकार न हो।"[15] मंजुला की मनःस्थिति, उठते-गिरते भावों का इससे सटीक वर्णन और क्या हो सकता है?

'चारु चन्द्रलेख' में नाटी माता के रूप-चित्रण में उपन्यासकार द्वारा अलंकारों का नियोजन उसके सौंदर्य को अत्यन्त मनोहारी तो बनाता ही है साथ ही पवित्रता की एक सलिला भी बह निकलती है।

द्विवेदीजी प्रायः अमूर्त उपमानों से मूर्त उपमानों की योजना करते हैं। देवरात के आश्रम की ओर जाती हुई साधारण वेश-धारिणी मंजुला का चित्र इस बात का प्रमाण है।[16] इसी प्रकार 'चारु चन्द्रलेख' में मैना के रूप-चित्रण में अमूर्त उपमानों

की योजना की गयी है। पात्रों की मनोदशा का चित्रण करते समय भी द्विवेदीजी ने अमूर्त उपमानों की योजना की है।

उपर्युक्त, सटीक एवं अर्थगर्भित विशेषण भाषा-शक्ति और सौन्दर्य में वृद्धि कर देते है। अनेक स्थलों पर तो द्विवेदीजी ने विशेषणों की झड़ी लगा दी है। यथा–"तुमने ठीक देखा है वत्स! वह सुकुमारता की मूर्ति है, पवित्रता की उत्स है, शोभा की खान है, शुचिता की आश्रय-भूमि है, मूर्तिमती भक्ति है, कान्तिमती करुणा है।"[17]

पुनर्नवा में मंजुला के नृत्य के अवसर पर रूप-निरूपण, संन्यासिनी माता के रूप वर्णन, बटेश्वर तीर्थ तथा ध्यानरत मृणालमंजरी के संबंध में कही गयी उक्तियाँ इसी प्रकार की हैं।

बिम्ब-विधान

दैनिक जीवन में हम अनेक वस्तुओं के सम्पर्क में आते हैं जिनकी संश्लिष्ट स्मृतियाँ हमारे मानस-पटल पर अंकित हो जाती हैं। जब हम उस स्मृति को शब्दों में बाँधने का प्रयास करते हैं तब बिम्ब का सर्जन होता है। बिम्ब एक प्रकार से मानसिक पुनर्सृजन है जो इन्द्रियों के शब्द, स्पर्श, रस, गंध के पूर्वानुभावों को शाब्दिक अभिव्यक्ति प्रदान करता है। इसे चित्र, रूप अथवा सम्मूर्तन आदि नामों से भी अभिहित किया जाता है।

रचनाकार अपनी रचना को अधिक प्रभावशाली बनाने हेतु अनेक प्रकार के बिम्बों की सृष्टि करता है। वस्तुतः बिम्ब जहाँ एक तरफ रचनाकार की कल्पना-शक्ति का प्रमाण है, वहीं दूसरी तरफ उसकी भाषा-सर्जन-सामर्थ्य का प्रतीक भी। गद्य हो या पद्य, बिम्बों का आयोजन रचनाकार के लिये अनिवार्य तत्त्व है। बिम्ब-विधान के बिना उसकी भाषा अधूरी लगती है, और उसका-संगठन अपूर्ण। आचार्य हजारीप्रसाद द्विवेदी एक ऐसे रचनाकार हैं जो कल्पना के धरातल पर अन्य रचनाकारों से पूर्णतया अलग दिखाई देते हैं। चाहे उनके उपन्यास हों या निबन्ध, उनकी कल्पना शक्ति का चमत्कार सर्वत्र देखने को मिल जाता है। भाषा के सम्बन्ध में तो कुछ कहना ही नहीं। ऐसी स्थिति में द्विवेदीजी अपनी रचना में कल्पना-प्रसूत मानसिक चित्रों के समायोजन से क्यों चूकते? उनके बिम्ब कहीं तो पूर्णतया मानसिक दिखाई देते हैं और कहीं दृश्य जगत की घटनाओं के प्रत्यक्ष होते चित्र। निपुणिका की नृत्य स्थिति का चित्र प्रस्तुत करते हुए वे हमारे सामने नृत्य को ही प्रस्तुत कर देते हैं—'निपुणिका ठिठककर खड़ी हो गयी—उसका बायाँ हाथ शिथिल श्यामलता के समान झूल पड़ता था, उसकी कमनीय देहलता नृत्य भंग से जरा झुक गयी थी, मुख-मण्डल श्रम-बिन्दुओं से परिपूर्ण था। मुझे मालविकाग्निमित्र की मालविका याद आ गयी।"[18]

महावराह धारित्री के उद्धारकर्त्ता हैं उनके चित्र को देखकर मानव-मन में विश्वास की भावना स्फूर्त होनी चाहिये। वे उल्लास के भी जनक हैं, उनका दृश्य हमें उल्लास और दीप्ति का भाव तभी दे सकता है, जब उनको देखने से यह भाव स्वयं हमारे मानस में प्रस्फुटित हो जाय। द्विवेदीजी द्वारा प्रस्तुत महावराह का चित्र जहाँ इन दो भावनाओं को हमारे अन्तस् में प्रस्फुटित करता है, वहीं उनका यह चित्र हमारे अन्तस् में स्थायित्व भी पा जाता है। यह रचनाकार की सबसे बड़ी सफलता है।

इसी प्रकार 'चारु चन्द्रलेख' में 'नागर नटी' की मूर्ति का जो रूप-चित्र द्विवेदीजी ने प्रस्तुत किया है, पाठक को मन्त्र-मुग्ध कर देता है। मूर्ति का प्रस्तुत वर्णन प्रत्येक भाव और रूप-छवि को निरूपित करता हुआ लेखक के कला-कौशल का पूर्ण परिचय देता है।

प्रकृति-चित्रण में तो द्विवेदीजी सिद्धहस्त रहे हैं वे अपनी रचनाओं में सम्यक् प्रकृति का मनोमुग्धकारी चित्र हमारी आँखों के सामने प्रस्तुत कर देते हैं। हिमालय की शोभा का वर्णन करते हुए द्विवेदीजी पाठक को वहाँ के मोहक एवं अभिराम दृश्यों का अवलोकन कराने में सफल हुए हैं। इन वर्णनों को पढ़ते हुए स्वाभाविक रूप से पाठक के मानस-पटल पर तदनुरूप छवि अंकित होती जाती है।

द्विवेदीजी ने पर्वत एवं नगर की शोभा से दूर वन्य-जीवन से भी पाठक का परिचय कराया है। वन्य जीवन का वर्णन करते हुए द्विवेदीजी बड़ी कुशलता से पाठक के मानस पर उस चित्र को अंकित कर उसे यथार्थ का बोध कराते हुए नगर से दूर वन में भरमा देते हैं। इस संदर्भ में पुनर्नवा में वर्णित सिद्ध बाबा के आश्रम का वर्णन द्रष्टव्य है।[19]

सौन्दर्य-चित्रों को प्रस्तुत करते हुए भी द्विवेदीजी ने अपूर्व कुशलता बरती है। उनके सौन्दर्य-चित्र पाठक को मुग्ध किए बिना नहीं रहते । पाठक की आँखों के सामने तुरन्त वैसी काल्पनिक रूपच्छवि प्रतिबिम्बित हो उठती है। जाबाला का रूप-वर्णन द्रष्टव्य है– "वह द्यु-लोक की दिव्य किरण के समान पवित्र है, उषा के समान कान्तिमती है, साक्षात् वाग्देवता के समान बुद्धिमती है।"[20]

प्रतीक

भाषिक संरचना को प्रभावित करने वाले अवयवों में बिम्ब एवं प्रतीक को उपेक्षित नहीं किया जा सकता। बिम्ब एवं प्रतीक भाषा में 'मूल्य' बनने की स्थिति में हैं। इसका सबसे बड़ा कारण उनका विस्तार है।

उपन्यास आधुनिक जीवन का महाकाव्य है। या यह भी कहा जा सकता है कि आधुनिक जीवन को आज सशक्त और पूर्ण अभिव्यक्ति प्रदान करने का माध्यम

उपन्यास ही है। साहित्य की एक महत्वपूर्ण विधा होने के नाते साहित्य की सभी विशेषताएँ इसमें होनी चाहिये। बिम्ब, प्रतीक और मिथक साहित्य की अभिव्यक्ति के जीवन्त माध्यम हैं। वस्तुतः इन तीनों का समायोजन भाषा को इतना सशक्त बना देता है कि रचनाकार एक साथ कई कथ्यों को उद्‌भासित कर देता है। सीधी-सादी भाषा के माध्यम से वह एक दूसरी कथा कहता है और प्रतीक, बिम्ब एवं मिथक के माध्यम से वह कथा के एक-दूसरे महत्वपूर्ण पक्ष की और इंगित कर देता है। प्रतीक साहित्य की व्यापकता को सीमित करने का भी कार्य करता है । तात्पर्य यह कि कथाकार प्रतीक के माध्यम से लम्बी कथा को अत्यन्त संक्षिप्त ढंग से प्रस्तुत कर देता है। या यों कहा जा सकता है कि प्रतीक अभिव्यक्ति का वह माध्यम है जिसके द्वारा चेतना के धरातल पर अप्रत्यक्ष को अधिकाधिक-रूप में प्रस्तुत किया जाता है।

हिन्दी साहित्य कोश में प्रतीक शब्द की व्याख्या निम्नलिखित शब्दों में की गयी है–'प्रतीक' शब्द का प्रयोग उस दृश्य (अथवा गोचर) वस्तु के लिये किया जाता है जो किसी अदृश्य अगोचर या अप्रस्तुत विषय का प्रतिविधान उसके साथ अपने साहचर्य के कारण करती है; अथवा कहा जा सकता है कि किसी अन्य स्तर की समान रूप-वस्तु द्वारा किसी अन्य स्तर के विषय का प्रतिनिधित्व करने वाली वस्तु प्रतीक है।[21]

अंग्रेजी के 'सिम्बल' शब्द के पर्याय के रूप में हिन्दी भी में 'प्रतीक'शब्द को ग्रहण किया गया है। 'सिंबल', ग्रीक भाषा का वह शब्द है जिसका अर्थ है एक साथ जोड़ना, तुलना करना। तुलना करने के लिये दो वस्तुओं के मध्य सादृश्य अवश्य होना चाहिये। अतः प्रतीक चिह्न व उसके द्वारा अभिव्यक्त की जाने वाली वस्तु में सादृश्य की योजना अवश्य रहती है। यही अर्थ गद्य-क्षेत्र के प्रतीक शब्द में भी निहित है।

वस्तुतः हमारे सामने उपस्थित वस्तु जब किसी अन्य वस्तु का स्मरण कराती है, जो अप्रस्तुत है,तो वह उसका प्रतीक कहलाता है। उदाहरणतः स्तूप बौद्ध धर्म का प्रतीक है। स्तूप को देखकर हमारे सम्मुख बौद्ध धर्म का विचार उसी क्षण आ जाता है। वास्तव में स्तूप स्वयं में कोई विशिष्ट अर्थ नहीं रखता, वह किसी अन्य अर्थ की ओर संकेत करता है। प्रतीक में अंकों की-सी निश्चितता होती है। जैसे एक कहने से केवल एक संख्या का बोध होता है, दो अथवा पाँच का नहीं वैसे ही एक प्रतीक भी अनिवार्य रूप से केवल उसी भाव अथवा विचार का प्रतिनिधित्व करता है जिसके लिये वह अलग से लाया जाता है।

प्रतीक दो प्रकार के होते हैं—लघु एवं प्रौढ़। लघु प्रतीक कृति के एक या दो दृश्यों, चरित्रों एवं उनके क्रिया-कलापों को स्पष्टता प्रदान करते हैं जबकि दीर्घ प्रतीक

का प्रयोग औपन्यासिक कृति को उसकी सम्पूर्णता में अभिव्यक्ति प्रदान करने के लिये होता है। यह सम्पूर्ण कृति का मेरुदण्ड होता है। आचार्य हजारीप्रसाद द्विवेदी ने अपने उपन्यासों में दोनों प्रकार के प्रतीकों का प्रयोग किया है। द्विवेदी जी के उपन्यासों के शीर्षक ही भावपरक हैं, चाहे बाणभट्ट की आत्मकथा हो या चारुचन्द्र लेख, पुनर्नवा हो, या अनामदास पोथा। 'बाणभट्ट' की आत्मकथा यद्यपि व्यक्ति प्रधान शीर्षक है पर सूक्ष्म-दृष्टि से देखा जाय तो यह स्पष्ट हो जाता है कि बाणभट्ट व्यक्ति के रूप में नहीं, अपितु भाव के रूप में समस्त कृति पर छाया हुआ है। वह उस भाव का प्रतीक है जिसमें दलितों, निरीहों के प्रति करुणा का, परम्परा, रूढ़ियों एवं अन्य बन्धनों के प्रति विद्रोह का भाव है। इसी भाव का वाहक होने के कारण वह समूचे उपन्यास का केन्द्र है। वस्तुतः वह व्यक्ति का नहीं, अपितु विश्वास-जगत् का प्रतीक है। चारु चन्द्रलेख, पुनर्नवा और अनामदास का पोथा भी अपने शीर्षक के रूप में प्रतीकात्मक अभिव्यक्ति प्रदान करते हैं।

बाणभट्ट की आत्मकथा में महावराह प्रौढ़ प्रतीक के रूप में उभरा है। वह उद्धारकर्ता है। बाणभट्ट भी उद्धारकर्ता हैं। नारी-उद्धार के लिये पुरुष को सामने आना ही होगा। बाण पुरुष है वह धरती स्वरूपा भट्टिनी का उद्धार करता है। महावराह समूची कथा का केन्द्र है। उसी के माध्यम से समूचे उपन्यास की कथा परिचालित होती है। वह शुरू से अन्त तक समूची कथा को अपने में लपेटे रहता है।

इसके अतिरिक्त द्विवेदीजी ने चारों उपन्यासों में त्रिकोणात्मक प्रतीकों की सर्जना की है। ये त्रिकोणात्मक प्रतीक हैं—ज्ञान, इच्छा एवं क्रिया-शक्ति। ज्ञान और इच्छा-शक्ति को क्रियात्मक-स्वरूप प्रदान करती है—क्रिया-शक्ति। ज्ञान-शक्ति इच्छा के सम्मिलन के बिना अपूर्ण है। क्रिया-शक्ति ज्ञान-शक्ति और इच्छा-शक्ति की दूरी समाप्त कर उसके भटकाव को दूर कर एक में मिलाती है। बाणभट्ट की आत्मकथा में भट्ट ज्ञान-शक्ति का प्रतीक है, भट्टिनी इच्छा-शक्ति और निपुणिका क्रिया-शक्ति की। निपुणिका के सहयोग से ही भट्ट भट्टिनी के उद्धार के लिये क्रियाशील होता है। अन्ततः दोनों को निकट कर क्रिया-शक्ति निपुणिका रंगमंच से हट जाती है। चारु चन्द्रलेख में ज्ञान-शक्ति का प्रतीक राजा है, इच्छा-शक्ति रानी और क्रिया-शक्ति की प्रतीक-स्वरूपा है- मैना । ज्ञान-शक्ति स्वरूपा राजा इच्छा और क्रिया शक्ति के अभाव में निष्क्रिय है। रानी को प्राप्त करने के बाद ज्योतिषियों की भविष्यवाणी केवल रानी के संबंध में ही नहीं, अपितु राजा की भावी इच्छा को भी व्यक्त करती है। यहीं नहीं, ज्ञान और इच्छा में बढ़ती दूरी को घटाती ही नहीं, अपितु पुनः मिलन भी कराती है—क्रिया-शक्ति स्वरूपा मैना। उपन्यास की समूची कथा इन तीनों के संघर्ष और सम्मिलन की कथा है। अन्ततः मैना भी पर्दे के पीछे हो जाती है।

ठीक यही स्थिति पुनर्नवा की है। गोपाल आर्यक ज्ञान का प्रतीक है। मृणाल इच्छा-शक्ति है और क्रिया-शक्ति है—चन्द्रा। इस उपन्यास में द्विवेदी जी ने एक विशेषता दिखाई है। क्रिया-शक्ति स्वरूपा चंद्रा को गोपाल-आर्यक ग्रहण करता है, उसे अलग नहीं होने देता और इसके लिये इच्छा-शक्ति स्वरूपा मृणाल ही प्रेरित करती है। ऐसा प्रतीत होता है कि गोपाल आर्यक का लक्ष्य अभी पूरा नहीं हुआ था। 'अनामदास का पोथा' एक विपरीत दिशा का उपन्यास है। पर ये त्रिकोणात्मक प्रतीक उसमें भी हैं। रैक्व ज्ञान का प्रतीक है जो इच्छा-शक्ति के अभाव में अपूर्ण है। वह तभी पूर्ण होता है जब उसे जबाला मिल जाती है। गाड़ी क्रिया-शक्ति का प्रतीक है। रैक्व गाड़ी के माध्यम से ही इच्छा-शक्ति को प्राप्त करता है। इसके साथ ही द्विवेदीजी ने इस उपन्यास में एक और प्रौढ़ प्रतीक की सर्जना की है। रैक्व के पीठ की सनसनाहट। द्विवेदीजी इसे अभिलाष भाव की संज्ञा देते हैं। यह अभिलाष भाव रह-रहकर रैक्व को शुभा का स्मरण कराता है। शुभा का ही नहीं अपितु एक ऐसे भाव का स्मरण कराता है जिसे रैक्व भी नहीं समझ पाता। किन्तु इतना जानता है कि यह शुभा के प्रति अभिलाष भाव ही है। वस्तुत यह अतृप्त काम-वासना है जो उसे रह-रहकर सालती है और शुभा की याद दिलाती है साथ ही शुभा को प्राप्त करने के लिये यह सनसनाहट उसे प्रेरित भी करती है। यह एक प्रौढ़ प्रतीक है। इसी के माध्यम से द्विवेदी जी समूचे उपन्यास की कथा कह जाते हैं।

मिथक

डॉ0 रमेश कुन्तल मेघ ने मिथक के विषय में अपने विचार प्रकट करते हुए लिखा है—"मिथक मनुष्य का आदिम काव्य है।"[22] "मिथों के निर्माण में सामूहिक चेतना काम करती है। मनुष्य के संस्कार में विद्यमान ये मिथक आस्था एवं श्रद्धा के आधार-स्तम्भों पर खड़े रहते हैं, तर्क के प्रवेश मात्र से वे भरभराकर गिर पड़ते हैं। 'मिथक' की यथार्थता ऐतिहासिक न होकर पुनीत होती है। मिथक की यह पुनीत यथार्थता उसे तर्कपूर्ण चिन्तन में अनुस्यूत करती है। इसलिये मिथक अन्तर्भूमि चिन्तन न होकर अनुभूति है।"[23]

मिथ का अर्थ है—पौराणिक आख्यान। आदिम युग के मानव ने प्रकृति के गहन रहस्यों को अपनी बुद्धि के परे पाया तो उसने कुछ कथाओं को जन्म दिया जो उसकी शंकाओं का समाधान करती थी। विश्व क्या है? इसका निर्माण कैसे हुआ? सूर्य, चन्द्र, दिवा, रात्रि, आँधी, तूफान आदि उसके लिये रहस्य से परिपूर्ण थे। सत्य क्या है? इसको खोजने की अपेक्षा उसने कुछ कल्पित कथाओं से सन्तोष कर लिया। धीरे-धीरे ये कथाएँ जाति या समाज द्वारा स्वीकृत कर ली गयीं और पौराणिक

आख्यान कहलायीं। इन्हीं आख्यानों को 'मिथ' नाम दिया गया है। ऐतिहासिक दृष्टि से 'मिथ' शब्द धार्मिक अनुष्ठानों से उत्पन्न हुआ है। इन अनुष्ठानों का प्रतिपादन इष्ट के सम्पादन अथवा अनिष्ट के निवारण के लिये किया जाता है।

द्विवेदीजी के 'बाणभट्ट की आत्मकथा' उपन्यास में मिथक की सर्जना मिलती है। यहाँ यह मिथ पूर्णतया स्पष्ट है। महावराह की कथा ही मिथ है। महावराह मानव-मन में विश्वास-जगत् का प्रतीक है। मनुष्य को यह विश्वास है कि धरित्री का उद्धारक महावराह ही उसका उद्धार कर सकता है। महावराह के उद्धारक-स्वरूप को द्विवेदीजी ने इस उपन्यास में क्षण-क्षण उद्‌घाटित किया है। उनकी भट्टिनी को विश्वास केवल महावराह में हैं। महावराह दूसरों के रक्षक हैं, दूसरे उनकी रक्षा नहीं कर सकते। इसीलिए तो द्विवेदीजी ने भट्ट के अन्तर्मन की बात योगी से कहलवा दी है। वस्तुतः बाण को भी महावराह की प्रतिमूर्ति के रूप में ही द्विवेदीजी ने प्रस्तुत किया है।

'अनामदास का पोथा' में हंस की कथा आती है। इसको प्रतीक भी माना जा सकता है। परन्तु मिथ के रूप में तो सम्पूर्ण उपन्यास का केन्द्र है–यह कथा। और यदि इसको प्रतीक के अर्थ में लेते हैं तो उसका महत्त्व सिर्फ एक खास अंश तक ही सीमित रह जाता है।

रैक्व के प्रति चतुर्दिक् प्रचार करने वाला हंस ही है। 'हंस' को आज तक किसी ने देखा नहीं है, वह मानव के मानस-लोक की कल्पना का पक्षी है। यद्यपि द्विवेदीजी उसके नीर-क्षीर-विवेक पर शंका करते हैं। पर यह उनकी व्यंग्यात्मक शैली और पाठक को दूसरी ओर उन्मुख कर देने की पद्धति का प्रतिफलन है। सही बात तो यह है कि पुराणों में प्राप्त हंस की कथा कहने की पद्धति को द्विवेदीजी ने उपन्यास का मेरुदण्ड बनाया है । रैक्व की प्रतिभा और उसकी ख्याति सुनकर ही लोग उसके पास आते हैं। यही तो समूची कथा का सार है।

पौराणिक आख्यान को उपन्यास की कथा के लिये चुनकर द्विवेदीजी मिथ के प्रयोग से कैसे बच निकलते? अतः आवश्यकतानुसार द्विवेदीजी ने मिथों का प्रयोग कर अपने उपन्यास को जीवन्त और सशक्त बनाया है।

हास्य-व्यंग्य-प्रधान भाषा

हास्य की प्रवृत्ति द्विवेदीजी के व्यक्तित्व का एक अभिन्न अंग है। उनकी यह प्रवृत्ति विद्वानों की सभा से लेकर बालकों की संगति तक व्याप्त है। उनके चुभते व्यंग्य, निश्छल अट्टहास आज भी मुझ जैसे अकिंचन के अंतर्मन की संचित अमूल्य निधि हैं।

द्विवेदीजी को हास्य में एक रस मिलता था। अतः सरसता की खोज उनकी आँखें सदैव करती रही। साहित्य-सर्जना के साथ-साथ जीवन-यापन करते हुए भी

उन्होंने उल्लास, सरसता एवं भावुकता को अपने से अलग नहीं किया। हास्य की आवश्यकता को बताते हुए द्विवेदीजी ने एक निबन्ध में लिखा है–"एक फिलासफर ने कहा है कि विनोद का प्रभाव कुछ रसायनिक-सा होता है। आप दुर्दान्त डाकू के दिल में विनोद-प्रियता भर दीजिए वह लोकतन्त्र का लीडर बन जाएगा। आप समाज सुधार के उत्साही कायकर्त्ता के हृदय में किसी प्रकार विनोद का इंजेक्शन दे दीजिए, वह अखबारनवीस हो जाएगा।"[24]

हास्य एवं विनोद के साथ-साथ व्यंग्य वाण चलाने में द्विवेदीजी अत्यन्त निपुण रहे हैं। व्यंग्य के माध्यम से समाज के कटु यथार्थों का उद्घाटन द्विवेदीजी के साहित्य की विशिष्टता है।

द्विवेदीजी की रसिक वृत्ति, ललित भाव-भंगिमाओं को सदैव सम्मान देती रही है। उनकी इस प्रवृत्ति की झलक उनके उपन्यासों में देखी जा सकती है–देवर-भाभी के मध्य के परिहास का उदहारण देखें– "तो देवरजी, उज्जयिनी में तुम्हारी भाभियों की सेना तैयार हो गयी है। एक तो मेरी नटखट बहन बसन्त सेना है। अकेली ही एक सेना है। दूसरी अभी वधूवेश में ही—तुम्हारे भैया श्यामरूप की नयी बहू मदनिका, चलो बसन्त सेना का निमन्त्रण बहुत मुखर है– कहती है,दीदी सुना है, तुम्हारे पास एक गँवार देवर आया है, जल्दी उसे भेज दो । मेरे यहाँ बन्दरों का नाच होने वाला है। एक कम पड़ रहा है।"[25] राजदरबार में हाँ-में-हाँ मिलाने वालों के प्रति माढ़व्य द्वारा किया गया व्यंग्य द्रष्टव्य है– "वहाँ जुगाली करने वाले ही भरे पड़े हैं। माढ़व्य अगर मूर्ख है तो राजसभावाले बैल है।"[26]

चाटुकारिता करने वालों पर द्विवेदीजी ने अपनी भाषा के द्वारा तीखा प्रहार किया है।

'अनामदास का पोथा' की भूमिका का 'अंगदकूद' प्रसंग उनके हास्य और व्यंग्य का नमूना तो है ही, साथ ही रचनाधर्मिता की तीसरी आँख भी जो द्विवेदीजी की भाषा को दिशा दृष्टि देती है।

भावानुकूल भाषा

किसी भी भाषा के लिये उसमें भावानुकूलता, गुणों की परिपूर्णता, अलंकारों की योजना और प्रवहमयता का होना आवश्यक है। द्विवेदीजी की भाषा हृदय के तीव्र भावों और विचारों को अभिव्यक्त करने में पूर्णतः समर्थ है। वह भावों एवं विचारों के अनुसार परिवर्तित होकर पाठक को स्थिति का रसास्वादन कराने में पूर्णतया समर्थ है। गम्भीर स्थलों पर भी भाषा की सशक्तता तथा क्षिप्रता देखते ही बनती है। यथा–"मैंने फिर पूछा, 'निउनिया', तू क्यों चली आई, अब तक कहाँ रही, अब क्या करती है? मैं तुझे दुःखी देख रहा हूँ। तुझे इस अवस्था में छोड़कर मैं यहाँ

से टल नहीं सकता। बता, किस बात पर तू भाग आयी थी? आज निरन्तर छः वर्षों से मेरा चित्त मुझे धिक्कार रहा है, मुझे ऐसा लगता है कि मैं ही तेरे समस्त दुःखों का मूल हूँ। एक बार तू अपने मुख से कह दे कि यह बात गलत है। मैं क्या निर्दोष हूँ?"[27]

कई स्थलों पर भाषा क्लिष्ट होते हुए भी अर्थाभिव्यक्ति में पूर्णतः सफल है। अवरोध-विहीन वह अपनी गति के अनुरूप निरंतर प्रवाहित होती रही है। प्राकृतिक वर्णनों में कहीं-कहीं भाषा क्लिष्ट अवश्य हो गयी है, फिर भी उसमें काव्यात्मकता का पुट देखने को मिलता है।[28]

द्विवेदीजी की भाषा सम्पूर्ण विशेषताओं को अपने में समेटे हुए उनकी कृतियों में प्रवाहित हुई। सर्वत्र भाषा की कसावट, लाक्षणिकता, चमत्कारिता पाठक को कृति का पूर्ण रसास्वादन कराने में समर्थ है। उनकी भाषा केवल प्राचीन भारतीय साहित्य के सारे उपयोगी तत्वों को आत्मसात ही नहीं करती, अपितु उसके परवर्ती साहित्य की जीवन्तता को भी अपने में धारण करती है। उसमें अधुनातम काव्य-रचना के सशक्त उपादान भी सिमटकर आ गए हैं। यह भाषा एक रील की भाँति है जिसमें पुराकालीन, मध्यकालीन और अर्वाचीन सभी कालों के काव्य-भाषिक-वैशिष्ट्य परिलक्षित होते हैं।

द्विवेदीजी की भाषा किसी युगविशेष के ढाँचे में नहीं बँधी है। भाषा का स्वरूप प्रत्येक रचना में प्रायः बदला हुआ मिलता है। भावानुकूल भाषा परिवर्तित होती रही है। वे अपने उपन्यासों में जिस सामाजिक परिवेश को प्रस्तुत करते हैं; उसी के अनुरूप उसमें भाषा की सृष्टि भी करते हैं।

आचार्य शुक्ल द्वारा उपेक्षित कबीर जैसे कवि को द्विवेदीजी ने हिन्दी-साहित्य में प्रतिष्ठित ही नहीं किया, अपितु उनकी भाषा और शिल्प की असाधारणता को उजागर किया। रचनाकारों को उनके शिल्प और भाषा की ओर उन्मुख किया, समीक्षकों को पुनर्विचार के लिये विवश किया और स्वयं द्विवेदीजी ने कबीर की फक्कड़ाना मस्ती को अपने जीवन में उतारा । उन्होंने कबीर को लोकनायक सिद्ध करते हुए कहा– "भाषा पर कबीर का जबरदस्त अधिकार था। वे वाणी के डिक्टेटर थे। जिस बात को उन्होंने जिस रूप में प्रकट करना चाहा है उसे उसी रूप में भाषा से कहलवा दिया है–'बन गया है तो सीधे-सादे, नहीं तो दरेरा देकर।' भाषा कुछ कबीर के सामने लाचार-सी नजर आती है, इसमें मानों ऐसी हिम्मत ही नहीं कि इस लापरवाह फक्कड़ की किसी फरमाइश को नाहीं कर सके। ...और अकह कहानी का रूप देकर मनोग्राही बना देने की जैसी ताकत कबीर की भाषा में है वैसी बहुत कम लेखकों में पायी जाती है।"[29]

कबीर पर की गयी द्विवेदीजी की यह टिप्पणी स्वयं द्विवेदीजी की भाषा पर खरी उतरती है। वे कबीर की भाषा पर झूम उठे। द्विवेदी जी सचमुच भाषा के डिक्टेटर थे और उन्होंने जिस रूप में चाहा है उसे मोड़ देकर अपनी अभिव्यक्ति को स्पष्टता प्रदान की । भाषा जैसे उनके हाथ की कठपुतली है जो उनके इशारे पर नाचती है और उनका इशारा पाकर वह कठिन-से-कठिन अभिव्यक्ति भी सहज बना डालती है। अपनी साहित्यिक भंगिमा में द्विवेदीजी के उपन्यासों की भाषा कहीं अलंकारों से लदी चलती है तो कहीं अवसर आने पर अपनी सरलता का भी बोध करा देती है। 'बाणभट्ट की आत्मकथा' में वह बाणभट्ट कृत कादम्बरी की शैली की याद दिलाती है।

ऐतिहासिक उपन्यास में आचार-विचार, रहन-सहन की तरह ऐतिहासिक वातावरण की सृष्टि करने में भाषा का महत्वपूर्ण योगदान होता है। उस काल-विशेष जैसी भाषा की प्रतीति करा पाने में ही उपन्यासकार की सफलता निहित होती है। द्विवेदीजी के उपन्यास इस दृष्टि से सफल रहे हैं। वस्तुतः हिन्दी उपन्यासों के सामान्य धरातल से बहुत ऊपर उठकर चलती दिखाई देने वाली उनकी भाषा के मूल में उनके असाधारण कोटि के पात्रों और असाधारण परिवेश का योगदान सर्वाधिक महत्वपूर्ण कारक बन गए हैं।

भाषा की नयी देन : व्यक्तित्व की छाप

सर्जनात्मक दृष्टि के अभाव में रचना की सृष्टि भाषा के लिए एक दुष्कर कार्य है। सर्जनात्मकता द्वारा ही भाषा में लचक और नवीनता आती है तथा उसके द्वारा लेखक अपने कथन को सामान्य से अलग करके विशिष्ट शैली में प्रस्तुत करता है। किसी भी रचनाकार के कृतित्व में उसके व्यक्तित्व की छाप अवश्य निहित होती है। यही कारण है कि एक कथ्य को लेकर एक समान विधा की दो सर्जनात्मक कृतियों में अलग-अलग रचनात्मक वैशिष्ट्य पाया जाता है।

द्विवेदीजी का व्यक्तित्व बुद्धि और हृदय के समन्वय से पूर्ण है। उनके व्यक्तित्व की यही महान् प्रवृत्ति उनके कृतित्व में भी प्रतिबिम्बित हुई है। वे सहज भाषा के पक्षपाती थे। सहज भाषा लिखने के लिये साधक या लेखक का सहज होना आवश्यक है। 'सहज भाषा का प्रश्न' नामक निबन्ध में वे लिखते हैं—'भाषा सहज होनी चाहिये, साहित्य सहज होना चाहिये। पर सबके मूल में और सबसे बड़ी बात यह है कि भाषा और साहित्य के साधक को सहज होना चाहिए...सहज हुए बिना परम प्राप्तव्य प्राप्त नहीं हो सकता । यह परम दुर्लभ सहजत्व प्राप्त करने के लिये आदिम मनोवृत्तियों से ऊपर उठना पड़ेगा, कर्म और ज्ञान की इन्द्रियों को सन्तुष्ट

करने वाले मनोरागों को वश में करना होगा और फिर अपने-आप से रास्ता पूछ लेना होगा। बाहर से आकर कोई रास्ता क्या बताएगा ? संयत और तपोनिष्ठ आत्मा ही कार्याकार्य के निर्णय में प्रमाण है क्योंकि यह राग द्वेष से ऊपर होता है।''[30] 'मनुष्य ही साहित्य का लक्ष्य है' नामक निबन्ध में वे कहते हैं—"सहज भाषा पाने के लिये कठोर तप आवश्यक है। जब तक आदमी सहज नहीं होता तब तक भाषा का सहज होना असम्भव है...सहज मनुष्य ही सहज भाषा बोल सकता है। दाता महान होने से दान महान होता है। जिन लोगों ने गहन साधना करके अपने को सहज नहीं बना लिया है, वे सहज भाषा नहीं पा सकते।''[31] अर्थात् 'भाषा' कठोर तपस्या की मुखापेक्षी है, उस तपस्या की जिसके द्वारा साधक को परमतत्व सहज हो जाता है। भाषा भी परमतत्व है जो एकनिष्ठ और कठोर तपस्या के पश्चात् ही सहज हो पाती है।

सहज भाषा का निर्माण व्याकरण और भाषा-शास्त्र के बल पर नहीं किया जा सकता। शब्द-कोशों में प्रयुक्त शब्दों के अनुपात पर इसे गढ़ा नहीं जा सकता। द्विवेदीजी के अनुसार कबीर और तुलसी ने इस भाषा को प्राप्त किया था। महात्मा गाँधी को भी यह भाषा मिली थी उसका कारण उनका सहज होना था। उनमें दान करने की क्षमता थी। निश्चय के साथ कहा जा सकता है कि द्विवेदीजी को भी यह भाषा मिली थी। उनका व्यक्तित्व भी अनेकानेक विशेषताओं से मण्डित था जिसके कारण वे सहज-भाषा के स्वामी बन सके थे। द्विवेदी जी में अपना सब कुछ उलीचकर दे देने की क्षमता थी, उनमें मानवता के सभी गुण विद्यमान थे। तभी तो इस साधक को सहज भाषा की सहज प्राप्ति हुई।

द्विवेदीजी माहौल बनाकर पाठक को आत्मीयता और खुलेपन के साथ विश्वास में लेते हैं, उससे बातचीत करते हुए उसे अपनी भाव-भूमि पर बहका ले जाते हैं और फिर जो कहना होता है कह जाते हैं।

वस्तुतः विधाओं की भाषा-सीमा को तोड़कर हर दिशा से आप्लावित हो, एक रस होता हुआ कल-कल, छल-छल करता हुआ यह भाषा-जल केवल एक ही रंगवाला है, उसकी एक ही रंगत है, द्विवेदीजी के व्यक्तित्व की रंगत। और वह रंगत मानवतावादी गुणों से पुंजीभूत तथा काव्यमय भावनाओं से आप्लावित है।

संदर्भ

1. हजारीप्रसाद द्विवेदी, ग्रन्थावली, भाग-10, पृ. 229
2. वही, भाग-2, पृ. 303
3. वही, भाग-1, पृ. 520

4. वही, भाग-10, पृ. 217
5. वही, भाग-2, पृ. 403
6. वही, पृ. 68
7. वही, पृ. 193
8. वही, पृ. 233
9. वही, पृ. 108
10. वही, भाग-1, पृ. 101
11. वही, भाग-1, पृ. 349
12. वही, भाग-2, पृ. 27
13. वही, भाग-1, पृ. 48
14. वही, पृ. 43
15. वही, भाग-2, पृ. 27
16. वही, पृ. 27
17. वही, भाग-1, पृ. 57
18. वही, भाग-1, पृ. 29
19. वही, भाग-2, पृ. 181
20. वही, पृ. 415
21. हिन्दी साहित्य कोश, ज्ञानमण्डल लिमिटेड, काशी, पृ. 471
22. मिथक और स्वप्न, कामायनी की मनःसौन्दर्य सामाजिक भूमिका, पृ. 206
23. वही, पृ. 206
24. हजारीप्रसाद द्विवदी ग्रंथावली, भाग-10, पृ. 124
25. वही, भाग-2, पृ. 283
26. वही, पृ. 100
27. वही, भाग-1, पृ. 31
28. वही, भाग-2, पृ. 101
29. वही,भाग-4, पृ. 366
30. वही, भाग-10, पृ. 277
31. वही, पृ. 33

मुक्तिबोध की भाषा : 'अँधेरे में' के संदर्भ में

किसी रचना के भीतर धँसने का पहला और अन्तिम माध्यम है—भाषा। भाषा के माध्यम से ही तो रचनाकार की संवेदना, सामाजिक-सांस्कृतिक परिवेश, सोच के धरातल, उसके अपने संघर्ष आदि सभी हमारे सामने एक-के-बाद-एक प्रकाशित हो उठते हैं। पाठक वर्ग को अकथ मस्ती से भर देने, चमत्कृत कर देने, रचना के संवेद्य से तादात्म्य स्थापित करा देने की शक्ति कविता के अभिव्यक्त-रूप, भाषिक-रूप या भाषिक संरचना व्यवस्था में ही होती है। रचनाकार की यह शक्ति केवल शब्दों को जोड़ने घटाने में नहीं अपितु भाषा को प्रसव-वेदना सदृश या उससे भी आगे बढ़कर अनुभव कर प्रस्तुत करने में होती है। यह रचनाकार की अपनी रचना-प्रक्रिया का एक महत्त्वपूर्ण, प्रथम महत्त्वपूर्ण पक्ष होता है। वे उसकी पीड़ा की अतल गहराइयों में डूबे रहते हैं। यह डूबना जिसमें जितना अधिक गहरा होगा, वह उतना ही अधिक मोती खोज लाएगा और यह पीड़ा जिसकी जितनी अधिक होगी उसके मोती उतने ही अधिक चमकदार होंगे। 'पीड़ा' वैयक्तिक होते हुए भी सामाजिक होती है और यह सामाजिकता जहाँ युग-चेतना, युग-बोध से संपृक्त होकर मनुष्य की कहानी को दुहराती हुई, हर क्षण नवनिर्माण के लिये प्रयत्नशील होती है, वहीं वह अप्रासंगिक और पुराने को तोड़ती-छोड़ती है। शेष बचे पुराने और नये के सम्मिश्रण से एक नया, पूरी तरह नया ताना-बाना बुन डालता है। भाषा की परिणति भी यही होती है। निरन्तर मार खाती ठुकरायी जाती बेचारी, हर रचनाकार द्वारा ठोक-पीटकर अलग-अलग रूप पाती रहती है। हिन्दी कविता की भाषा के स्वरूप निर्मिति और निर्धारण-प्रक्रिया में मुक्तिबोध एक प्रमुख हस्ताक्षर हैं।

1917 में जन्मे यायावार मुक्तिबोध को बहुत छोटा जीवन मिला। लम्बी बीमारी के बाद 1964 में वे काल कवलित हुए। 47 वर्ष की अवस्था में ही यह बीमारी और हिन्दी जगत से उनका चला जाना उनके जीवन-संघर्ष की अकथ-गाथा कह जाता है। परम्परा को तोड़कर नए जीवन का उन्होंने संदेश ही नहीं दिया, अपितु उसे स्वयं जिया भी। प्रकृति से लड़ाकू, संघर्ष से कभी न थकने वाले, निरन्तर लिखते रहने

वाले इस हिन्दी सर्जक ने भी किसी से हार नहीं मानी, आर्थिक अभावों में जीकर भी वे कभी किसी के सामने झुके नहीं । अपनी अमिट लालसाओं की पूर्ति विशेषकर कालेज की लेक्चररशिप प्राप्ति के लिये प्रयासरत मुक्तिबोध ने भारतीय समाज को पुनः नवरूप देने का प्रयास किया। 1953 में हिन्दी-साहित्य में एम0ए0 की उपाधि प्राप्त करना उनके इसी संघर्ष गाथा और अटट जीवनी-शक्ति का परिचायक है।

इन्होंने, समाज ही नहीं हिन्दी साहित्य में भी आँधी तूफान की भाँति प्रवेश कर उसे जड़ से हिलाकर उसकी गति और धारा को बदल डालने का प्रयास किया। राष्ट्रीय, अन्तरराष्ट्रीय, राजनैतिक,आर्थिक तथा सांस्कृतिक सवालों से गहरे लगाव और आदमी के हालात को बदलने की कोशिश में उनकी सच्ची ईमानदारी, सच्ची साझेदारी झलकती है। वस्तुतः "उनके लिये हर रचना एक भयानक शब्दहीन अंधकार को—जो आज भी भारतीय जीवन के चारों ओर चीन की दीवार की तरह खिंचा हुआ है—लाँघने की एक और कोशिश थी। सारा इतिहास मुक्तिबोध के लिये एक चुनौती था। मध्यवर्ग इस इतिहास की एक गुत्थी है, जिसे मुक्तिबोध समझना-सुलझाना चाहते थे।"[1] हिन्दी कविता के सारे युगों का आकलन करते हुए उसे विश्व-संदर्भ में निरखते-परखते मुक्तिबोध रूढ़िग्रस्त, कठमुल्लापन और सिद्धान्तवादी हिन्दी समीक्षा के मानव-मूल्यों का ढर्रा बदल देने के लिये व्याकुल-आकुल मुक्तिबोध एक सत्यान्वेषी की भाँति हर सम्भव तथ्य-सत्य, मान्यता को प्रस्तुत करने के साथ-साथ जाँचते-पहचानते नजर आते हैं। फलस्वरूप "उनकी कविताएँ अद्‌भुत संकेतों-भरी, जिज्ञासों से अस्थिर-कभी दूर से ही शोर मचाती, कभी कानों में चुपचाप राज की बातें कहती चलती हैं। हमारी बातें हमीं को सुनाती हैं और हम अपने को एकदम चकित होकर देखते हैं और पहले से और भी अधिक पहचानने लगते हैं।"[2]

साठ के आस-पास "सृजन सम्बन्धी जिन उलझनों, अर्न्तद्वन्द्वों और उनकी अभिव्यक्ति का सशक्त और अनोखा रूप सामने आया, उसकी शुरुआत उनकी प्रारम्भिक रचनाओं, तारसप्तक-कालीन कविताओं में साफ देखी जा सकती है।"

मुक्तिबोध की भाषा : स्मृतिगर्भी भाषा

डॉ0 केदारनाथ सिंह का यह कहना अत्यन्त सटीक है कि "मुक्तिबोध की कविताएँ अपने समय के जीवित इतिहास को कविता में बदलने की कठिन चुनौती का सामना करने वाली कविताएँ हैं। कला की दृष्टि से यह एक मुश्किल काम है। क्योंकि इतिहास का, खास तौर से सद्यः घटित इतिहास का कच्चा माल इस काम में कवि की बहुत दूर तक मदद नहीं करता शायद कविता इसीलिये बहुत शुरू से स्मृतिगर्भी भाषा का प्रयोग करती आयी है।"[3] ये मुश्किलें मुक्तिबोध की कविताओं में स्पष्ट झलकती हैं।

निश्चय ही मुक्तिबोध ने काव्यभाषा के रूप में स्मृतिगर्भी भाषा को अपनाया। अँधरे में व्यक्ति को पहचानते हुए भी मुक्तिबोध नहीं पहचान पाते, उन्हें लगता है यह वही व्यक्ति है जो तिलिस्मी खोह में मिला था, जो मेरी सुविधाओं का ख्याल किए बिना हर जगह, हर समय उपस्थित हो जाता है, वह टॉल्सटायनुमा तो है, पर कोई और है। यहाँ वे अपनी स्मृति पर जोर देते हैं। पहचानने के बार-बार प्रयास में कभी वह स्वयं अपने को उस रूप में पाते हैं और कभी टॉल्सटॉय, तिलक, गाँधी, वैदिक ऋषि शुनःशेप या उनके शाप भ्रष्ट पिता अजीगर्त में अपना प्रतिबिम्ब पाते हैं—

वैदिक ऋषि शुनः शेप के
शाप भ्रष्ट पिता अजीगर्त समान ही
व्यक्तित्व अपना ही अपने से खोया हुआ
वही उसे अकस्मात मिलता था रात में''।[4]

इसी व्यक्तित्व, कल्पित व्यक्तित्व—शायद अपने ही व्यक्तित्व—की पहचान की व्याख्या के लिये, मुक्तिबोध भाषा के हर आयाम को टटोलते हैं, सभी आयामों को कसौटी पर कसते हैं, भट्ठी में दहकाते हैं, और फिर पीट-पीटकर नए-नए औजार बनाते हैं। और उस पर नयी शान चढ़ाते हैं। पर इस अपनाने की प्रक्रिया में इन्होंने पुराने मानों को बदल डाला—

"तोड़ने होंगे ही मठ और गढ़ सब ।
पहुँचाना होगा दुर्गम पहाड़ों के उस पार।"[5]

वस्तुतः भाषा का आधार काव्यवस्तु होता है। राष्ट्रीय और अन्तर्राष्ट्रीय संदर्भों से पीड़ित भारतीय मानसिकता, अपनी अस्मिता की खोज में दर-दर की ठोकरें खाती भारतीय जीवनधारा, मध्यवर्ग की लालसाएँ आदि तथा उच्च वर्ग से उसका संघर्ष, निम्नवर्ग से उसका अलगाव भारतीय साहित्यकारों की प्रतिबद्धता का इतिहास आदि सब-कुछ ने मुक्तिबोध के गहन विविध जीवनानुभव को समृद्ध बनाया। इन सबमें मुक्तिबोध की संवेदना जुटती और अलग होती रही, उससे बहुत कुछ ग्रहण करती रही—

"बताओं तो किस-किसके लिये तुम दौड़ गए
करुणा के दृश्यों से हाय ! मुँह मोड़ गए
बन गए पत्थर!"[6]

वास्तविक सरोकार की भाषा बनाम अनुभूतिमयी अभिव्यक्ति की भाषा बनाम नए अर्थ से संपृक्त शब्दों के खोज की भाषा

नयी कविता के दौर में भाषा की समस्या उठ खड़ी हुई। मुक्तिबोध इस समस्या से अपरिचित नहीं थे, वे इस कविता के लिये भाषिक अपेक्षाओं पर गंभीरतापूर्वक

विचार करते हुए अपनी भाषिक-चेतना और भाषिक-रचना-प्रक्रिया भी स्पष्ट कर जाते हैं—"अपनी व्यक्तिमत्ता के आस-पास टकराने वाली मानव-जीवन की मार्मिक वास्तविकताओं को प्रकट करने के लिये जिस प्रकार की शैली और शब्द-सम्पदा चाहिये, उसके लिये संघर्ष करना आवश्यक है, (उसे) आत्मसात् करना ही होगा–"[7]

"दुःखों के दागों को तमगों-सा पहना
अपने ही खयालों में दिन-रात रहना
असंग बुद्धि व अकेले में सहना
जिन्दगी निष्क्रिय बन गयी तलघर
अब तक क्या किया
जीवन क्या जिया"[8]

व्यक्ति स्वातंत्र्य के नाम पर मन को जड़ीभूत करने के पक्षपाती वे नहीं, इसीलिये उनके मन में अनेकानेक प्रश्न उठते हैं।

मुक्तिबोध विभिन्न जीवन स्थितियों, मनोदशाओं, मानव-चरित्रों तथा वातवरण की अभिव्यक्ति के लिये शैली और शब्द-सम्पदा का विकास आवश्यक और निरन्तर गतिमान प्रक्रिया मानते हैं।[9] किन्तु इनके अभिव्यक्तिकरण में सेंसर भी सक्रिय हो उठता है। फलस्वरूप व्यक्तित्व अपनी सम्पूर्ण तेजस्विता और दुर्दम आकांक्षा के साथ खुलकर सामने नहीं आता—

वह रहस्यमय व्यक्ति
अब तक न पायी गयी मेरी अभिव्यक्ति है।

यदि वह खुलकर सामने आने लगे तो सौन्दर्याभिरुचि बीच में टाँग अड़ा देती है।'[10]

वस्तुतः ये सेंसर उस स्थिति में सक्रिय होते हैं जब हम अनुभूत सत्ता तथा अनुभाविता व्यक्तित्व के पूरे गुणों को प्रकट करने में अभिरुचि-दोष समझते हैं । सेंसर की यह सक्रियता हमें जड़ीभूत बना देती है। फलस्वरूप-शैली के नाम पर शैलीकरण (स्टाइलाइजेशन) चलता रहता है–इसे ही हम काव्य समझने लगे हैं।[11] कविता यह नहीं है, कविता की प्रक्रिया निराली है उसका मन ज्ञानात्मक संवेदन और संवेदनात्मक ज्ञान से बाह्य जीवन जगत् को ग्रहण कर अपने अनुरूप संपादन, संशोधन, सुसंस्करण करता है। ये दृश्य या चित्र भी उसे निम्न मध्यवर्ग से प्राप्त होते हैं।

मुक्तिबोध के अनुसार रचनाकार को, रचना की समूची सामग्री, समूचा दृश्य, समूची भाषा, उसकी अर्थवत्ता आदि सब कुछ वह—शोषित, पीड़ित,सामाजिक विषमता का पर्याय बना कुण्ठित, संत्रस्त डरा–निम्नवर्ग ही दे पाता है। और जिसने

इस वर्ग की खोज नहीं की, उसकी पीड़ा को अपनी पीड़ा नहीं बनायी वह ईमानदार रचनाकार कैसे हो सकता है। उसे तो वास्तविक सरोकार से जुटकर वास्तविक सरोकार की भाषा खोजनी होगी, जिसमें आक्रोश व्यंग्य, विद्रोह होगा और यही होगी, कविता की असली भाषा—

"कविता में कहने की आदत नहीं पर कह दूँ
वर्तमान समाज चल नहीं सकता
पूँजी से जुड़ा हुआ, हृदय बदल नहीं सकता
स्वातन्त्र्य व्यक्ति का वादी
छल नहीं सकता मुक्ति के मन को
जन को।"[12]

'जन' यहाँ अत्यन्त सार्थक नवीन अर्थ से सम्पृक्त शब्द है। यह वह 'जन' है जो शोषित समाज और पीड़ित है। इसीलिये वे कविता की परिभाषा ही बदल डालते हैं। मुक्तिबोध अपनी कविता को कविता इसलिये नहीं कहते क्योंकि न तो वह परम्परा-पोषित कविता है, न ही परम्परा को विस्मृत करने वाली। उन्हें तो तलाश है, उस युग की, उस जीवनादर्श की जो मानवता के साथ जन्मा था, आज विसराया हुआ है। यही जीवनादर्श, यही युग-मूल्य रचनाकार को नए-नए शब्द-सहचर दे सकता है और उसकी सत्‌चित वेदना को भास्वर बना सकता है—

"मर गया एक युग
मर गया एक जीवनादर्श!!...
पाऊँ मैं नये-नये सहचर
सकर्मक सत्‌चित् वेदना भास्वर।"[13]

वस्तुतः भाषा-खोज हेतु मुक्तिबोध के प्रयास और उनकी भाषा-संरचना प्रक्रिया को जानने की यह कुंजी है। वे अपनी अभिव्यक्ति के सहचर के रूप में नए-नए अर्थवान शब्दों की खोज कर उन्हें सामाजिक संवेदना की प्रतीति के उपयुक्त बनाते हैं और वे यह जानते हैं कि वर्तमान समाज के परम्परित विधि-विधानों, पुराने पड़ गये जड़ जीवनादर्शों, गली-सड़ी रूढ़ियों के विद्रोह में ही इस शब्द-संवेदना के बीज विद्यमान हैं। यह परिभाषा उन्हें "उत्पीड़कों और शोषकों के विरुद्ध संघर्ष के लिये तैयार करने लगती है।"[14] मुक्तिबोध स्वयं इसी वर्ग के थे। इस वर्ग की पीड़ा सीमा और सामर्थ्य का उन्होंने साक्षात्कार किया था। यद्यपि इसका विकास नए कवियों में है, पर भाव-संवेदनाओं के अनुकूल तदनुसारी कलात्मक उपादान और सवंदेनशील कलात्मक भाषा को काव्य स्तर के अनुरूप न विकसित, प्रस्तुत कर पाने की विवशता या असफलता भी स्पष्ट झलकती है।

'अँधेरे में' कविता एक तरफ मुक्तिबोध द्वारा काव्यवस्तु की खोज का प्रयास है, दूसरी तरफ पूरी तरह आत्मसात नयी-नयी काव्य वस्तु को स्वप्न और जागृति के सहारे भाषा-संरचना-प्रक्रिया के उद्‌घाटन का प्रयास भी। निश्चय ही कवि को अपनी अभिव्यक्ति हेतु शब्द-संवेदना जागृत करने के लिये संघर्ष करना पड़ता है। मुक्तिबोध स्वयं स्वीकार करते हैं कि संघर्ष के फलस्वरूप उत्पन्न अभिव्यक्ति की प्रथम स्थिति हतप्रभ की होती है "किन्तु, मैं हतप्रभ/नहीं, वह समझ में आता है।"[15] और आत्मा की प्रतिमा, हृदय में रिस रहे ज्ञान का पर्याय होते हुए भी रचनाकार की वह अभिव्यक्ति अपनी पूर्णता नहीं पा सकी—"अब तक न पायी गयी मेरी अभिव्यक्ति है।"[16] पूर्णता का प्रयास और संघर्ष चलता रहता है। बोध होते हुए भी अभिव्यक्ति अपूर्ण है, इसलिये कि बोध का यही अन्तिम और पूर्ण रूप नहीं। आज रचनाकार की विवशता और उनकी सीमा आदि पर भी विचार करते हुए मुक्तिबोध जनोपयोग और लोकहित में संवेदना को वाणी देने का आह्वान करते हैं—

'हाय, हाय! मैंने उन्हें गुहावास दे दिया।
लोक-हित क्षेत्र से कर दिया वंचित
जनोपयोग से वर्जित किया ।'[17]

जनोपयोग तथा लोकहित को वाणी देने की प्रक्रिया में रचनाकार द्वारा शब्द-संवेदना को छीलने की क्रिया भी सक्रिय रहती है—

'छीले जा रहा मेरा यह निजत्व ही कोई'[18]

रचना-प्रक्रिया के गहन अध्ययन परीक्षण के पश्चात् वे यह स्वीकार करते हैं कि "आज के कवि को, एक साथ तत्व के लिये, अभिव्यक्ति को सक्षम बनाने के लिये और दृष्टि के विकास के लिये संघर्ष करना होता है।"[19] यह हृदय में संघर्ष की स्थिति का जनक होता है। जो शब्द-संवेदनाओं को एक ऐसी फोर्स के रूप में उभारता है जिसमें हृदय ही रूपायित हो उठता है—

"कोई गुप्त शक्ति
हृदय में चुपचाप करती है चर्चा।[20]
उसमें तो मेरे ही गुप्त विचार व
दबी हुई संवेदनाएँ व अनुभव"[21]

शब्दाभिव्यक्ति एक तपस्या है। यह अन्तस् में और अधिक प्रवेश, तत्व और आत्म से और निकटतम साक्षात्कार का काल होता है। जीवनानुभवों से संपृक्त उसकी बुद्धि संवेदनात्मक उद्देश्य के अनुरूप शब्दयोजना और अभिव्यक्ति-निर्माण में एक संपादक का, संशोधक का कार्य करती है—

"हर शब्द निज प्रति शब्द को भी काटता
वह रूप अपने बिम्ब से भी जूझ
विवृत्ताकार—कृति
है बन रहा।"

मुक्तिबोध इस स्थिति को बड़ी ईमानदारी से स्वीकार करते हैं—"कल ही तो बूढ़े, बहुत बूढ़े पिताजी ने मुझसे कहा था कि आखिरी साँस छूटने तक नया सीखना पड़ता है, अपने आप में संशोधन करते रहना पड़ता है।"[22] यह स्वीकारोक्ति उनकी शब्दाभिव्यक्ति अभाव का संकेतक है।

इसका कारण वे रचनाकार के द्वन्द्व को मानते हैं। आज की कविता किसी-न-किसी प्रकार से अपने परिवेश के साथ द्वन्द्व की स्थिति में उपस्थित होती है। वह द्वन्द्व रचनाकार की बौद्धिकता के सहारे अन्तस् में प्रवेश कर ऐसी विश्व-दृष्टि के विकास के लिये प्रेरित करता है जिसके द्वारा "व्यापक जीवन जगत् की व्याख्या हो सके तथा अन्तर्जीवन के भीतर के आन्दोलन, आर-पार फैली हुई वास्तविकता के संदर्भ से व्याख्यात्, विश्लेषित और मूल्यांकित हो।"[23]

मुक्तिबोध भाषा-संरचना को कला का, रचना-प्रक्रिया का तीसरा क्षण स्वीकार करते हैं। "कला वस्तु-तत्व–, अन्तर्तत्व-व्यवस्था का ही एक भाग है। वे ऐसे अन्तर्तत्व हैं जो बाहर के धक्के से या उन धक्कों से, संचय से उद्वेलित अर्थात् (1) तरंगायित, (2)मानसिक दृष्टि से सम्मुख उद्घाटित, (3) जीव-मूल्यों तथा पूर्वतर अनुभवों से आलोकित तथा (4) अभिव्यक्ति के लिये आतुर हो उठते हैं। इस आतुरता, इस छटपटाहट को जब हम शब्द, रंग तथा स्वर में अभिव्यक्त करने लगते हैं, तब कला का तीसरा क्षण शुरू हो जाता है।"[24]

अभिव्यक्ति का साधन–भाषा–एक सामाजिक प्रक्रिया है। अभिव्यक्ति के माध्यम–'शब्द-संयोग' भाव परम्परा और ज्ञान परम्परा से पूर्ण होते हैं। फलस्वरूप "हमें अपने हृदयगत तत्वों को अनेक मौलिक रूप-रंग और भार में स्थापित और प्राकट्य हेतु नये शब्द संयोग बनाने या लाने पड़ते हैं। ...हमें नवीन वक्रोक्तियों और भंगिमाओं का सहारा लेना पड़ता है। साथ ही कल्पना शक्ति भी नव-नवीन रूप-बिम्बों का विधान करते हैं, जिससे मनस्तत्व और मौलिक रंग रूप में प्रकट हो सके।"[25] यही नहीं, अपितु सामाजिक सम्पदा होने के कारण भाषा मनोमय रूप-तत्वों को उनके प्रकट होने के दौरान में घटा-बढ़ा देती है और अनजाने ढंग से उसमें नये रूपतत्व ला देती है। साथ ही यह अभिव्यक्ति-संघर्ष भाषा को कुछ बदल देता है, उसे नवीन शब्द-संयोग, नवीन अर्थवत्ता और नयी भंगिमाएँ और व्यंजनाएँ देता है। इस प्रकार कलाकार अनजाने ही भाषा का निर्माण कर जाता है—

'मिट्टी के लोंदे में किरणीले कण-कण
गुण हैं,
जनता के गुणों से ही संभव
भावी का उद्गम''[26]

सत्य तो यह है कि रूढ़ अर्थ को तोड़कर शब्दों के ऊपर अनन्त प्रयोग से कसी हुई परतों को फोड़कर कवि उन्हें फिर अमूर्त करता है—

"ऐसे सब अर्थों की छाती पर पैर जमा
तोड़ेगा कराएँ कल्मष की
तोड़ेगा दुर्ग सब–अर्थों के अनर्थ के"[27]

इस स्थिति में अभिव्यक्तिकरण के लिये आतुर मन अपनी अन्तर अभिव्यक्ति को कायम रखने और उसी मौलिक रूप में प्रकट होने के लिये भाषा में विविध प्रकार के शब्द-संयोगों की रचना करता है। इस प्रकार वे भाषा पर अपना प्रभाव छोड़ जाते हैं। भवानीप्रसाद मिश्र भी इसी पक्ष के समर्थक हैं—

"जिस तरह हम बोलते हैं
उस तरह तू लिख
और उसके बाद भी
हमसे बड़ा तू दिख"

मुक्तिबोध भाषा परिवर्तन का नारा ही नहीं देते अपितु नयी भाषा-संरचना प्रक्रिया को नव-नवीन बनाने के लिये विद्रोह का झंडा भी उठाए फिरते हैं—

"अब अभिव्यक्ति के सारे खतरे
उठाने ही होंगे
तोड़ने होंगे ही मठ और गढ़ सब।
पहुँचना होगा दुर्गम पहाड़ी के उस पार
तब कहीं देखने को मिलेगी हमको
नीली झील की लहरीली थाहें।"[28]

किन्तु इस स्थिति में मुक्तिबोध रचनाकार को तटस्थ नहीं मानते। उनकी दृष्टि से रचनाकार "भाषा की समाजिकता के ढाँचे में अपने को फिट करने के लिये स्वयं ही अपने आपको काटते-तराशते रहते हैं।"[29] वह साधारण नहीं, संघर्षशील, अपने प्रतिशब्दों को काटने वाले शब्द की खोज करता है, जो अर्थ को फैलाव दे सके—

"हर शब्द निज प्रति शब्द को भी काटता
वह रूप अपने बिम्ब से भी जूझ

विवृत्ताकार–कृति
है बन रहा।"   —ब्रह्मराक्षस

मुक्तिबोध की दृष्टि में रचनाकार द्वारा भाषा-निर्मिति-प्रक्रिया यहीं समाप्त नहीं होती अपितु उसमें "जीवन जगत् की अभिव्यक्ति के लिये आध्यात्मिक सामर्थ्य उत्पन्न करना आवश्यक है।"[30]

भाषा की खोज का यह संघर्ष अज्ञेय भी झेलते हैं–"आज भी मेरे सामने जो समस्या है और जिसका हल पा लेना मैं अपने कवि-जीवन की चरम उपलब्धि मानूँगा, वह अर्थवान् शब्द की समस्या है।"[31] यही नहीं आज का कवि "भाषा की क्रमशः संकुचित होती हुई सार्थकता की केंचुल को फाड़कर उसमें नया अधिक व्यापक अधिक सारगर्भित अर्थ भरना चाहता है।"[32]

धूमिल ने छायावाद से लेकर अपने समय तक की कविता का बड़ा बेबाक चित्र प्रस्तुत किया है—"छायावाद के कवि शब्दों को तोड़कर रखते थे। प्रयोगवाद में कवि शब्दों को टटोलकर रखते थे । नयी कविता के कवि शब्दों को गोलकर रखते थे। सन् साठ के बाद के कवि शब्दों को खोलकर रखते है"।[33] किन्तु धूमिल की अपेक्षा मुक्तिबोध का कथन इस काल की कविताओं के संदर्भ में अधिक सार्थक है—

"कि गूँजहीन शब्दों के इस घने अंधकार में मैं
अर्थ परिवर्तन की अबूझ प्रक्रिया हूँ।"

स्पष्टतः यहाँ मुक्तिबोध शब्द तक ही नहीं अपितु अर्थ-परिवर्तन की प्रक्रिया को रचनाकार की उपलब्धि स्वीकार करते हैं। भाषा की इस खोज और छोड़ में उनकी स्थिति नीच ट्रेजडी की हो जाती है—

"पिस गया वह भीतरी
और बाहरी दो कठिन पाटों बीच
ऐसे ट्रेजडी है नीच।"[34]

यह मुक्तिबोध के अन्तर और बाह्य संघर्ष की परिणति है तभी तो सच्चाई का सागर होते हुए भी उनकी भाषा नकारी जाती है।

मुक्तिबोध का आक्रोश बौद्धिक वर्ग के प्रति भी है जो अपनी जिम्मेदारी को स्वार्थ की वेदी पर बलि दे देता है—

"बौद्धिक वर्ग है क्रीतदास
किराए के विचारों का उद्भास।"[35]

और असामान्य परम उत्कर्ष प्राप्त अभिव्यक्ति कहाँ मिलेगी इसका कोई ठिकाना नहीं, इसलिये रचनाकार को इस सृष्टि के हर कोने का सूक्ष्मातिसूक्ष्म निरीक्षण करना पड़ता है—

"परम अभिव्यक्ति
अविरत घूमती है जग में
पता नहीं जाने कहाँ, जाने कहाँ
वह है
इसलिये मैं हर गली में
और हर सड़क पर
झाँक-झाँक देखता हूँ, हर एक चेहरा"[36]

रचनाकार की पूर्णता इसी परम अभिव्यक्ति की प्राप्ति में होती है, जिसे वह पठार, पहाड़, समुन्दर तक खोजता फिरता है और यह अभिव्यक्ति केवल सामान्य ही नहीं होती, परम भी होती है, अनिवार भी और आत्मसंभवा भी—

"खोजता हूँ पठार...पहाड़...समुन्दर
जहाँ मिल सके
मेरी वह खोयी हुई
परम अभिव्यक्ति अनिवार
आत्मसंभवा।"[37]

अँधेरे में : एक फैंटेसी

'अँधेरे में' फैंटेसी है। वह फैंटेसी जिसमें रचनाकार वर्तमान को अतीत के माध्यम से रूपायित करने का प्रयास करता है। सीधे यथार्थ को न उकेरकर वह अतीत के यथार्थ का सहारा लेता है। सत्य तो यह है कि वर्तमान से अतीत की ओर उन्मुखता फैंटेसी की मूल प्रवृत्ति है। रचनाकार कल्पना के सहारे अतीत के भीतर जाकर उस पुरानी कहानी के द्वारा वर्तमान के यथार्थ की झलक देता रहता है। फैंटेसी का प्रयोग कविता में एक उपकरण के रूप में रचनाकार करता है। वस्तुतः फैंटेसी-रचना पद्धति फ्लैश बैक पद्धति होती है। वर्तमान के सदंर्भ में अतीत याद आता रहता है।

अभिव्यक्ति के स्वरूप की खोज की यह प्रक्रिया ही वस्तुतः रचना-प्रक्रिया है और अभिव्यक्ति की पूर्णता ही रचना की पूर्णता। साथ ही अभिव्यक्ति की यह पूर्णता ही भाषा की पूर्णता है। मुक्तिबोध भी स्वीकार करते हैं—"फैंटेसी अनुभव की कन्या है और उस कन्या का अपना स्वतंत्र विकासमान व्यक्तित्व है। वह अनुभव से प्रसूत है। इसलिये वह उससे स्वतंत्र है। ...शब्द-बद्ध होने पर अथवा चित्रित होने पर जो कृति या रचना तैयार होती है वह कृति या रचना कला के दूसरे क्षण फैंटेसी की पुत्री है, प्रतिकृति नहीं ।"

"अँधेरे में" कविता का रचनातत्व फैंटेसी के तत्त्व से सम्बद्ध है। फैंटेसीपरक रचनाओं में किसी वाद (मार्क्सवाद) के घेरे की अनिवार्यता नहीं होती। पर विद्वान मार्क्सवादियों की यह धारणा है कि फैंटेसी मार्क्सवादी की कट्टरता के विरुद्ध परिवेश-देश और काल के अनुरूप सामाजीकरण की प्रक्रिया है। यह सत्य है कि मुक्तिबोध मार्क्सवादी खेमे के कवि हैं, पर उनका मार्क्सवाद भारतीयता को अपनाते हुए उसके परिवेश के अनुकूल उस मानवतावाद का और राष्ट्रीय भावना का जनक है जिसमें भ्रमित और द्वन्द्वग्रस्त भारतीय मानवता (जिसके स्वयं प्रतीक मुक्तिबोध हैं) की यथार्थ स्थिति का चित्रण है। वस्तुतः "अँधेरे में कविता देश के आधुनिक जन-इतिहास का स्वतंत्रता-पूर्व और पश्चात् का एक दहकता इस्पाती दस्तावेज है। इसमें अजब और अद्भुत रूप से व्यक्ति और जन का एकीकरण है।"

'अँधेरे में' मुक्तिबोध का मुहावरा है। रचनावली में प्रकाशित अधिसंख्य कविताओं का केन्द्र बना यह शब्द आधुनिक जीवन जगत्, मानव के संत्रास, कुंठा का प्रतीक है। आधुनिक मानव को व्यक्त करने के लिये इससे बढ़िया शब्द/मुहावरा खोज पाना कठिन है। यह उस अकथ्य, असम्भव कथ्य या कह पाने में असमर्थ कवि को प्रकाशित करने वाला शब्द है । ऐसा शब्द, जो कुछ न कहकर भी आज के मानवीय दुख-दर्द, पीड़ा की कहानी हूबहू उसी के शब्दों में कह जाता है। फिलहाल यह शब्द स्वयं मुक्तिबोध, उस मुक्तिबोध की; जो समाज-सापेक्ष है, जो समाज-संवेदित है, की परिभाषा और व्याख्या है जो उनकी आकांक्षा, संत्रास, कुंठा, व्यथा, वेदना को वाणी देता है।

इसीलिये 'अँधेरे में' ऐसी फैंटेसी बनती है जिसमें कल्पना की विचित्रता, भूत, प्रेत, जादू अर्थात् रहस्य और भय, संत्रास रूपायित हैं। अतः इससे जुड़े शब्द घटक इस रचना के केन्द्र में हैं—

"और मेरे हृदय की धक्-धक्
पूछती है—वह कौन
सुनाई जो देता पर नहीं देता दिखाई।
इतने में अकस्मात गिरते हैं भीत से
फूले हुए पलस्तर
खिरती हैं चूने भरी रेत...
स्वयमपि मुख बन जाता है दिवाल पर
नुकीली नाक और
भव्य ललाट है...
कोई अनजानी अनपहचानी आकृति...

तिलिस्मी खोह का शिला द्वार
खुलता है धड़ से''

शब्द-योजना

भय की वृद्धि के लिये कभी वे पीपल, बरगद, कभी कुत्तों की आवाज, सियारों की हो-हो, कभी रेलगाड़ी के पहियों से आती आवाज से एक्सीडेंट का बोध कराकर अनपेक्षित घटना की भयानकता का संकेत कर जाते हैं तो कभी सैनिकों के क्विक मार्च के साथ टैंक, मोर्टार, आर्टिलरी को शामिल कर सैनिक प्रशासन द्वारा, कभी सुनसान चौराहे के साँवलेपन, गेरुआ, घण्टाघर और उसके कत्थई बुर्ज, गुम्बद, खम्भों पर लटकती बिजली की गर्दनें, परिवेश, आज के मानव परिवेश, विशेषकर भारतीय जीवन-परिवेश की भयानकता और उसका संत्रास आदि चित्रित कर जाते हैं। वस्तुतः कविता का समूचा रचना-तंत्र इन्हीं शब्द-संवेदनाओं के इर्द-गिर्द मँडराता नजर आता है जो उनकी रचना-प्रक्रिया और काव्य-साधना का प्रतिफल है ।

शब्द-योजना की सरणि में मुक्तिबोध की प्रमुख विशेषता अप्रचलित एवं अतीत को दृश्यमान करने वाली शब्दावली का प्रयोग है। तत्सम् शब्द को लेकर तद्भव की नयी प्रक्रिया में उसे ढालने से लेकर उन शब्दों द्वारा कालिक (भूत, भविष्य, वर्तमान) प्रभाव को दृश्यमान करना मुक्तिबोध की शब्द-संवेदना का एक महत्वपूर्ण पहलू है।

मुक्तिबोध की विशेषता विचित्र नाम-धातुओं की निर्मिति में भी लक्षित है। यथा—

''किसी काले डैश की घनी काली पट्टी हो
अन्तराल विवर के तम में
कुहरे में सामने, रक्तालोक स्नात-पुरुष एक
तेजो प्रभामय उसके ललाट देख''।[38]

ऐसे अनेक शब्द इस कविता में भरे पड़े हैं जिनसे विचित्र नाम-धातुओं की निर्मिति होती है। यथा–विवेक-विक्षोभ, तम-अन्तराल, पलातक, पीतालोक-प्रसार, तॉल्सताय, तिलक, गाँधी, प्रोशेसन, कैवलरी, उदरम्भरि, अनात्म, मस्तक-यंत्र, सकर्मक सत्-चित्-वेदना-भास्वर, तेजस्क्रिय, रेडियो एक्टिव यंत्र आदि।

यह कविता केवल जाति के शब्दों से नहीं बनी, अपितु दर्शन, राजनीति, तंत्र और मनोविज्ञान, गणित, साहित्य, नक्षत्र विज्ञान से जुड़े असंख्य शब्दों को यह कविता बिना किसी कालक्रम में सम्बद्ध करती है। इसकी शब्दावली भाषिक 'कोलाजद्ध बनाती है।

अंधेरे में : आत्मालाप शैली की प्रधानता

वस्तुतः यह आत्मालाप (मोनोलॉग) शैली, स्वयं से ही बात की शैली में लिखी गयी कविता है लेकिन उसकी बेचैनी चिन्तन के संसार से बाहर निकलती है और मिथक-आर्केटाइप में बदल जाती है। यह आत्मालाप स्वप्न और स्वप्न भंग से संबंधित आत्मालाप है जिसमें खोज है–खोई हुई परम अभिव्यक्ति अनिवार आत्म-सम्भवा आदि की। अर्थात् मुक्तिबोध इसे अन्वेषणहीन आत्मकेन्द्रित चिन्तन की कविता बना देते हैं—

"किन्तु वह फटे हुए वस्त्र क्यों पहने है ...
रोटी उसे कौन पहुँचाता है?
फिर भी, उसके मुख पर स्मित क्यों है?"[38]...
प्रचण्ड शक्तिमान क्यों दिखाई देता है?...
उसका तू शोधकर ! वह तेरी पूर्णतम परम अभिव्यक्ति"[39]

वाक्य

वाक्य भाषा की पूर्णतम इकाई है। यह वाक्यांशों की कविता है। रचनाकार ने विशेष तरह के वाक्यांशों का प्रयोग किया है जो कविता के मुहावरा-तंत्र को सम्पन्न बनाते हैं। डर और लड़ाई इस कविता के मुख्य मुहावरे हैं—

"अकस्मात्
चार का गजर खड़का,
मेरा दिल धड़का...
अगिनत काली-काली हायफन डैशों की लकीरों की हलचल
सब ओर विखराव
काले-काले शहतीर छत के
हृदय दबोचते ।"[40]...
"खम्भों पर बिजली की गर्दनें लटकीं।"[41]...
"गुम्बद विवर में बैठे बूढ़े
असंभव पक्षी"[42]

बिम्ब

युद्ध, रहस्य खण्ड, जुलूस, घोड़े, मिलिट्री, ड्रेस और सरकस से जुड़े तमाम चाक्षुष बिम्ब इस कविता में हैं। दुर्गा मूर्तियों, शनि प्रतिमाओं के भी दृश्य रूपायित हैं।

बिम्ब कविता की एक अनिवार्य अपेक्षा है, किन्तु मुक्तिबोध के बिम्ब अलग पहचान बनाते हैं। "मानव सम्बन्धों की इस गिरावट के जमाने में मेरी कविता की सारी इमेजरी-बिम्ब माला विकसित हुई। उसमें घने-काले, लाल और नीले, जामनी और बैगनी रंग हैं। ...मनुष्य सम्बन्धों की भीषण गिरावट के बीच मनुष्य दीप्ति के जो प्रकाशमान दृश्य मेरे सामने आये, उन्हीं के सहारे मेरा जीवन आगे बढ़ता रहा।"[43]

"यह एक नया जीवन्त वास्तव था। इस वास्तव में संघर्षशील मनुष्य की अनगिनत परिस्थितियाँ, मनः स्थितियाँ और वस्तु-स्थितियाँ थी। उन्हें कुछ व्यापक सामान्यीकरणों में ढालकर काव्य-रूप देने की आवश्यकता थी। मैंने उस दिशा में शक्ति भर कोशिश की है। प्रदीर्घ कविताएँ उसी की उपज हैं।"

'अँधेरे में' कविता में इने-गिने नहीं अनगिनत बिम्ब हैं। आज के मानव की विवशता, टूटन, पीड़ा, भय संत्रास, कुंठा, ऊब, विद्रोह के चित्र इस कविता में भरे पड़े हैं। जीवन जगत से डर कर, थक कर भागे मानव का एक दृश्य द्रष्टव्य है, जिससे भागने का भी बोध नहीं रह जाता—

"भागता मैं दम छोड़
घूम गया कई मोड़
भागती है चप्पल, चटपट आवाज
चाँटों सी पड़ती।"

और इस प्रक्रिया में—

"पैरों के नीचे का कीच उछल कर
चेहरे पर, छाती पर पड़ता है सहसा
ग्लानि की मतली
गलियों का गोल-गोल खोह अंधेरा
चेहरे पर, आँखों पर करता है हमला"।[44]

इससे अच्छे यथार्थ चित्र की कल्पना हम कर भी नहीं सकते। संघर्ष के थपेड़ों से खड़े होने की शक्ति खो चुके आज के मनुष्य की विवशता का चित्र भी द्रष्टव्य है—

"कमजोर घुटनों को बार-बार मसल
लड़खड़ाता हुआ मैं
उठता हूँ दरवाजा खोलने ....
अँधेरे के ओर-छोर टटोल कर
बढ़ता हूँ आगे
पैरों से महसूस करता हूँ धरती का फैलाव,
हाथों में महसूस करता हूँ दिशाएँ

साँसों से अनुभव करता हूँ दुनियाँ .....
द्वार टटोलता"[45]
"सूनी हैं राह, अजीब है फैलाव
सर्द अंधेरा"[46]

आज के मानव के बहुविध चित्र इस रचना में रूपायित है—

"पीटे गये बालक सा मार खाया चेहरा
उदास इकहरा
सलेट पट्टी पर खींची गई तस्वीर
भूत जैसी आकृति।"[47]

मानव की भयानकता का प्रकृति की भयानकता से तादात्म्य और उसका एक चित्र हमारे मन में गहरे चुभ जाता है—

"चमक चमक उठते हैं हरे-हरे अचानक
वृक्षों के शीश पर नाच-नाच उठती है बिजलियाँ
शाखायें, डालियाँ झूम-झूमकर, झपट-झपट कर
चीख कर एक दूसरे पर पटकती हैं सिर को अकस्मात्।"[48]

गाँधी की दुर्दशा का यह चित्र मुक्तिबोध की उस संवेदना को रूपायित कर देता है, जिसमें आज हम सारी संवेदनाओं और सिद्धान्तों को तिलाञ्जलि दे बैठे हैं—

"सर्दी में बोरे को ओढ़कर
कोई एक अपने
हाथ-पैर समेटे
काँप रहा हिल रहा!! वह मर जाएगा!!
इतने में वह सिर खोलता है सहसा...
ध्यान से देखता हूँ—वह कोई परिचित
जिसे खूब देखा था, निरखा था कई बार
पर पाया नहीं था।
वह मुख—अरे, वह मुख, वे गाँधीजी!!
इस तरह पंगु।"[49]

संप्रेषण के लिये कवि को शब्दों के प्रतीकार्थ को अन्वेषित करना होता है। तभी मुक्तिबोध कहते हैं शब्द ही कविता नहीं है–शब्द बनने से पहले तय करूँ उसकी आगामी भूमिका।

सामान्य शब्द या संदर्भ से प्रतीक तक की स्थिति का विकास काव्य भाषा के संगठन की पहली मंजिल है। 'अँधेरे में' स्वयं प्रतीक है। आधुनिक मानव जीवन

का संत्रास, कुंठा, शोषण, सोचने और निर्णय की अक्षमता आदि सब कुछ इस शब्द से व्यक्त हो जाता है। प्रतीकों से अटी पड़ी इस कविता में मुक्तिबोध पारम्परिक प्रतीकों और उपमानों को नया संदर्भ देकर, उसे वास्तविक जीवन-जगत से जोड़ना चाहते थे। इसके माध्यम से वे मानव-जीवन को चोटिल कर, उसे उत्प्रेरित कर, वर्तमान के विरुद्ध विद्रोहात्मक स्वर देना चाहते थे। चार का गजर कहीं खड़का, भयंकर बरगद, अनहद नाद, भरे हुए दाँतों का चमकदार नमूना, सलेट पट्टी, गणित, खड़ी पाई, किसी काले डैश की घनी काली पट्टी, खोह, खिरती पपड़ियाँ, चीख, धक-धक, बुलबुले, साँकल, शाखाएँ, डालियाँ, एक्सीडेंट, प्रोसेशन, टैंक, मोर्टार, कर्नल, ब्रिगेडियर, बन्दूक, क्विक मार्च, गैस लाइट, जुलूस, खम्भों पर बिजली की लटकती गर्दनें, उस्ताद, बलबन, वाल्मीकि, शुनः शेप, अजीर्गत, गाडर, रन्दा, बसूला, कलावत्तू, चिथड़े, कनात, पीपल, कुत्ता, सियार, बन्दूक, गन, मिलिट्री ड्रेस,, जादू, चाँद, टाल्सटाय, तिलक, गाँधी, आदि ऐसे नये प्रतीक और और उपमान हैं जो समाज को, आधुनिक मानव को नयी परिभाषा, नया अर्थ दे जाते हैं। प्रयोग में वर्तमान सभी प्रतीकों और उपमानों को नया बनाने की ललक अज्ञेय में भी है–"ये उपमान मैले हो गये।"[50]

अलंकार मुक्तिबोध की कविता की नियति नहीं है। पर यह कथन-सौन्दर्य के साथ-साथ अर्थ की शोभा बढ़ाने वाला भी होता है। मुक्तिबोध अलंकार का सचेतन आयोजन नहीं करते । किन्तु उनकी कविता में अलंकारों की घुसपैठ है, पर यह घुसपैठ सहज और स्वाभाविक है। अँधेरे में अलंकार कहीं-कहीं कविता की गाढ़ अनुभूति कराने और संगीत-प्रवाह को बनाएँ रखने में अपना योगदान करते हैं। रूपक, प्रतीक, वक्रोक्ति इनके प्रिय अलंकार हैं।

अप्रस्तुत योजना काव्य का अनिवार्य तत्व है। इस कविता का संरचनात्मक आधार ही अप्रस्तुत योजना है। अमूर्त्त के लिये मूर्त्त उपमानों का प्रयोग नयी कविता की विशेषता है। स्वतन्त्रता, निराशा, कुंठा, संत्रास, शोषण तथा विश्वास जैसे अमूर्त अप्रस्तुतों के लिये मूर्त्त प्रस्तुत (यथा–पीपल, बरगद, तिलक, टॉल्सटाय, खंभे पर लटकती बिजली, खोह आदि) इस कविता–संरचना के केन्द्रीय तत्व हैं।

मुक्तिबोध ने 'अँधेरे में' **मिथकों** का खुलकर प्रयोग किया है। 'मिथ' भाषा को नये-नये अर्थों से संपृक्त ही नहीं करते अपितु उसे अर्थ विस्तार भी देते हैं। उनके मिथ भाषा को लाक्षणिकता, रहस्यात्मकता और विलक्षणता प्रदान कर उसके आयाम को विस्तृत फलक पर रूपायित करते हैं। ये आर्केटाइपल इमेज प्रस्तुत करते हैं। बुद्ध, बलबन, टाल्सटाय, शुनः शेप, अजीर्गत आदि जैसे मिथों के माध्यम से पुराकथाओं, कल्पनाओं और जातीय स्मृतियों से जुड़ी मुक्तिबोध की भाषा इस

कविता के माध्यम से सामान्यजन की भाषा के संस्कार को समृद्ध करती है। बुद्ध के स्तूप में/मानव के सपने गड़ गये गड़ गये। ईसा के पंख/झड़ गये झड़ गये।

यद्यपि कवि विशिष्ट अर्थ जिन माध्यमों से प्रस्तुत करता है उसमें **छन्द** प्रधान माध्यम है किन्तु मुक्तिबोध ने छंद के बन्धन को भी तोड़ा। सत्य तो यह है कि अभिव्यक्ति के सारे खतरे उठाकर भी युगानुकूल जीवन और समाज के यथार्थ को अभिव्यक्ति देने के लिये मुक्तिबोध बेचैन हैं।

लयात्मकता कविता का अनिवार्य पहलू है। मुक्तिबोध इसकी अनिवार्यता स्वीकार करते हैं। लय की योजना के लिये आज का कवि लोक शैली के गीतों एवं सिनेमायी गीतों की धुनों की ओर दौड़ लगाता है। मुक्तिबोध कहते हैं—लय से कविता में कुछ-न-कुछ नियन्त्रण रहता है। इस कविता में लयात्मकता का आयोजन बहुत तो नहीं पर जहाँ है वहीं कविता भी बनती नजर आती है—

> "लोक हित पिता को घर से निकाल दिया।
> जन-मन करुणा सी माँ को हकाल दिया।"[51]
> "मेरा सिर गरम है
> इसलिये भरम है।"[52]...
> बहस गरम है
> दिमाग में जान है, दिलों में दम है,
> सत्य से सत्ता के युद्ध का रंग है
> पर कमजोरियाँ सब मेरे संग हैं।"[53]

लम्बी कविता **नाटकीय** तत्वों से संपृक्त होती है। यद्यपि 'अँधेरे में' नाटक नहीं पर उसमें नाटकीय तत्वों–खासकर मंचीय तत्वों–का पर्याप्त समावेश है। यह तत्व इस रचना को और संप्रेषणीय, चोट करने वाला बना देता है। क्षण-क्षण में घटना परिवर्तन, कभी कोई दृश्य, तुरन्त दूसरा दृश्य प्रभावान्विति के पर्याय हैं और इन्हीं में नाटकीयता के तत्व समाहित हैं।

काव्य-भाषा को निरन्तर नया रूप देने वाला कारक है—**सौन्दर्य तत्व**। किसी वस्तु को देखकर उपजी संवेदना का रूप और उसकी प्रस्तुति ही सौन्दर्य है, और सौन्दर्य का यह स्वरूप कवियों में नित बदलता रहता है। मार्क्सवादी चेतना से प्रभावित कवि की संवेदना गरीब, दिग्भ्रमित, शोषित थके-हारे, डरे आज के समस्त जन-साधारण की कथा से अनुप्राणित है। 'अँधेरे में' इस मानव को विभिन्न कोणों से देखने और उसे रूपायित करने का सफल प्रयास है।

मुक्तिबोध संवेदनशील कलात्मक भाषा के पक्षपाती रहे हैं। उनके भाषा की यह संवेदनशीलता, विविध सामाजिक सन्दर्भों के घात-प्रतिघातों का जीवन्त उदाहरण

है। इसलिये इन घात-प्रतिघातों को उन्होंने नवीन शब्द संयोगों, नवीन अर्थवत्ता, नए रूप-तत्व और नई भंगिमा तथा नई व्यंजना से समृद्ध किया। हृदयगत तत्वों को यथातथ्य रूप में प्रगट करने के लिये नए-नए शब्द संयोगों की प्रतिष्ठा उनकी प्रमुख विशेषता है। इसकी परिणति संस्कृत–गर्भित शब्दावली के ग्रहण में होती है।

मुक्तिबोध अपनी भाषा की क्लिष्टता से भी परिचित थे, पर यह उनका स्वयं का यथार्थ था, एक रचनाकार की ईमानदारी थी। सत्य तो यह है कि उन्होंने सरलीकरण की प्रक्रिया में उसे भाव जगत् से न तो दूर होने दिया न कृत्रिम बनाया। इस नकार के पीछे उनकी भाषा की क्लिष्टता और अनगढ़ता है। कतिपय प्रूफ सम्बन्धी अशुद्धियों के रह जाने से पीड़ित होकर श्री विष्णु चन्द्र शर्मा को लिखे पत्र द्वारा क्लिष्टता को स्वयं मुक्तिबोध स्वीकार करते हैं—"मेरी कविताएँ वैसे ही जड़ हैं, दूसरे यदि इनमें ऐसी भूलें रह जायें तो वे और भी अपाठ्य हो जाती है।"[54]

वे जानते थे कि मानव जीवन का बहुत बड़ा उन्नायक वही कवि होगा जो जीवन को उसके विविध और समग्र रूप में एक ही साथ लेकर मानव आत्मा को दिशा निर्देश करें। इसीलिये भाषा की अनगढ़ता उनकी रचना-प्रक्रिया का एक विशिष्ट अंग बन जाती है।

मेरी अपनी दृष्टि में 'अँधेरे में' कविता आत्मालाप शैली में लिखी गई वह कविता है जिसमें जिस क्रम से और जैसे विचार उठते हैं, उसी क्रम में उसी रूप में उन्हें लिपिबद्ध कर दिया गया है। यह स्थिति भाषा-समीक्षा की दृष्टि से बड़ी ऊबड़-खाबड़ होती है। भाषा पर वह शान नहीं चढ़ पाती और भाषा की इस ऊबड़-खाबड़ स्थिति से कविता, कविता भी नहीं बन पाती। कविता की इस रूप में अभिव्यक्ति रचना–धर्मिता की ईमानदारी का भी परिचायक है और मुक्तिबोध का यह एक प्रयोग था जो नई पीढ़ी के कवियों के लिये दिशा-निर्देश तो था ही मानदण्ड भी था। नए रचनाकार इस ऊबड़-खाबड़ भाषा के पथ से परिचित होकर ही अपनी काव्य भाषा को सुष्ठु और संप्रेषणीय बना सके। जिसमें सर्वेश्वर और धूमिल का नाम महत्वपूर्ण है। मुक्तिबोध की काव्य-भाषा में एक खास तेवर भी दिखाई देता है। यह तेवर भी साठोत्तरी कवियों की संपत्ति बना।

मुक्तिबोध प्राणवान कथ्य की प्रतिध्वनि के रूप में प्राणवान भाषा की प्रतिष्ठा के पक्षपाती हैं। इसीलिये उन्होंने जीवन यथार्थ को समग्रता में प्रस्तुत करने वाली भाषा का सहारा लिया। यह अलग बात है कि इस प्रक्रिया में भाव और भाषा का द्वन्द्व भी उभरा है, और, फलस्वरूप उनकी भाषा में खुरदुरापन, अनगढ़ता और अभिव्यक्ति के खतरे उठाने की पहल तथा ललक है और है कुलीन भाषा से निजात पाने की उत्कट आकांक्षा तथा मध्यवर्गीय अपराध बोध की ईमानदार एवं सार्थक

अभिव्यक्ति। भाषा में यह तपस्या ही उन्हें साठोत्तरी कवियों का मसीहा बना देती है।

मुक्तिबोध का कैनवास धूमिल की अपेक्षा अधिक विस्तृत है। कैनवास की यह समृद्धि ध्वन्यात्मक परिवर्तन की शक्ति देता है। नए-नए शब्दों, विस्तृत अनुभव जगत् के शब्दों से कविता को समृद्ध बनाता है। वाक्यों की तोड़-मरोड़, नए चित्रों की सर्जना, प्रतीकों, उपमानों की भरमार, छन्द, लय, अलंकार, सौन्दर्य तत्व आदि सबकी सर्जना में मुक्तिबोध अपनी परम्परा और युगीन कवियों से अलग-थलग दिखाई देते हैं। उनकी कविता में भाषा का वह जंगल है जो भावी कविता की भाषा को अनेक रूपों से समृद्ध करता है। आन्दोलनों के दौर के प्रारम्भिक कवियों की यही गति और नियति होती है, मुक्तिबोध उससे कैसे बच पाते?

संदर्भ

1. मुक्तिबोध रचनावली, भाग-2, श्रीकान्त वर्मा के वक्तव्य से उद्धृत
2. वही, भाग-1 शमशेर के वक्तव्य से उद्धृत
3. वही, भाग-2, केदारनाथ सिंह के वक्तव्य से उद्धृत
4. वही, पृ. 334
5. वही, पृ. 348
6. वही, पृ. 333
7. वही, पृ. 119
8. वही, पृ. 332-333
9. वही, पृ. 120
10. वही, भाग-5, पृ. 120-121
11. वही, भाग-5, पृ. 122-123
12. वही, भाग-2, पृ. 350-351
13. वही, पृ. 344
14. वही, समीक्षा की समस्याएँ, पृ. 179
15. वही, पृ. 321
16. वही, पृ. 322
17. वही, पृ. 336
18. वही, पृ. 339
19. वही, भाग-5, पृ. 100-101
20. वही, भाग-2, पृ. 349
21. वही, पृ. 350
22. वही, पृ. 106
23. वही, भाग-5, पृ. 328
24. वही, भाग 5, पृ. 328

25. वही, पृ. 329
26. वही, भाग-2, पृ. 341
27. वही, पृ. 41
28. वही, पृ. 348
29. वही, भाग-5, पृ. 113
30. वही, पृ. 131
31. पुनश्च, तारसप्तक, पृ. 301
32. अज्ञेय, वक्तव्य- तारसप्तक, पृ. 260-261
33. धूमिल-कल सुनना मुझे
34. मुक्तिबोध रचनावली, भाग-2, पृ. 320
35. वही, पृ. 351
36. वही, पृ. 355
37. वही, पृ. 356
38. वही, पृ. 322
39. वही, पृ. 326
40. वही, पृ. 331
41. वही, पृ. 337
42. वही, पृ. 337
43. वही, भाग-5, काव्य की रचना प्रक्रिया से उद्धृत
44. वही, भाग-2, पृ. 338
45. वही, पृ. 325
46. वही, पृ. 325
47. वही, पृ. 326
48. वही, पृ. 322
49. वही, पृ. 340
50. हरी घास पर क्षण भर, पृ. 337
51. मुक्तिबोध रचनावली, भाग-2, पृ. 333
52. वही, पृ. 333
53. वही, पृ. 349
54. वही, पृ. 372

❏❏